Pilz · Sport, Fairplay und Gewalt

Gunter A. Pilz

Sport, Fairplay und Gewalt

Beiträge zu Jugendarbeit und Prävention im Sport

Band 1 der KoFaS-Reihe
herausgegeben von
Gunter A. Pilz und Detlef Kuhlmann

Arete Verlag Hildesheim

Bibliografische Informationen
Die Deutsche Bibliothek verzeichnet diese Publikation in der Deutschen Nationalbibliografie; detaillierte bibliografische Daten sind im Internet über http://dnb.ddb.de abrufbar.

Die Rechtschreibung der Originalbeiträge wurde weitgehend übernommen.

Titelfoto: Jens Bredehorn/pixelio.de
Layout/Satz/Umschlaggestaltung: Composizione Katrin Rampp, Kempten
Druck und Verarbeitung: CPI – Clausen & Bosse, Leck
ISBN 978-3-942468-13-8

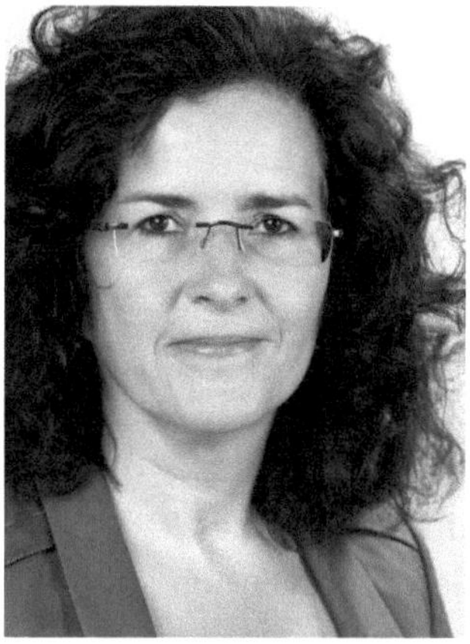

Geleitwort zum Band 1 der KoFaS-Reihe

An nahezu jedem Wochenende das gleiche Bild: Fußballfans reisen mit Regionalzügen oder Bussen teilweise quer durch Deutschland, um zum Auswärtsspiel ihres Teams zu gelangen. Stets dabei: Polizeibeamte und -beamtinnen sowie Ordnungskräfte in den Stadien, die verhindern sollen, dass „verfeindete" Gruppen von so genannten Hooligans und Fans aufeinandertreffen. Damit werden die Sicherheitskräfte oftmals selbst zum Feindbild der zahlenmäßig wenigen gewaltbereiten Fans. Ein Dauerkonflikt, der unsere Gesellschaft und den Sport nicht nur finanziell belastet.

Die Wissenschaft kann dazu beitragen, dieses Problem zu analysieren und gemeinsam mit Vereinen, Sicherheitskräften, Fan-Szene und anderen Verantwortlichen an Lösungen zu arbeiten. Das zeigt eindrucksvoll der vorliegende erste Band einer neuen Schriftenreihe der Kompetenzgruppe „Fankulturen und Sport bezogene Soziale Arbeit" (KoFaS) an der Leibniz Universität Hannover. Er vereint wegweisende Arbeiten von Professor Gunter A. Pilz, der im Spannungsfeld Fankulturen, Gewalt, Rechtsextremismus und Fairplay forscht. Dabei belässt es Professor Pilz nicht bei der wissenschaftlichen Analyse, sondern beteiligt sich daran, konkrete Problemlösungen zu finden. So berät er den Deutschen Fußball-Bund (DFB) in Fragen der Gewaltprävention und ist Mitbegründer des Fußball-Fan-Projektes Hannover.

Dieser Transfer von wissenschaftlichen Erkenntnissen in die Praxis ist ein gutes Beispiel für Forschung, die sich gesellschaftlich relevanter Themen annimmt. Diesen Ansatz unterstütze ich als Niedersächsische Ministerin für Wissenschaft und Kultur ausdrücklich. Das Land Niedersachsen fördert die KoFaS finanziell. Wir sind daran interessiert, eine solide Basis für weitere praxisrelevante Forschungsarbeiten in diesem Bereich zu legen.

Eine anregende Lektüre wünscht Ihnen

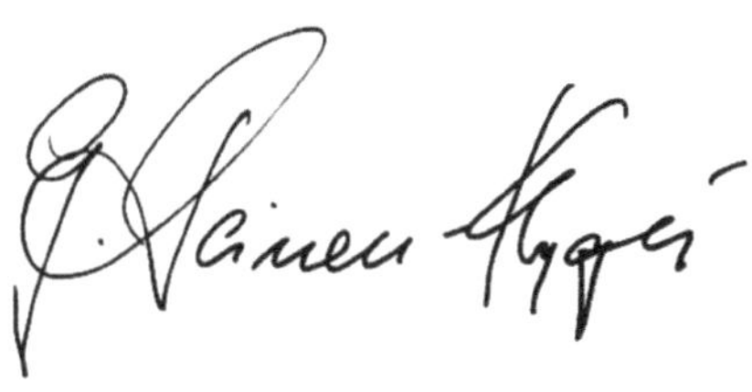

Dr. Gabriele Heinen-Kljajić
Niedersächsische Ministerin für Wissenschaft und Kultur

Inhalt

Zu diesem Band

Der erste Band der KoFaS-Reihe versammelt elf bereits publizierte Beiträge und bei Kongressen gehaltene Vorträge aus den letzten rund zehn Jahren. Sie liefern einen repräsentativen Überblick über die sportspezifischen Arbeits- und Forschungsschwerpunkte meines nunmehr über 40jährigen Wirkens, zuerst am Eidgenössischen Forschungsinstitut Magglingen (Schweiz) von 1972 bis 1974 und danach von 1975 bis heute am Institut für Sportwissenschaft der Leibniz Universität Hannover. Dabei hat sich in dieser Zeit vieles zum Besseren gewandelt – allerdings weniger, was die Problemlagen des Sports, sehr wohl aber was den Umgang mit diesen und das Annehmen der Herausforderungen anbelangt.

Blenden wir kurz zurück: Anfang der 1970er Jahre galten das offene Ansprechen von Gewalt im und um den Sport als „Hochverrat an der guten Sache des Sports", und die Kritiker dieser Fehlentwicklungen, zu denen ich mich zählen darf, waren Nestbeschmutzer, die man wie Aussätzige behandelte. Deren Hinweise auf Unfairness, Gewalt, Diskriminierungen im Sport avancierten zu Frontalangriffen auf den Sport und dessen hehren Ideale. Meine kritischen Auseinandersetzungen mit den Herausforderungen waren jedoch nie gegen den Sport und seine unbestreitbaren sozialen Potenziale gerichtet, sondern von der festen Überzeugung geleitet, dass die sozialen Potenziale des Sports, seine Kultivierungsmöglichkeiten menschlichen Verhaltens und seine ethischen Werte nur dann zur Entfaltung kommen, wenn sich der Sport auch seinen Gefährdungen und Fehlentwicklungen stellt und offensiv und ehrlich damit auseinandersetzt.

Wir müssen aber aufräumen mit dem immer noch weit verbreiteten Glauben, Sport sei per se gut, integrativ, (gewalt) präventiv und sozial. Sportverbände und Sportvereine tun sich leider zum Teil auch heute noch schwer damit, soziale Sensoren für die Gefährdungen des Sports zu entfalten und Fehlentwicklungen überhaupt wahrzunehmen und als Herausforderung anzusehen. Wer fest davon überzeugt ist, dass Sport immerzu problemlos Randgruppen der Gesellschaft integriere, dass Sport per se erziehe, dass Sport per se einen hohen Bildungswert habe, dass Sport die „preiswerteste Sozialarbeit" sei, dass Sport vorhandene Vorurteile und Angst vor Fremden quasi im Vorbeihuschen abbaue und dass Sport schließlich wie eine „Art Schutzimpfung gegen soziale Auffälligkeit" wirke oder sogar einen „Schutzimpfungseffekt gegen Jugendkriminalität" habe, der läuft leicht Gefahr, Gefährdungen überhaupt nicht wahrzunehmen oder nur herunterzuspielen, anstatt nach geeigneten Maßnahmen und Möglichkeiten zu suchen, eine Wende zum „besseren" Sport in seinem Umfeld einzuleiten.

Die folgenden Beiträge zeigen, dass ich es bei meiner wissenschaftlichen Auseinandersetzung mit dem Thema Gewalt im und um den Sport nie bei der Analyse, der Benennung der Herausforderungen und deren Ursachen und Bedingungen belassen habe, sondern mir immer auch die Frage stellte, was kann und was muss der Sport, die Gesellschaft unternehmen, um diese Herausforderungen zu bewältigen. Ja mehr noch: Ich habe es mir immer zur Pflicht gemacht, meine Lösungsvorschläge auch in der Praxis zu erproben und zu evaluieren. Dieser Anspruch soll auch in der Arbeit der KoFaS künftig weiterleben. Insofern kann dieser Band eine Arbeitsgrundlage für die Aufgaben und Projekte der KoFaS sein.

Gunter A. Pilz

Die KoFaS-Reihe

KoFaS – diese groß- bzw. kleingeschriebene Buchstabenfolge steht für die Kompetenzgruppe Fankulturen und Sport bezogene Soziale Arbeit am Institut für Sportwissenschaft der Leibniz Universität Hannover. Die KoFaS wurde im Frühjahr 2012 gegründet und ist bundesweit die erste Einrichtung an einer Universität, die sich mit den Problemen von Fangewalt und Ausschreitungen im Sport beschäftigt und gleichsam den gewaltpräventiven Potenzialen des Sports mehr Geltung verschaffen möchte.

Das Niedersächsische Ministerium für Wissenschaft und Kultur fördert die Arbeit der KoFaS durch eine Anschubfinanzierung mit vierjähriger Laufzeit. Inzwischen konnten u. a. mit der Sparda-Bank Hannover Stiftung und dem Deutschen Fußball-Bund weitere Partner gewonnen werden, die die KoFaS finanziell unterstützen bzw. Forschungsprojekte an die KoFaS in Auftrag gegeben haben, um wissenschaftlich basierte Ergebnisse zu erzielen, die zur Minderung von Gewalt, Diskriminierung und Rassismus im Sport beitragen können. Die KoFaS hat sich zum Ziel gesetzt, dass der Begriff Fankulturen (wieder) positiv besetzt wird: Fankulturen sind wichtiger Bestandteil des Zuschauersports und sollen sich gewaltfrei und kreativ entfalten können.

Die aktuellen Tätigkeitsfelder der KoFaS bauen auf drei Säulen auf: Es geht uns (1.) um Forschung und Entwicklung, indem wir in anwendungsbezogenen Drittmittelprojekten ganz konkrete Fragestellungen hinsichtlich Fankulturen und Sport bezogener Sozialer Arbeit wissenschaftlich bearbeiten, die unsere Projektpartner bei uns in Auftrag geben. Es geht uns (2.) um Beratung und Expertise, bei denen die KoFaS sich in Bedarfsfällen mit ihren Kompetenzen einbringt (z. B. bei Fachtagungen, beim Konfliktmanagement). Und es geht uns (3.) um Lehre und Qualifizierung, in dem wir im Rahmen von Studium und Fortbildungsangeboten unsere Expertise an Multiplikatoren auf dem Gebiet des Fanwesens und der Sport bezogenen Sozialen Arbeit weitergeben.

Mit der KoFaS-Reihe möchten wir (Zwischen-) Ergebnisse unserer Arbeit zur Diskussion stellen und damit einen im wahrsten Sinne des Wortes „schriftlichen" Beitrag dafür leisten, die uns gestellten Probleme und Aufgaben einer möglichst dauerhaften Lösung näher zu bringen. Die KoFaS-Reihe wendet sich daher an alle Verantwortlichen und Interessierten auf dem Gebiet des Sports, die unsere Leitidee von den „besseren" Fankulturen im Sport (nicht nur, aber erst recht auch im Fußball) teilen und die bereit sind, sich die gewaltpräventiven Möglichkeiten des Sports in ihrer (sozial) pädagogischen Arbeit in ihrem Bereich zu Nutze zu machen.

Die KoFaS-Reihe wird finanziell unterstützt vom Niedersächsischen Ministerium für Wissenschaft und Kultur. Dafür sind wir dem Ministerium sehr dankbar. Die KoFaS-Reihe ist mehrbändig konzipiert und erscheint bei arete in Hildesheim – ein kleiner, aber aufstrebender Verlag, der sich in den letzten Jahren mit gediegenen Publikationen in der Schnittstelle von Sportwissenschaft und Kultur des Sports in Fachkreisen einen Namen gemacht hat. Für die stets produktive und verlässliche Zusammenarbeit danken wir Herrn Verleger Christian Becker.

Die Herausgeber der KoFaS-Reihe
Gunter A. Pilz & Detlef Kuhlmann

Die KoFaS-Reihe

wird herausgegeben von Gunter A. Pilz und Detlef Kuhlmann (Institut für Sportwissenschaft der Leibniz Universität Hannover)

In Vorbereitung:

- Fankulturen und Sport bezogene Soziale Arbeit – Positionen und Projekte (Band 2, erscheint im Frühjahr 2014)

Die Herausgeber der KoFaS-Reihe:

Prof. Dr. Gunter A. Pilz (Jahrgang 1944) ist Akademischer Oberrat i. R. am Institut für Sportwissenschaft der Leibniz Universität Hannover und Honorarprofessor an der Hochschule Hannover (Fakultät V: Diakonie, Gesundheit und Soziale Arbeit). Prof. Dr. Gunter A. Pilz wurde 2012 mit dem Ethikpreis des Deutschen Olympischen Sportbundes ausgezeichnet. Er ist seit 2012 Leiter der KoFaS am Institut für Sportwissenschaft der Leibniz Universität Hannover.

Prof. Dr. Detlef Kuhlmann (Jahrgang 1954) ist seit 2004 Leiter des Arbeitsbereichs Sport und Erziehung am Institut für Sportwissenschaft der Leibniz Universität Hannover und lehrte davor in Bielefeld, Berlin und Regensburg. Er ist der vom Institut für Sportwissenschaft der Leibniz Universität Hannover eingesetzte Aufbaubeauftragte für die KoFaS.

I Sport, Gewalt und Gewaltprävention

Gewalt im Sport

1 Einleitung

In der Integration in eine soziale Gruppe, der sinnvollen Lebensgestaltung, dem Training von Bewältigungsstilen (Umgang mit Frustrationen), dem Erfahren und Erlernen von Spielregeln, dem Lernen von Konfliktverhalten sieht Klaus Hurrelmann (2000, S. 39f.) fünf faszinierende Facetten der Kultivierungsmöglichkeiten von Aggressivität durch den Sport. Für den ehemaligen Präsidenten des Deutschen Sportbundes Manfred von Richthofen sind Sportvereine in unserer Gesellschaft Integrationsfaktor Nummer eins. Sporttreiben in der Gemeinschaft und im Verein vermittelt Toleranz, Streitanstand und Regelakzeptanz. Der Kriminologe Christian Pfeiffer toppt diese Phalanx positiver, präventiver Funktionen des Sports und Sportvereins mit der Aussage, dass der Sportverein geradezu einen Schutzimpfungseffekt gegen Jugendkriminalität habe (vgl. Pilz, 2002, S. 14). Der Sport als Königsweg der Gewaltprävention?

Die Sportwirklichkeit sieht anders aus (vgl. Pilz, 1994). Die amerikanische Sportpsychologin Dorcas Susan Butt folgert auf Grund ihrer Untersuchungen gar:

> Die Welt des Sports verstärkt viel öfter, als viele annehmen, destruktives Verhalten, wie z. B. Betrügen, Doping usw. Wenn Spiel und Sport bedeutungsvolle Mittel zur Vorbereitung auf das Erwachsenenverhalten sind, [...] dann müssen wir uns genauso vor dem Boxen, Stierkampf und Fußball fürchten, wie wir uns vor dem Krieg fürchten. (Butt, 1974, S. 32)

Erst auf der Folie einer (selbst-)kritischen Analyse der Zusammenhänge von Sport und Gewalt können die durchaus vorhandenen positiven Funktionen und Wirkungen des Sports herausgearbeitet und in der sportlichen Alltagspraxis fruchtbar um- und eingesetzt werden. Die soziologische Perspektive der Befassung mit dem Thema „Sport und Gewalt" zielt dabei darauf ab, die *sozialhistorischen, gesellschaftlichen, strukturellen, sportlichen Ursachen und Bedingungen von Gewalt im, um und durch den Sport* zu ergründen, um daraus Antworten auf Möglichkeiten und Grenzen der Gewaltprävention, der Fairness-/Werteerziehung im und durch Sport zu geben.

2 Formen von Gewalt im, durch und um den Sport

In der Gewaltforschung unterscheidet man bezogen auf die Frage, von wo die Gewalt ausgeht, zwischen

1) *personaler Gewalt:* Gewalt von Personen; bezogen auf den Sport von Sportlern, Trainern, Funktionären, Zuschauern usw., die psychisch und physisch erfolgen kann;
2) *struktureller Gewalt:* Gewalt von Institutionen, gesellschaftlichen Strukturen, bezogen auf den Sport: von Vereins- und Verbandsstrukturen;
3) *kultureller Gewalt:* Wertorientierungen, Handlungsleitlinien der Gesellschaft bzw. des Sports, z. B. „Der Erfolg heiligt die Mittel".

Bezüglich der Motive wird zwischen *expressiver, instrumenteller* und *reaktiver Gewalt* unterschieden.

1) *Expressive Gewalt* meint ein gewalttätiges Verhalten, das lustvoll ausgeführt und auf Grund der eigenen oder gesellschaftlichen Akzeptanz ohne Belastungen des eigenen, sozialen Gewissens (geringe oder keine Schuldgefühle nach Begehen von gewalttätigen Handlungen), erlebt wird.
2) *Instrumentelle Gewalt* meint ein Verhalten, das kalkuliert, geplant, rational eingesetzt wird, die gesellschaftlich tolerierten Gewaltstandards im Interesse übergeordneter Ziele (z. B. Erfolg)

bewusst überschreitet. Dahinter verbirgt sich die Erkenntnis, dass menschliches Verhalten mehr und mehr von einer reinen Kosten-Nutzen-Rechnung geleitet und *illegitimes* Verhalten als durchaus rationale Form der Konfliktlösung angesehen wird (im Sinne der kulturellen Gewalt).

3) *Reaktive Gewalt* schließlich ist eine Gewalt, die als Antwort auf ein als verletzend erfahrenes Verhalten anderer erfolgt (im Sinne personaler, physischer oder psychischer Gewalt, aber auch struktureller Gewalt).

3 Wandlungen der Gewalt im Sport

Das Problem von Gewalt und Sport ist nur sachgerecht zu verstehen und interpretieren, wenn wir es im Kontext langfristiger Entwicklungstrends betrachten.

Folgt man Norbert Elias, so findet Gewalt im sportlichen Wettkampf zwar auch heute einen gesellschaftlich erlaubten Ausdruck, er stellt aber gemessen an den „Augenfreuden vergangener Phasen eine überaus gemäßigte Inkarnation der verwandelten Angriffs- und Grausamkeitsneigungen" (Elias, 1977, S. 279ff.) dar. Diese *Dämpfung von physischer Gewalt* lässt sich am Beispiel der Entstehung und Wandlungen des Regelwerks der Sportarten festmachen, deren Geschichte gleichsam eine Geschichte der wachsenden Dämpfung physischer Gewalt ist. Frühere Formen des Sports waren im Vergleich zu heute erheblich unorganisierter, weniger ausdifferenziert, um ein Vielfaches härter, wilder, brutaler, erlaubten ein erheblich höheres Maß an gesellschaftlich akzeptierter Gewalt. Aber: Im Vergleich zum normalen Alltagsverhalten ist im Sport das Ausmaß an erlaubter körperlicher Gewalt immer noch beträchtlich. Der K.O.-Schlag eines Boxers, der Bodycheck eines Eishockeyspielers oder das Tackling eines Fußballspielers würden einen normalen Bürger ins Gefängnis bringen, wenn er oder sie sich so auf der Straße verhielten. Gewalt hat im Wettkampfsport eine gewisse Normalität.

Elias These von der zunehmenden Dämpfung und Kontrolle physischer Gewalt lässt sich deshalb nur halten, wenn wir zwischen *expressiver und instrumenteller Gewalt* unterscheiden.

Die These der *Dämpfung der Gewalt* bezieht sich entsprechend auf die *expressive Gewalt*. Dabei ist das Ausmaß an erlaubter physischer Gewalt in den einzelnen Sportarten unterschiedlich stark ausgeprägt. Sportarten, die ein hohes Maß an körperlicher Gewalt erlauben, werden vorwiegend von/in sozialen und kulturellen Milieus ausgeübt, in denen physische Gewalt noch als legitimes Mittel der Interessensdurchsetzung angesehen wird. Die These von der Dämpfung der physischen Gewalt muss entsprechend dahingehend revidiert werden, dass die Balance zwischen expressiver und instrumenteller Gewalt sich zu Gunsten der Letzteren verschiebt. So konnten wir feststellen, dass mit zunehmendem Alter und Sportvereinsangehörigkeit junge Fußballspieler mehr und mehr ein Fairnessverständnis im Sinne einer Moral des „fairen Fouls" (Pilz, 1999) verinnerlichen. Dabei kann nicht ausgeschlossen werden, dass sich instrumentelle Formen der Gewalt, wenn sie zur Normalität werden, von den Sportlern mit der Zeit auch lustvoll erlebt und ausgeübt werden, die Grenzen zwischen expressiver und instrumenteller Gewalt sich verwischen.

Dieses Verständnis von Fairplay bzw. diese instrumentelle Gewalt der Sportler beeinflussen auch das Verhalten und die Erwartungshaltung der Zuschauer. Johan Galtung (1990) hat auf dieses Phänomen mit dem Begriff der *kulturellen Gewalt* aufmerksam gemacht. Diese Gewalt tötet zwar nicht und macht auch niemanden zum Krüppel, aber sie liefert als Wertorientierung Rechtfertigungen für Gewalt. Es ist gerade die kulturelle Gewalt, die in Form der Wertehierarchie moderner Industriegesellschaften und des Erfolgssports den Boden für personale Gewalt ebnet.

4 Zur Wechselbeziehung von Sportler- und Zuschauergewalt

In ihrer Untersuchung zum Zuschauerverhalten im Fußballsport haben Gabler, Schulz & Weber (1982) nachgewiesen, dass vor allem bei Sportveranstaltungen, in denen es sehr hektisch zuging, die Gewaltbereitschaft der Zuschauer signifikant ansteigt. Die Gewalt auf dem Sportplatz verstärkt die Emotionalität und Aggressivität, die Gewaltbereitschaft auf den Rängen. Mehr noch: Das Verhalten der Sportler beeinflusst die Erwartungshaltung der Zuschauer. Regelverletzungen im Interesse des Erfolgs der eigenen Mannschaft werden im Sinne der kulturellen Gewalt entsprechend als legitim angesehen und geradezu gefordert.

Die Medien spielen hierbei eine bedeutende Rolle. Sie sind zwar nicht die Ursache der Gewalt im und um den Sport, liefern aber das Schmieröl im Eskalationsprozess der Gewalt.

5. Symptome der strukturellen Gewalt im Sport: Gewalt durch Sport

Wenn wir von struktureller Gewalt im Sport sprechen, gehen wir entsprechend davon aus, dass nicht nur im Sport Handelnde Gewalt ausüben, sondern auch die *Strukturen des Sports.* Grob lassen sich folgende Arten struktureller Gewalt durch Sport unterscheiden (vgl. Pilz, 1994):

- Veränderung, *Weiterentwicklung von Sportgeräten, Sportkleidung, Sportanlagen* im Dienst des erfolgssportlichen Prinzips „Höher, Schneller, Weiter“, auch auf Kosten der Athletinnen und Athleten.
- *Kinderhochleistungssport* mit seiner frühen Fixierung von Kindern auf das Erfolgsstreben um jeden Preis und dem Risiko der psychischen, sozialen und gesundheitlichen Schädigung von jungen Menschen.
- *Trainingsintensität und Wettkampfhäufigkeit,* die kaum oder keine Zeit mehr für die Regeneration des Körpers lassen und pharmakologische Manipulationen im Sinne der Substitution erfordern.
- *Wettkampftermine,* die immer weniger im Interesse der Athletinnen und Athleten und zu den gesundheitlich gesehen vernünftigen, sondern für die Medien und Werbeagenturen am besten zu vermarktenden Zeiten angesetzt werden.
- *Wettkampfnormen,* die so hoch angesetzt, dass sie ohne verbotene pharmakologische Manipulationen in vielen Disziplinen oft nicht mehr erreicht werden können.
- Umweltbelastung und Naturzerstörung durch wachsende *Ausdifferenzierung des Freizeitsports* in Richtung Naturerleben, Abenteuer, Spannung und Risiko sowie Naturverbrauch internationaler sportlicher Großereignisse – allen voran Olympische Sommer- und Winterspiele.
- *Kommerzialisierung und Professionalisierung,* die dazu beitragen, dass die traditionelle Anhänger- und Fangemeinschaft mehr und mehr auseinander fällt (vgl. Lösel, Selg & Schneider, 1990).

Galtung (1990) geht dabei davon aus, dass wenn strukturelle Gewalt institutionalisiert und kulturelle Gewalt verinnerlicht ist, die Gefahr steigt, dass sich auch die persönliche, direkte Gewalt verfestigt. Damit macht er deutlich, dass präventive Maßnahmen an der kulturellen und strukturellen Gewalt ansetzen müssen. Dies gilt für Gesellschaft wie Sport gleichermaßen. Am Beispiel der Ursachen der Gewalt im Umfeld des Sports, hier vor allem des Hooliganismus, lässt sich dies verdeutlichen.

6 Hooliganismus – Gewalt im Umfeld des Sports

Grob unterscheiden lassen sich zwei Motivstränge für Hooliganismus: Das *Motiv der Selbstbehauptung* als *Folge struktureller Gewalt,* bei dem soziale Deprivationen, eigene Misserfolgserlebnisse durch Gewalt kompensiert werden. Dieses Motiv trifft vorwiegend auf Menschen unterer sozialer Schichten zu, die Schwierigkeiten haben, eine positive Identität zu entwickeln, sich auf die Erwachsenenrollen vorzubereiten, diese Rollen in eigener Weise zu übernehmen, als Persönlichkeiten mit eigenen Interessen und Fähigkeiten ihre Erfüllung zu finden.

Das Motiv der *Selbstdurchsetzung* als *Folge kultureller Gewalt,* das vorwiegend bei Menschen höherer sozialer Schichten anzutreffen ist, hat vor allem die Funktion, die eigene Einzigartigkeit zu schützen und zu bewahren durch ein machiavellistisches Verhalten nach dem Motto, „gut ist, was mir nutzt" und „der Erfolg heiligt die Mittel". Hier werden individuelle Bedürfnisse befriedigt. Mitglieder der Hooliganszene stammen aus *allen* Sozialschichten.

Eine weitere Dimension kommt hinzu, die der *„authentischen Erfahrung".* Sie hat ihre Ursache u. a. in der Verengung, Verregelung, dem Verschwinden von Bewegungsräumen als einer weiteren Form der strukturellen Gewalt. Gewalt wird hier zur Ersatzbefriedigung von Abenteuer-, Spannung-, Risikobedürfnissen.

7 Gewalt: kein Privileg des männlichen Geschlechts

Bei der Durchsicht der Gewaltforschung fällt auf, dass geschlechtsspezifische Unterschiede gewalttätigen Verhaltens weitgehend als ‚natürlich' und damit unveränderbar angesehen werden. Gewalt ist aber *nicht* naturhaft und unveränderlich, sondern bestimmt durch *Machtverhältnisse* und Ausdruck von *Machtbalancen oder Machtungleichgewichten zwischen Männern und Frauen.* Mit der Verringerung der Machtdifferenzen zwischen Männern und Frauen passen sich auch die „Gewaltchancen" der Frauen denen der Männer an. Gerade im Bereich des Wettkampfsports lässt sich dies sehr gut verdeutlichen (vgl. Pilz, 1982, 2002). Die in modernen Industriegesellschaften dominanten Kanons des Leistungs-, Konkurrenz- und Erfolgsdenkens spiegeln sich auch im Frauensport wider. Gewalttätig, konkurrenzorientiert, leistungsbetont, risikofreudig zu sein, ist kein Privileg des männlichen Geschlechts. So können wir – als Folge der geschlechtsspezifischen emanzipatorischen Prozesse – eine *Zunahme der körperlichen Gewalt von und unter Frauen und Mädchen* verzeichnen: Öffnung von Sportarten mit hohem Gewalt- und Risikoanteil für Frauen bei Olympischen Spielen und Weltmeisterschaften.

8 Gewaltprävention

Sporttreiben ist, das haben die bisherigen Ausführungen gezeigt, nicht per se erzieherisch, soziales, faires, kameradschaftliches Handeln. Sport fordert und fördert in nicht wenigen Disziplinen die Gewaltbereitschaft. Sport trägt auch dazu bei, Gewaltpotenziale zu kanalisieren und Aggressionen unter Kontrolle zu bringen. Damit ergeben sich bezüglich der Frage nach der Gewaltprävention zwei Perspektiven: *Gewaltprävention im Sport* und *Gewaltprävention durch Sport.*

8.1 Gewaltprävention im Sport

Wenn Ommo Grupe (2000) zwischen Sportkultur (die Wirklichkeit des Sports, wie er ist, in seinen positiven wie negativen, in seinen kulturellen wie kultischen Ausformungen) und „Kultur des Sports" (Werte und Ideen des Sports: Fairness, Ritterlichkeit, Kameradschaft, Solidarität usw., die bewahrt, befolgt, realisiert werden sollten) unterscheidet, dann macht er deutlich, dass Kultur Aufgabe, Leitmotiv, normative Setzung ist. Es ist Aufgabe des Sports, darauf hinzuwirken, dass die im Sport angelegten Werte und Ideale realisiert, befolgt, bewahrt und geschützt werden. Die gewaltpräventiven Wirkungen sportlicher Aktivität stellen sich nicht automatisch ein. Hierzu bedarf es einer spezifischen Inszenierung des Sports sowie entsprechender Kompetenzen und Ressourcen auf Seiten derer, die ihn anbieten und vermitteln (vgl. Brettschneider & Kleine, 2002). Entsprechend geht es bei der Gewaltprävention im Sport um *Fairness- und Werteerziehung* (vgl. Pilz, 2005), aber auch bezüglich der zunehmenden gewaltförmigen Konflikte im Fußball zwischen (Jugend-) Fußballmannschaften mit deutschem und Migrationshintergrund um *Konfliktmanagement und Mediation* (vgl. Pilz 2007; Ribler & Pulter, 2006) und bezüglich der Fußballfans um *Gewaltprävention* (vgl. Deiters & Pilz, 1998; Hahn, Pilz, Stollenwerk & Weis, 1988; Pilz, 2002; Pilz et al., 2006).

8.2 Gewaltprävention durch Sport

Bewegung, Spiel und Sport sind vor allem für junge Menschen Medien, sich vor anderen zu präsentieren. Junge Menschen erfahren ihren gesellschaftlichen Wert erst über ihre Körperpräsentationen. Es gibt kaum eine Jugendkultur, in der Körper, Bewegung, Spiel und Sport keine Rolle spielen. Jugendkulturen sind – wenn man so will – immer auch Bewegungs-, Spiel- und Sportkulturen. So verwundert es auch nicht, dass in der Sozialen Arbeit, in der Gewaltprävention sport-, körper- und bewegungsbezogene Konzepte zunehmend an Bedeutung gewinnen. Die Palette reicht von traditionellen sportartspezifischen Angeboten (vgl. Pilz, 2003) über den Abenteuer- (Becker, Koch & Vieth, 1995; Heckmair & Michl, 1994) und Kampfsport (vgl. Neumann et al., 2007) bis hin zu differenzierten körper- und bewegungsbezogenen Konzepten (vgl. Pilz & Böhmer, 2002).

Sportliche Aktivitäten sind dabei Inhalt und Methode der präventiven, sozialen Arbeit zugleich. Sie sind häufig das einzige Mittel, um an die problematische Klientel heranzukommen. Unterscheidet man nun mit Keupp (1976) zwischen *primärer, sekundärer und tertiärer Prävention*, dann geht es im Bereich der *primären sport-, körper- und bewegungsbezogenen Gewaltprävention*, in der dem Sport die größte Bedeutung zukommt, in der er seine Potenziale am ehesten einbringen und ausschöpfen kann, vor allem um die Schaffung von kind- und jugendgemäßen Bewegungsräumen, -anlässen und -angeboten (im Sinne des Abbaus von struktureller Gewalt), die Stärkung des Selbstwertgefühls, von Selbstbewusstsein, positive Einstellung zu Körper und Gesundheit. Die Bedeutung von Bewegungsanlässen, Bewegungsangeboten und Bewegungsräumen für eine positive Persönlichkeits- und Identitätsentwicklung und damit auch für die Gewaltprävention ist heute unbestritten. Um so mehr verwundert, dass sich hier nicht längst alle relevanten gesellschaftlichen Institutionen zusammen getan haben, um für mehr Bewegungsräume und Bewegungsangebote für (junge) Menschen zu kämpfen.

Im Bereich der *sekundären sport-, körper- und bewegungsbezogenen Prävention* geht es vor allem um Anleitung zu Selbstdisziplin und Selbstkontrolle, Stärkung des Selbstwertgefühls, Aggressions- und Frustrationsabbau, Lernen, Überschuss an physischer Energie auf angemessene Weise durch strukturierte Aktivität umzusetzen, Akzeptieren von gesteckten Rahmenbedingungen (Erarbeiten und Einhalten von Verhaltensregeln), Stärken der eigenen Verhaltenskontrollmechanismen, Ermöglichen von erlebnispädagogischen Erfahrungen im Sinne der Entwicklung von sozialer Kompetenz, Mediatorenausbildung zur Konfliktschlichtung.

Im Bereich der *tertiären sport-, körper- und bewegungsbezogenen Prävention* geht es schließlich vor allem um Thematisierungen und Durchbrechungen von gewaltförmigen Durchsetzungs- und

Selbstbehauptungsstrategien, konsequentes Einschreiten gegen Gewalt mit anschließender pädagogischer Bearbeitung (z. B. Täter-Opfer-Ausgleich), Einsatz von Sport, Körper- und Bewegungserfahrungen in der Gewalttherapie. Hier sind in erster Linie therapeutische Einrichtungen, Institutionen der Sozialen Arbeit, der organisierte Sport aber nur marginal angesprochen. Dennoch bietet sich auch hier eine Zusammenarbeit an.

9 Ausblick

Der Sport entfaltet seine präventiven Potenziale, wenn er nicht primär unter erfolgsorientierten Handlungsmaximen steht, also im Bereich des Freizeitsports. Dies kann und darf aber nicht bedeuten, dass wir im Leistungs- und Erfolgssport vor den Gefährdungen des Sports resignieren, sondern es gilt gerade in diesen Bereichen durch präventive und erzieherische und da, wo es anders nicht geht (z. B. Doping, Unfairness), aber auch repressive Maßnahmen gegen Gewalt und Unfairness im Sport anzugehen. Die Ursachen und Bedingungen von Gewalt im, um und durch den Sport sind mittlerweile weitgehend erforscht. Forschungsdesiderata sind vor allem noch im Bereich interkultureller und sportartenspezifischer Vergleiche bezüglich Gewalt und der Evaluation von Maßnahmen zur Gewaltprävention vor allem im Bereich der sekundären und tertiären Gewaltprävention.

Literatur

Becker, Peter, Koch, Josef & Vieth, Jürgen (1995). *Mit Kopf, Herz und Hand. Ansichten einer Sozialarbeit mit Jugendlichen.* Butzbach-Griedel: Afra.

Brettschneider, Wolf-Dietrich & Kleine, Torsten (2002). *Jugendarbeit in Sportvereinen: Anspruch und Wirklichkeit.* Schorndorf: Hofmann.

Butt, Dorcas Susan (1974). Psychological motivation in sport. In George McGlynn (Hrsg.), *Issues in Physical Education and Sports* (S. 23–34). Palo Alto: National Press.

Deiters, Friedrich-Wilhelm & Pilz, Gunter A. (Hrsg.) (1998). *Aufsuchende, akzeptierende, abenteuer- und bewegungsorientierte, subjektbezogene Sozialarbeit mit rechten, gewaltbereiten jungen Menschen – Aufbruch aus einer Kontroverse.* Münster: Lit.

Elias, Norbert (1977). *Über den Prozess der Zivilisation* (2 Bde.). Frankfurt a. M.: Suhrkamp.

Gabler, Hartmut, Schulz, Hans-Joachim & Weber, Robert (1982). Zuschaueraggressionen – eine Feldstudie. In Gunter A. Pilz et al. (Hrsg.), *Sport und Gewalt* (S. 23–60). Schorndorf: Hofmann.

Galtung, Johan (1990). Cultural Violence. *Journal of Peace Research, 27* (3), 21–305.

Grupe, Ommo (2000). Sportkultur – Kultur des Sports. In Grupe, Ommo & Huber, Wolfgang (Hrsg.), *Zwischen Kirchturm und Arena. Evangelische Kirche und Sport* (S. 15–28). Stuttgart: Kreuz

Hahn, Erwin, Pilz, Gunter A., Stollenwerk, Hans & Weis, Kurt (1988). *Fanverhalten, Massenmedien und Gewalt im Sport.* Schorndorf: Hofmann.

Heckmair, Bernd & Michl, Werner (1994). *Erleben und Lernen. Einstieg in die Erlebnispädagogik.* Neuwied: Luchterhand.

Hurrelmann, Klaus (2000). Gesellschaftliche Probleme als Herausforderung an den Fußballsport. In DFB-Sportförderverein (Hrsg.), *Fußball zeigt soziale Verantwortung. Möglichkeiten und Grenzen unserer Vereine* (S. 31–45). Frankfurt a. M.: DFB-Eigenverlag.

Keupp, Heiner (1976). *Abweichung und Alltagsroutine. Die Labeling-Perspektive in Theorie und Praxis.* Hamburg: Hofmann und Campe.

Lösel, Friedrich/Selg, Herbert/Schneider, Ursula (1990): Ursachen, Prävention und Kontrolle von Gewalt aus psychologischer Sicht. In: Hans Dieter Schwind et al. (Hrsg.) *Ursachen, Prävention und Kontrolle von Gewalt* (S. 4–156). Berlin: Duncker & Humblot.

Neumann, Ulf, von Saldern, Matthias, Pöhler, Ralf & Wendt, Peter-Ulrich (Hrsg.) (2007). *Der friedliche Krieger. Budo als Methode der Gewaltprävention* (2. Aufl.) Marburg: Schürer.

Pilz, Gunter A. (1982). *Wandlungen der Gewalt im Sport. Eine entwicklungssoziologische Analyse unter besonderer Berücksichtigung des Frauensports.* Ahrensburg: Czwalina.

Pilz, Gunter A. (1994). Gewalt im, um und durch den Sport. In Wolfgang Wölfing (Hrsg.), *Was ist nur mit unserer Jugend los?* (S. 306–350). Weinheim: Deutscher Studien Verlag.

Pilz, Gunter A. (1999). Fairness und ihr Verständnis im sportlichen Wettkampf; oder: Die Moral des „fairen Fouls". In Reinhold Mokrosch & Arnim Regenbogen (Hrsg.), *Was heißt Gerechtigkeit? Ethische Perspektiven zu Erziehung, Politik und Religion* (S. 215–227). Donauwörth. Auer.

Pilz, Gunter A. (2002). Was leisten Fan-Projekte? *Spectrum der Sportwissenschaften 14* (1), 101-113.

Pilz, Gunter A. (2003). Mitternachtssport: Beitrag zur Gewaltprävention? In Josef Koch, Lotte Rose, Jochem Schirp & Jürgen Vieth (Hrsg.), *Bewegungs- und körperorientierte Ansätze in der Sozialen Arbeit* (S. 31–43). Opladen: Leske & Budrich

Pilz, Gunter A. (2005). Erziehung zum Fairplay im Wettkampfsport. *Bundesgesundheitsblatt, 48* (8), 881–889.

Pilz, Gunter A. (2007). Rote Karten statt Integration? Möglichkeiten, Chancen, Probleme am Beispiel des Fußballs. In Christine Schedensack (Red.), *Kulturelle Vielfalt in der Stadtgesellschaft. 34. Cappenberger Gespräch* (S. 80–97). Köln: Kohlhammer.

Pilz, Gunter A. & Böhmer, Henning (Hrsg.) (2002) *Wahrnehmen – Bewegen – Verändern. Beiträge zur Theorie und Praxis sport-, körper- und bewegungsbezogener Sozialer Arbeit.* Hannover: Blumhardt.

Pilz, Gunter A., Behn, Sabine, Klose, Andreas, Schwenzer, Victoria, Steffan, Werner & Wölki, Francisca (2006). *Wandlungen des Zuschauerverhaltens im Profifußball.* Schorndorf: Hofmann.

Ribler, Angelika & Pulter, Astrid (2006). *Konfliktmanagement im Fußball – Handbuch zum Projekt „Interkulturelle Konfliktvermittlung im Fußball 1998-2005".* Frankfurt a. M.: Sportjugend Hessen, Eigenverlag.

Erstmals erschienen in: Kurt Weis & Robert Gugutzer: Handbuch Sportsoziologie. Beiträge zur Lehre und Forschung im Sport, Band 166, Schorndorf: Hofmann-Verlag 2008, S. 287–297.

Sport als Gewaltprävention

Bewegung, Spiel und Sport sind Medien für junge Menschen, sich vor anderen zu präsentieren. Junge Menschen erfahren ihren gesellschaftlichen Wert erst über ihre Körperpräsentationen. Es gibt kaum eine Jugendkultur, in der Körper, Bewegung, Spiel und Sport keine Rolle spielen. Jugendkulturen sind – wenn man so will – immer auch Bewegungs-, Spiel- und Sportkulturen. So verwundert es einen auch nicht, dass in der Sozialen Arbeit, in der Präventionsarbeit, wie in der Jugendarbeit schlechthin, sport-, körper- und bewegungsbezogene Konzepte zunehmend an Bedeutung gewinnen. Die Palette reicht von traditionellen sportartspezifischen Angeboten (Pilz 2003) über den Abenteuer- (Becker/Koch/Vieth 1995, Heckmair/Michl 1994) und Kampfsport (Neumann u. a. [2]2007) bis hin zu differenzierten körper- und bewegungsbezogenen Konzepten (Pilz/Böhmer 2002).

Von Seiten der Politik, der Pädagogik, der Kriminologie und der Sportorganisationen wird der Sport geradezu als Königsweg in der Gewaltprävention gepriesen (vgl. Pilz 2002, 14). Der Kriminologe Pfeiffer schreibt dem Sportverein in seiner ihm eigenen verabsolutierenden Weise gar „einen Schutzimpfungseffekt gegen Jugendkriminalität" zu (Pilz 2002, 14). Doch da gibt es auch kritische Stimmen: Bereits 1925 schrieb Musil in seinem Essay „Durch die Brille des Sports": „Der Sport ist eine grandiose Arbeitsteilung zwischen Gut und Böse der Menschen (...). Es ist einseitig, wenn man immer nur schreibt, dass der Sport zu Kameraden mache, verbinde, einen edlen Wetteifer wecke: Denn ebenso sicher kann man auch behaupten, dass er einem weit verbreiteten Bedürfnis, dem Nebenmenschen eine aufs Dach zu geben oder ihn umzulegen, entgegenkommt, dem Ehrgeiz, der Überlegene zu sein." (Zit. n. Frisé 1983, 793)

Die amerikanische Sportpsychologin Butt (1974) kommt auf Grund ihrer Untersuchungen gar zu dem Schluss, dass die Welt des Sports viel öfter, als viele annehmen, destruktives Verhalten, wie z. B. Betrügen, Doping usw. verstärkt, und folgert daraus, dass, wenn Spiel und Sport bedeutungsvolle Mittel zur Vorbereitung auf das Erwachsenenverhalten seien, wir uns genauso vor dem Boxen, Stierkampf und Fußball fürchten müssten, wie wir uns vor dem Krieg fürchten. Schnack/Neutzling (1991) kommen schließlich in ihrem beeindruckenden Buch „Kleine Helden in Not" zu dem Schluss: „Sport fordert und fördert Leistungsdenken und in nicht wenigen Disziplinen auch die Gewaltbereitschaft, aber Sport trägt auch dazu bei, Gewaltpotenziale zu kanalisieren und Aggressionen unter Kontrolle zu bringen" (185f.)

Um die (gewalt-)präventiven Potenziale des Sports für die Soziale Arbeit richtig einschätzen und bewerten zu können, bedarf es deshalb zunächst einmal einer kritischen Reflexion.

Kritische Reflexion der sozialen, präventiven Funktionen des Sports

Huber (2000, 20ff.) unterscheidet drei Dimensionen des Sports, die auf eine ganzheitliche Erfahrung menschlichen Handelns gerichtet sind und die auf die präventiven Funktionen des Sports verweisen: Die naturale Dimension, die sich auf die Tatsache bezieht, dass sich im sportlich-spielerischen Tun Menschen in Form eines Bewegungshandelns in Raum und Zeit ihrem eigenen Körper begegnen. Wichtiger Maßstab und wichtiges Ziel dieses Bewegungshandelns sind Gesundheit und Unversehrtheit. In der personalen Dimension wird auf die Erkenntnis verwiesen, dass Sport der Entfaltung der persönlichen Würde dient und Ausdruck menschlicher Kreativität und Gestaltungskraft ist. Hier begegnet der Mensch sich selbst in der Einheit von Körper, Seele und Geist. In der sozialen Dimension wird schließlich zum Ausdruck gebracht, dass sich Menschen im Sport begegnen, Zusammenspiel und Wettkampf, Kooperation und Konkurrenz in ihm zusammen gehören.

In diesen drei Dimensionen tritt der Sport in den Dienst menschlicher Würde. Damit wird auch seine Bedeutung für die Gewaltprävention und seine sozialen Chancen angesprochen. Ebenso kann Sport die Würde auch bedrohen und gefährden. So warnt bspw. Huber vor dem Misslingen der kulturellen Gestaltung des Sports, wenn diese sich zum „Kult des Körpers“ verkehrt, in dem die Steigerung der körperlichen Leistungsfähigkeit als höchster Wert gilt, wie das Doping oder die gesundheitsgefährdenden Erscheinungen des Kinder- und Jugendsports zeigen. In der personalen Dimension misslingt die kulturelle Gestaltung des Sports, wenn diese in einen „Kult des Siegens“ verkehrt wird, in dem nur noch die Überlegenheit über den Anderen zählt, Sieg und Erfolg zum Maß aller Dinge werden. Schließlich misslingt die kulturelle Gestaltung des Sports, wenn diese in einen „Kult der Gewalt“ verkehrt wird, sei es in Form von Angriffen auf die körperliche Integrität des sportlichen Gegners oder der Entladung von Gewalt auf den Rängen und nach dem Spiel auf den Straßen, „Sport als Beispiel für zweckfreies Spiel also zum Anlass brutaler Gewalt wird“ (Huber 2000, 23).

Die optimistischen Annahmen von positiven Wirkungen des Sports und der Sportvereine auf die jugendliche Entwicklung sind entsprechend zu relativieren. So unterscheidet Grupe (2000) zwischen Sportkultur und „Kultur des Sports“. Sportkultur meint die Wirklichkeit des Sports, wie er ist, in seinen positiven wie negativen, in seinen kulturellen wie kultischen Ausformungen. Kultur des Sports meint hingegen Werte und Ideen des Sports, die bewahrt, befolgt und realisiert werden sollten (z. B. Fairness, Ritterlichkeit, Solidarität usw.). Hier wird Kultur als Aufgabe, als Leitmotiv, als normative Setzung verstanden. Sporttreiben ist nicht per se erzieherisch, vielmehr ist es Aufgabe des Sports, darauf hinzuwirken, dass soziales, faires, kameradschaftliches Handeln als im Sport angelegte Werte und Ideale realisiert, befolgt, bewahrt und geschützt wird und somit die kulturellen Werte des Sports gelebt werden. Anders ausgedrückt: Statt davon zu sprechen, dass Sport verbinde, erziehe und – wie problemlos auch immer – integriere, müsste es besser und korrekter heißen: Sport kann verbinden, erziehen, integrieren und präventiv wirken. Die gewaltpräventiven Wirkungen sportlicher Aktivität stellen sich also nicht automatisch ein. Hierzu bedarf es einer spezifischen Inszenierung des Sports sowie entsprechender Kompetenzen und Ressourcen auf Seiten derer, die ihn anbieten und vermitteln (vgl. Brettschneider/Kleine 2003).

Erst auf der Folie einer (selbst-) kritischen Analyse der Zusammenhänge von Sport und Gewalt können also die durchaus vorhandenen positiven Funktionen und Wirkungen des Sports, sportiver Angebote bezüglich eines präventiven, erzieherischen Jugendschutzes herausgearbeitet und in der Sozialen Arbeit, bzw. in der sportlichen Alltagspraxis fruchtbar um- und eingesetzt werden. Die vielen potenziellen Gefährdungen des Sports, die Verkehrungen seiner kulturellen Dimensionen, weisen dabei aber auf die Notwendigkeit einer Qualitätsoffensive und sozialer Netzwerke hin. Dies gilt sowohl für die Prävention im Sport (Bekämpfung des Kults des Körpers, des Siegens und der Gewalt) als auch für die Prävention durch Sport.

Zur Bedeutung von Sport, Spiel und Bewegung in der Gewaltprävention

Auf der Folie der drei Dimensionen des Sports soll im Folgenden die Bedeutung von Sport, Spiel und Bewegung für die Gewaltprävention verdeutlicht werden. Dabei gehe ich mit Krafeld (1990) davon aus, dass „das Verhalten von Jugendlichen, auch von gewalttätig agierenden, durchweg aus ihren Lebenserfahrungen und ihren Versuchen resultiert, mit diesen ihren Erfahrungen und Eindrücken umzugehen.“ (500) Das heißt aber auch, dass sich Änderungen im Verhalten junger Menschen kaum erzielen lassen, wenn wir uns ausrichten auf die Probleme, die junge Menschen machen. Erst wenn es letztlich um die Probleme geht, die junge Menschen haben, werden sie auch offen werden für neue Auseinandersetzungen mit der Frage, welche Probleme sie anderen machen. Daran müssen sich auch körper- und bewegungsbezogene Angebote in der Gewaltprävention messen lassen.

Aus der Vielfalt der lebensweltlichen Gewalterfahrungen ergeben sich für die Frage von Sport und Gewaltprävention zwei besonders herausragende Problemfelder: einerseits die Bewegungsarmut sowie das Abschneiden, die Betonierung gewachsener Bewegungsräume und andererseits der Mangel an Eigenerfahrungen und die vorenthaltenen Mitgestaltungsmöglichkeiten der gesellschaftlichen Lebensverhältnisse durch junge Menschen.

Naturale Dimension oder: Das Problem der Bewegungsarmut und des Mangels an Bewegungsräumen

Die statistischen Fakten sprechen für sich: Unter den Heranwachsenden haben 40–60 % Haltungsschwächen; 20–30 % ein leistungsschwaches Herz-Kreislauf-Atmungssystem; 30–40 % Koordinationsschwächen; 20–30 % Übergewicht; ca. 15 % ein auffälliges psycho-soziales Verhalten (vgl. Bundesarbeitsgemeinschaft zur Förderung haltungs- und bewegungsauffälliger Kinder und Jugendlicher e. V. 1992). Wie der erste bundesweite Kinder- und Jugendgesundheitssurvey (2007) zeigt, hat sich Problem nicht ent-, eher verschärft (siehe auch Schmidt u. a. 2003). In Untersuchungen über Ursachen und Motive fremdenfeindlicher Gewalt wird immer wieder auf das Phänomen der Suche nach Action, Spannung und dem Ausleben von Körperlichkeit hingewiesen. Dahinter verbirgt sich das Problem des zivilisations- und gesellschaftsbedingten erlebnis-, spannungs- und abenteuerarmen Alltags. Die Menschen moderner Industriegesellschaften sehen sich zunehmend einem zivilisatorischen Druck ausgesetzt, sich und ihr Verhalten ständig und stetig unter Kontrolle zu halten, ihre Affekte und Emotionen zurückzudrängen, zu unterdrücken oder – wie Elias (1977) es nennt – ihren Trieb- und Affekthaushalt zu kontrollieren. Dies bleibt nicht ohne Folgen. Dies umso mehr, als Spannung, Affektivität wesentliche Triebfedern menschlichen Verhaltens sind, wie uns Elias (1977) und Csikszentmihalyi (1985) lehren und es in unserer verwalteten, verrechtlichten und verbürokratisierten Gesellschaft immer weniger Räume gibt, Bewegungsbedürfnisse zu befriedigen. Die Lebens- und Alltagswelten geben Kindern und Jugendlichen kaum oder gar keine Chancen, „ihre Umgebung nach eigenen Fantasien, Entwürfen und Plänen zu be- und ergreifen" (Becker/Schirp 1994, 53). Es verwundert so auch nicht, wenn von Jugendlichen „insbesondere fehlende Regel-, Spiel-, Sport-, Bewegungsorte sowie unmittelbar wohnungsnahe Spiel- und Aufenthaltsmöglichkeiten" (v. Seggern/Erler 1988, 70; Herlyn u. a. 2003) beklagt werden.

Personale Dimension oder: Die Suche nach Sinn

Das Jugendalter gilt als Lebensphase, in der Heranwachsende eine psychosoziale Identität aufbauen müssen. Diese Verwirklichung von persönlicher Identität ist heute erschwert. Junge Menschen wollen nicht nur passiv Lernende in Institutionen sein, sie brauchen auch Bestätigung, Engagement und sinnvolle Aufgaben. Herausbildung einer positiven Identität, die im Jugendalter geleistet werden muss, heißt deshalb, positive Antworten auf die drängenden Fragen zu geben: „Wer bin ich?" „Was kann ich?" „Wozu bin ich da?" „Wohin gehöre ich?" „Was wird aus mir?"

So geht nach Negt (1998) der Kampf vieler junger Menschen eigentlich um die Frage: Was bin ich in dieser Gesellschaft? Was bin ich überhaupt, wer nimmt mich wahr?

Daraus ergeben sich kulturelle Suchbewegungen junger Menschen, mit denen sie diese Probleme zu lösen versuchen. Bieten sich Jugendlichen keine oder kaum Möglichkeiten, sich durch etwas hervorzutun, bleibt ihnen oft nur noch der Körper als Kapital, den sie entsprechend ausbilden (modellieren) und Anerkennung und Aufmerksamkeit suchend einsetzen. Hier ist eine der Wurzeln für den „Kult des Körpers" und der Gewalt zu sehen, sie sind so besehen auch eine Form jugend-, meist jungenspezifischer Identitätssuche, Identitätsentwicklung. Körperpräsentationen – auch gewaltförmige – haben so besehen eine wichtige identitätsstiftende, stabilisierende Funktion für die jungen Menschen, so dass es wichtig erscheint, diese Jugendkulturen zu bewahren, ihnen den erforderlichen (im Rahmen des Gesetzes) freien Raum zur Entfaltung zu belassen. Die Gewaltprävention im und mit Sport muss sich dabei der Bedeutungen vergewissern, die gewaltaffine Jugendkulturen für junge Menschen haben können:

- Sie geben mit ihren Gewalt- und Machtmustern eindeutige Orientierungen.
- Sie ermöglichen es, die reale oder subjektiv erfahrene Lebensbedrohung umzukehren und selbst zu bedrohen, statt bedroht zu werden.
- Sie ermöglichen es, sich selbst und ihren Körper intensiv zu erleben und sich zu bewähren.
- Sie ermöglichen es, die Angstgefühle durch Abenteuer und Risikoerlebnisse zu bearbeiten.
- Sie ermöglichen es, menschliches Zusammenleben zu zeigen (geben Halt, sichern Wärme und Zuneigung).

Gewalt ist also ein Mittel, um Beachtung und Aufmerksamkeit zu erlangen, um „Abenteuer" und „Action" zu erleben, einen rauschartigen Zustand innerer Erregung, einen „flow" zu erfahren, der im normalen Lebensvollzug sonst nicht erfahrbar ist.

Genau hier eröffnen sich bewegungsorientierten Angeboten in der Gewaltprävention große Möglichkeiten, da der Sport für viele Jugendliche oft das einzig übriggebliebene Erfahrungsfeld ist, in welchem sie Erfolg, Selbstbestätigung, positives Gruppenerlebnis mit Anerkennung und Gruppenerfolg erfahren können.

Die soziale Dimension

Durch sportliche Aktivitäten können:

- Aggressionen und motorischer Betätigungsdrang „gesteuert" abgearbeitet, als Äquivalent zur Problematisierung
- vorhandene körperliche Fähigkeiten positiv eingesetzt,
- mit vertrauter Betätigung Schwellenängste gegenüber dem sonstigen Angebot abgebaut,
- die Beziehungen von Jugendlichen (vor allem aus Randgruppen) untereinander, zu ihrer Umwelt und zu den Mitarbeiterinnen und Mitarbeitern geübt und verbessert,
- die Identifikation mit den sozialen Einrichtungen (z. B. Jugendzentrum) verbessert, bzw. oft erst hergestellt und verstärkt,
- das Akzeptieren vorhandener Regeln erlernt,
- Erfolgserlebnisse erzielt werden.

Sportliche Angebote sind dabei Inhalt und Methode der offenen Jugendarbeit zugleich. Sie sind häufig das einzige Mittel, um an „problematische" männliche Jugendliche heranzukommen und sie in die offene Jugendarbeit zu integrieren.

Folgerungen für die präventive Arbeit im und durch Sport

Sport ist nicht per se präventive Arbeit. Die Sportorganisation hat, wie das Präsidium des Landessportbundes Niedersachsen selbstkritisch feststellte, zu lange den gefährlichen Balanceakt zwischen Fremd- und Selbstwahrnehmung einerseits und Selbstüberschätzung der eigenen Fähigkeiten andererseits praktiziert. Die Vereinsmitglieder können ihre sportfachliche Kompetenz einbringen, um gemeinsam mit anderen Institutionen vor Ort soziale Probleme anzugehen. Weder Sportvereine noch die Sportorganisation sind qua Definition ein Ort Sozialer Arbeit. „Die sportpraktische Qualifikation und das Interesse an einer ehrenamtlichen Tätigkeit im Verein machen aus Vereinsmitarbeitern noch keine Sozialarbeiter" (Landessportbund Niedersachsen 2002, 5), umgekehrt gilt aber auch, dass die sozialpädagogische Qualifikation und das Interesse an sport-, körper- und bewegungsbezogenen Angeboten aus einem Sozialarbeiter noch keine Sportfachkraft macht.

Es geht vielmehr darum, „fachberufliche Kenntnisse so einzusetzen, dass sich Menschen in besonderen sozialen Lagen in die Gesellschaft und das Sozialsystem Sportverein integrieren können" und „Soziale, präventive Arbeit im, mit und durch den Sport möglich zu machen" (Landessportbund Niedersachsen 2002, 5).

March (2002) hat eindrucksvoll aufgezeigt, dass bewegungsorientierte Angebote in der Gewaltprävention mehr bedeuten, als Sportangebote für Jugendlichen bereitzuhalten; mehr bedeuten, als mit Jugendlichen zu arbeiten; mehr bedeuten, als sich um die Probleme der Jugendlichen zu kümmern; mehr bedeuten, als Institutionenarbeit zu leisten. Für March bedeuten bewegungsorientierte Angebote in der Gewaltprävention deshalb auch in erster Linie Auseinandersetzung auf wechselseitigen Beziehungsebenen: Auseinandersetzung zwischen Jugendlichen und Jugend(sozial-)arbeiter; zwischen Jugend(sozial-)arbeiter und Institutionen; zwischen Jugendlichen und Institutionen; Auseinandersetzung unter Jugendlichen und schließlich Auseinandersetzung mit einem Stück Lebensrealität mit dem Ziel, institutionelle Strukturen jugendfreundlicher zu gestalten. Im Mittelpunkt muss dabei immer die Beziehungsarbeit steht.

Mit Kösterke/Stöckle (1989, 479f.) sind entsprechend an bewegungsorientierte Angebote in der Gewaltprävention folgende Anforderungen zu stellen:

- Ausrichtung des Angebots an den jugendlichen Bedürfnissen
- Geringe sportmotorische Anforderungen
- Eingehen auf jugendkulturelle Bewegungen
- Flexibilität hinsichtlich Raum, Zeit und Inhalt der Angebote
- Problemlose Übertragbarkeit der Angebote auf alle sonstigen Lebensbereiche
- Vermeiden von Blamagesituationen
- Angstfreie, animierende Lern- und Spielatmosphäre
- Förderung kooperativer Handlungsweise
- Bereitstellung geschlechtsspezifischer Angebote (körper- und bewegungsbezogene Mädchen- und Jugendarbeit) (ebd.)

Die Forderung dass die Sportangebote den Bedürfnissen, den Lebenswelten und Lebensstilen der Jugendlichen angepasst werden müssen, bedeutet, sich nicht nur mit angepassten Jugendlichen zu befassen oder Jugendliche in bürgerliche „Tugendpanzer" zu zwängen, es heißt vielmehr, sich auch auf unbequeme Jugendliche einzulassen, deren fremdartige unbequeme sozial oft nicht tole rierten Bedürfnisse zu akzeptieren und in die Angebotspalette der Jugendarbeit einfließen zu lassen. Das heißt aber auch, sich u. U. auf die manchmal Angst einflößenden, bedrohlich erscheinenden Körper- und Lebensstile der Jugendlichen (z. B. die auf Kraft, aggressive Männlichkeit, Härte ausgerichteten Stile) einzulassen und sie durch entsprechende Angebote zu kanalisieren, aufzufangen (vgl. Becker/Hartmann 1989). Es stellt sich für die Pädagogik das schwerwiegende Problem, einerseits die Sozialisationsfunktion dieser Gruppierungen zu achten, den Jugendlichen also die notwendigen Freiräume zu belassen, andererseits gegen gravierende Normverletzungen einzuschreiten. Jeder Pädagoge und jede Pädagogin muss sich selbst die Frage stellen und beantworten, wie weit er/sie subkulturellen Gruppen Freiräume in seiner/ihrer Arbeit einräumen kann und will. Ob dabei Kampfsportarten im Dienst sozialpädagogischer Maßnahmen zur Gewaltprävention oder Befriedung gewaltbereiter, -faszinierter Jungen der richtige Weg sind, ist nicht eindeutig mit ja oder nein zu beantworten. Dies hängt sowohl von der Kampfsportart selbst, aber noch mehr von Ziel, Inhalt und vor allem Art der Vermittlung dieser Kampfkünste ab (siehe hierzu ausführlicher Neumann u. a. [2]2007).

Damit die Sportkompetenzen bei der Lösung sozialer Probleme vor Ort genutzt werden können, müssen entsprechend die sozialen Netzwerke ausgeweitet werden.

Allerdings standen sich Jugendhilfe und Sport lange Zeit eher distanziert gegenüber und nutzen auch heute noch zu wenig die Chancen der Kooperation, der Vernetzung ihrer unterschiedlichen Handlungsformen und Zugangsweisen. Es handelt sich also – auch wenn hier mittlerweile einiges im Fluss ist – um ein Verhältnis, das „eher von Abwehr gegenüber dem Anderen, denn von Neugier auf das bestimmt ist, das der andere leistet und was u. U. auch für den jeweils anderen hilfreich sein könnte" (Kreft 1997, 339). Koch weist auf die besonderen Chancen von Bewegungsaktivitäten hin: „Da der Körper- und Bewegungsbezug grundlegende, quer zu den Jugendhilfeformen liegende Kategorien umfasst und somit in spezifischer Ausprägung in den unterschiedlichen Feldern wie Jugendsozialarbeit, Freizeitbildung, offene Jugendarbeit, erzieherische Hilfen usw. in die pädagogischen Gesamtkonzepte dieser Felder zu integrieren wäre, kann zumindest die modellhafte Entwicklung einer körper- und bewegungsbezogenen Theorie und Praxis nur in Form von Kooperationen, Vernetzungen, interdisziplinärer Zusammenarbeit geschehen" (Koch 1996, 7). Schulze-Krüdener macht darauf aufmerksam, dass das Anforderungsprofil der körper- und bewegungsbezogenen Sozialarbeit neben den entsprechenden sportiven Kompetenzen der in der Jugendarbeit Tätigen die wechselseitige Sensibilisierung und Kooperation zwischen Sport(-vereinen) und Jugendarbeit erfordert. „Der Sport als attraktiver Anlass und Inhalt gemeinsamer Aktivitäten und als bedeutendes Konstitutiv von Gleichaltrigengruppen macht es erforderlich, dass sich die körper- und sportbezogene Jugendarbeit und der Vereinssport, aber auch der Schulsport als jugendliche Bewegungswelten begreifen und ihre Zusammenarbeit intensivieren" (Schulze-Krüdener 1999, 214). Körper- und bewegungsbezogene Jugendarbeit, Vereinssport und Schulsport werden hier zu Recht als jugendliche Bewegungswelten begriffen, die vernetzt werden müssen! Hierin liegt auch der Schlüssel einer umfassenden gewaltpräventiven Arbeit im und mit dem Sport.

Sport-, körper- und bewegungsbezogene Soziale Arbeit als Prävention

Im 1. Deutschen Kinder- und Jugendsportbericht (Schmidt u. a. 2003, 384) werden zur Sicherung von Integrations- und Sozialisationserfolgen vier Ansprüche an eine erfolgreiche präventive Arbeit im Sport formuliert:

1. Die Einarbeitung klarer Problemdefinitionen in den verschiedenen Feldern sozialer Auffälligkeit.
2. Die Entwicklung von Handlungsformen situativer Nähe zum Problemklientel.
3. Die Berücksichtigung der spezifischen Lebenswelten der Kinder und Jugendlichen.
4. Die Koordination der Maßnahmen der verschiedenen Akteure der Jugendhilfe im Sinne einer Steuerung von Netzwerken.

Unterscheidet man nun mit Keupp (1976) zwischen primärer, sekundärer und tertiärer Prävention, dann geht es im Bereich der **primären sport-, körper- und bewegungsbezogenen Prävention** vor allem um

- die Schaffung von kind- und jugendgemäßen Bewegungsräumen, -anlässen und -angeboten
- Stärkung des Selbstwertgefühls, Aufbauen von Selbstbewusstsein
- positive Einstellung zu Körper und Gesundheit.

Dem Sport kommt in diesem Bereich die größte Bedeutung zu. Die Bedeutung von Bewegungsanlässen, Bewegungsangeboten und Bewegungsräumen für eine positive Persönlichkeits- und Identitätsentwicklung und damit auch zur Gewalt- und Suchtprophylaxe ist heute unbestritten. Umso mehr verwundert, dass sich hier nicht längst alle relevanten gesellschaftlichen Gruppen, Institutionen zusammen getan haben, um für mehr Bewegungsräume und Bewegungsangebote für junge Menschen zu kämpfen. Hier drängt sich ein soziales Netzwerk im Sinne einer größeren Lobby für freie Bewegungsräume und -angebote für jungen Menschen geradezu auf.

Im Bereich der **sekundären sport-, körper- und bewegungsbezogenen Prävention** geht es vor allem um

- Anleitung zu Selbstdisziplin und Selbstkontrolle
- Stärkung des Selbstwertgefühls
- Aggressions- und Frustrationsabbau; Lernen, Überschuss an physischer Energie auf angemessene Weise durch strukturierte Aktivität umzusetzen
- Akzeptieren von gesteckten Rahmenbedingungen (Erarbeiten und Einhalten von Verhaltensregeln)
- Stärken der eigenen Verhaltenskontrollmechanismen, Erziehung zum Fairplay
- Ermöglichen von erlebnispädagogischen Erfahrungen im Sinne der Entwicklung von sozialer Kompetenz
- Einsatz von ausgebildeten Mediatoren zur Konfliktschlichtung in Vereinen.

Die ehrenamtliche Alltagspraxis der Sportvereine stößt hier oft an ihre Grenzen und ist auf Hilfe, Unterstützung von Personen, Trägern, Institutionen der sozialen Arbeit angewiesen. Die Schaffung von Netzwerken drängt sich hier geradezu auf.

Im Bereich der **tertiären sport-, körper- und bewegungsbezogenen Prävention** geht es schließlich vor allem um

- Thematisierungen und Durchbrechungen von gewaltförmigen Durchsetzungs- und Selbstbehauptungsstrategien
- Konsequentes Einschreiten gegen Gewalt mit anschließender pädagogischer Bearbeitung (z. B. Täter-Opfer-Ausgleich), nicht aber (Vereins-)Ausschluss
- Einsatz von Sport-, Körper- und Bewegungserfahrungen in der Gewalt- und Suchttherapie.

Hier sind in erster Linie therapeutische Einrichtungen, Institutionen der Sozialen Arbeit angespro chen, der organisierte Sport aber nur marginal. Dennoch bietet sich auch hier eine Zusammenarbeit an.

Wenn lebensstil- und lebensweltorientierte bewegungsorientierte Ansätze in der Sozialen Arbeit, wenn Gewaltprävention im Sport also keine leeren Worthülsen sein und bleiben sollen, dann bedarf es einer konzertierten Aktion von kommunalen und freien Trägern der Jugendarbeit, der Kooperation von Sportvereinen, Schule und Jugendhilfe.

Bewegungsorientierte Angebote in der Gewaltprävention lassen sich somit inhaltlich zusätzlich wie folgt begründen und rechtfertigen (Becker/Schirp 1986, 9) als:

- Gegenentwurf zur bewegungsarmen Lebenswelt der Jugendlichen, zur fehlenden bewegungsbezogenen Infrastruktur
- Kompensationsmöglichkeit für Spannungsarmut resp. für spannungsgeladenes Risikoverhalten
- Schaffung von Räumen und Gelegenheiten für Erfahrungen zur positiven Identitätsfindung
- Gegenentwurf zur Marginalisierung der Mädchen (einschließlich parteilicher Mädchenarbeit)
- Gegenentwurf zur männlichen Dominanzkultur (reflektierende, antisexistische Jungenarbeit)

Daraus folgt als inhaltliche Gestaltung der Sportarbeit:

- Orientierung am didaktischen Prinzip „Denken und Machen"
- Orientierung an Bewegungsstrukturen, welche die Erfahrung von Abenteuer- und Risikoerlebnissen ermöglichen
- Orientierungen an Bewegungstraditionen und -formen, die gewaltförmige Verhaltensmuster der Jungen aufbrechen, Selbstwertgefühl und Selbstbewusstsein bei Mädchen aufbauen und somit perspektivisch eine gleichberechtigte Spielintegration der Mädchen ermöglichen.

Hierzu ist der sich vollziehende inhaltliche Paradigmenwechsel der Jugendarbeit wichtig: Weg von den Defiziten der Jugendlichen hin zu deren Stärken.

Vernetzung heißt das Zauberwort

Der Vernetzung wird nicht zuletzt auch angesichts wachsender Problemlagen, aber auch und vor allem der geforderten unterschiedlichen Kompetenzen und immer knapper werdender öffentlicher Finanzen zu Recht eine zentrale Rolle zugewiesen. Für die Zukunft wird es sehr darauf ankommen, vorhandene Netzwerke zu nutzen, bzw. ein festes Netzwerk der körper- und bewegungsorientierten Angebote zu errichten. Vernetzung und Zusammenarbeit allein bewirken noch keine effektive präventive Arbeit. Entscheidend ist, dass

- die unterschiedlichen Interessen offen gelegt werden,
- Gemeinsamkeiten herausgearbeitet,
- Unterschiede ausgehalten,
- Kompetenzen geklärt und
- zum Inhalt der Zusammenarbeit gemacht werden.

Nur unter diesen Voraussetzungen können präventive Wirkungen erzielt, Bewegung, Sport und Spiel sich als Element der Gewaltprävention entfalten.

Im 1. Deutschen Kinder- und Jugendsportbericht werden angesichts der Problemlagen junger Menschen und der aufgezeigten Defizite folgende auch für eine soziale und präventive Offensive unter Einbindung des Sports folgende Handlungsempfehlungen ausgesprochen:

1. Angesichts des wachsenden Anteils adipöser wie auch motorisch benachteiligter Kinder ist das Augenmerk auf Heranwachsende vom Vorschulalter zur späten Kindheit mit der Zielsetzung zu richten, für diese Kinder kompensatorische Angebote zu entwickeln und bereitzustellen.
2. Um den Sport zu einem zentralen lebenslangen Lebenstilelement für alle Heranwachsenden zu entwickeln, muss die Bereitstellung interkulturell offener Bewegungsangebote, die breit gefächert, sportartübergreifend und spielorientiert sind und sich an den Interessen von Jungen und Mädchen ausrichten, einen zentralen Stellenwert in der Kinder- und Jugendarbeit erhalten.

3. Für eine entsprechend professionelle bewegungs- und sportbezogene Betreuung von Kindern in verschiedenen institutionellen Kontexten – Kindergarten, Grundschule, Verein – bedarf es einer flächendeckenden Qualifizierung der Betreuenden (z. B. Kinder-Übungsleiter/in-Lizenz) vor allem in den Bereichen einer geschlechtersensiblen und interkulturell offenen Sport- und Bewegungserziehung.
4. Angesichts der Verstädterung gilt es, in einem sektorenübergreifenden Handeln von Kommunen, Schulen, Vereinen und Wirtschaft eine Reaktivierung von Bewegungs- und Spielflächen anzustreben und dafür zu sorgen, dass Kinder vermehrt die Möglichkeit erhalten, Outdoor-Aktivitäten zu entwickeln.
5. Um das pädagogische und soziale Potenzial, das im Sport steckt, effektiv und kreativ zu erschließen und zu nutzen, sind gezielte Interventionsprogramme nötig, die systematisch ausgewertet werden müssen. Statt immer neuer Aktionsprogramme sind Evaluationsprogramme vonnöten, mit denen eine systematische Qualitätsentwicklung generiert wird.
6. Die Stärken des Schulsports und seine Qualitätssicherung sollten mit einem nationalen Konsens über Ziele, Inhalte und auch verbindliche Standards für den Schulsport einhergehen (Schmidt u. a. 2003, 409 f.).

In diesem Kontext sind die Maßnahmenkataloge für Sport als Mittel der Gewaltprävention, wie sie die Unabhängige Kommission zur Verhinderung und Bekämpfung der Gewalt in Berlin für Vereine, Schulen und Jugendhilfe (Boschert 1994) erarbeitet hat, richtungsweisend.

Maßnahmen im Bereich der Vereine

- Vereine sollen speziell auch für die sog. Problemgruppen in den Ferien Sportangebote vorsehen und versuchen, diese dauerhaft für eine sportliche Betätigung zu gewinnen.
- Der Vereinssport soll Beratungsmöglichkeiten hinsichtlich einzelner Problemgruppen und entsprechender Zielgruppenkompetenzen erhalten.
- ÜbungsleiterInnen sollen für die speziellen Anforderungen im Umgang mit gewaltorientierten Jugendlichen Qualifizierungsmöglichkeiten erhalten.
- Kontakte, Verbindungen und Zusammenarbeit zwischen den Trägern der Jugend- und Sozialarbeit, den Schulen und den Sportvereinen sollen intensiviert werden.
- Die Vereine sollen neben dem leistungsbezogenen Sport auch den freizeit- und erlebnisorientierten Sport stärken, um auch die Jugendlichen ansprechen zu können, die gerne Sport treiben würden, aber nicht in erster Linie Leistungssport betreiben wollen.
- Vereine sollten ihre Sportanlagen, soweit sie nicht ausgelastet sind, auch für Jugendliche und ihre Aktivitäten zur Verfügung stellen, die sich nicht vereinlich binden wollen.

Maßnahmen im Bereich der Schule

- Schulen sollen verstärkt alternative Sportarten in den Schulunterricht aufnehmen und auf die Konjunktur bestimmter aktueller Sportpräferenzen bei den Schülerinnen und Schülern reagieren, um diesen ein Forum zu geben und sie nicht in unkontrollierte Bereiche abzudrängen (z. B. Kampfsportarten).
- Schulen sollen die Pausenhöfe zu Sportzwecken außerhalb der Schulzeit öffnen, um zu der Erhöhung des Sportflächenangebotes beizutragen und selbst bestimmte Möglichkeiten zum Sport-

treiben in der Freizeit im unmittelbaren Lebensbereich und unter Einbeziehung des Wohnumfeldes zu bieten.
- Schulen sollen in Bezug auf sportliche Aktivitäten enger mit den Vereinen und Jugendfreizeitheimen/Jugendzentren zusammenarbeiten.

Maßnahmen im Bereich der Jugend- und Sozialarbeit

- Einrichtung eines Themenschwerpunktes „Körper und Sport in der Jugendarbeit" im Lehrplan der Ausbildung von PädagogInnen und SozialarbeiterInnen als fester Bestandteil ihrer Ausbildung
- Im Bereich der Jugendfreizeit- und Sozialarbeit sollen verstärkt niederschwellige, an den Bedürfnissen von Jugendlichen und an den aktuellen Sportarten orientierte Sportangebote aufgenommen werden
- Es sollen verstärkt internationale Begegnungen mit Sportbezug durchgeführt werden, um Vorurteilsstrukturen und Diskriminierungen in Bezug auf Fremde abbauen und vorbeugen zu können
- Es sollen geschlechtsspezifische Ansätze in der sportbezogenen Sozialarbeit Berücksichtigung finden und spezielle Fördermöglichkeiten für Mädchen vorgesehen werden (aber auch für Jungen im Sinne reflektierender, antisexistischer Jungenarbeit, G.A.P.)
- Jugendliche sollen aktiv in die sportbezogene Jugendarbeit einbezogen werden, Sportangebote nicht nur konsumieren, sondern im Sinne einer Mitgestaltung der eigenen Lebenswelt die Möglichkeit erhalten, Sportanlagen und –geräte eigenverantwortlich zu planen und zu bauen
- Sportbezogene Sozialarbeit soll mit Angeboten vor Ort in den sozialen Brennpunkten Kontakte zu Problemjugendlichen knüpfen und gezielte, bedürfnisorientierte Sportangebote machen, um diese Jugendlichen von der Straße zu holen. Dazu müssen entsprechende räumliche Möglichkeiten in unmittelbarer Nähe zur Verfügung gestellt werden
- Viele kleine existierende Projekte und Initiativen im Bereich der gewaltpräventiven sportbezogenen Sozialarbeit sollen durch unbürokratisches Zurverfügungstellen von Räumlichkeiten und Sportflächen unterstützt werden. Die Nutzungsverordnung soll in diesem Sinne überprüft und entsprechend geändert werden
- Bewährte, bereits bestehende Einrichtungen in der sportbezogenen Jugend- und Sozialarbeit sollen nach Notwendigkeit und Möglichkeit ausgedehnt und erweitert werden (z. B. Sportjugendclubs)

Zur Recht ist für Seibel (1999, S. 162) eine „enge Kooperation zwischen Sport und Jugendpflege zwingend erforderlich". Zur Durchsetzung ihrer Ziele bedarf körper- und bewegungsbezogene, gewaltpräventive soziale Arbeit der Kooperation von „Jugendorganisationen im Sport, freien und öffentlichen Trägern der Jugendhilfe, Schulen, Fachhochschulen für Sozialwesen und der Sportinstitute der Universitäten.

Es muss deshalb in Zukunft verstärkt darum gehen,

- vorrangig Netzwerke für die beschriebene Aufgabe zu schaffen, aber auch andere sozialpädagogische Anbieter sportlicher (Jugend-)Sozialarbeit mit finanziellen wie infrastrukturellen Mitteln auszustatten,
- angehende Übungs-/Jugendleiter verstärkt für sozialpädagogische Problemfelder und Aufgaben zu sensibilisieren,

- für Übungs-/Jugendleiter, Erzieherinnen und Erzieher, Sozialarbeiter und Sozialarbeiterinnen spezielle Fort- und Weiterbildungsangebote für körper- und bewegungsbezogene Jugendsozialarbeit bereitzustellen.

Der Bedeutung von Sport, Spiel und Bewegung in der Gewaltprävention hat man in der universitären und Fachhochschulausbildung bislang nur sehr marginal Rechnung getragen. Dies obwohl bereits 1991 die Sportministerkonferenz gefordert hat, die Bewegungs- und Sporterziehung in den Ausbildungsordnungen für Erzieherinnen und Erzieher, Sozialarbeiterinnen und Sozialarbeiter sowie verwandter Berufe aufzunehmen und verstärkt zu berücksichtigen. Dies wurde bislang und dann meist nur als Initiative von einzelnen Personen nur an wenigen Fachhochschulen (Evang. Fachhochschule Freiburg, siehe Seibel 2004, Fachhochschule Braunschweig/-Wolfenbüttel, siehe Prenner/Leben/Jahn 2007, Fachhochschule Hannover, siehe Grosse/Pilz/Strege 2007) umgesetzt. Es ist dringend geboten, verstärkt spezielle Studiengänge für Sport und Soziale Arbeit sowohl an den Fachhochschulen als auch den Universitäten in den sportwissenschaftlichen Master- und Bachelorstudiengängen (Grosse 2007) einzurichten.

Da sich Sport, sport-, körper- und bewegungsbezogene Angebote bestens auch zu einmaligen, öffentlichkeitswirksamen Ereignissen eignen, lassen Sie mich zum Schluss aber auch sehr deutlich anmerken: Prävention **kann, darf nicht zu einem Event verkommen, ist kein einmaliger Akt, sondern ein kontinuierlicher Prozess, eine dauerhafte Aufgabe,** bei der es um **Nachhaltigkeit** geht. Und: Wir sind – wie im Positionspapier der Sportjugend Niedersachsen so treffend formuliert steht – „nicht nur verantwortlich für das, was wir tun, sondern auch für das, was wir nicht tun“ (Sportjugend Niedersachsen).

Zu überlegen wäre schließlich auch, ob nicht ähnlich der Schulen, die einen Schulsozialarbeiter fordern, bzw. Hauptschulen, die flächendeckend mit Schulsozialarbeitern ausgestattet werden, Sportvereine, vor allem in sozialen Brennpunkten mit einem **Sportsozialarbeiter** ausgestattet werden, bzw. auf einen entsprechend ausgebildeten Streetworker im Sinne der aufsuchenden Sozialarbeit zurückgreifen können sollten. Unsere Erfahrungen mit einem speziell auf Grund der zunehmenden interkulturellen Konflikte im Jugendfußball eingestellten Sozialarbeiter, der die Jugend- und Übungsleiter, Betreuer und Trainer der betroffenen Vereine berät und mit den Jugendlichen arbeitet, zeigen, dass dies eine die Vereine entlastende wichtige, ja fast unverzichtbare gewaltpräventive Maßnahme ist. Wo im übrigen – lassen Sie mich dies anfügen – steht geschrieben, dass die Arbeit von Streetwork, von aufsuchender Sozialer Arbeit vor den Toren des Sports endet, bzw. enden muss?

Machen wir uns schließlich ungeachtet der vielen positiven und ermutigenden Beispiele präventiver Arbeit im und durch Sport bewusst, dass der ehrenamtlich organisierte Sport schon bezüglich seiner originären sportspezifischen Aufgaben an seine Grenzen stößt. Viele der präventiven Maßnahmen im Sport, die in „kreativen Werkstätten der sozialen Offensive des Sports“ (so der erste Vorsitzende der Deutschen Sportjugend) entwickelt wurden, finden nur sehr schwer, wenn überhaupt den Weg zur Vereinsbasis, fließen zu selten in die Vereinsalltagsarbeit ein. Das Herantragen zusätzlich präventiver Aufgaben und Funktionen an den organisierten Sport überfordert viele der ehrenamtlich Tätigen. Wenn der organisierte Sport darüber hinaus die an ihn herangetragenen vielfältigen präventiven Aufgaben wahrnehmen und langfristig erfüllen soll, dann müssen wir ihn materiell, finanziell und personell dazu auch in die Lage versetzen. Zum Nulltarif ist auch im Sport Prävention nicht (mehr) zu haben und lassen sich die im Sport angelegten präventiven Funktionen und Aufgaben nicht oder nur sehr schwerlich entfalten.

Unter dieser Perspektive gilt:

Nicht am, nicht im, sondern **mit** dem Sport sparen oder noch deutlicher und in Anlehnung an eine Aussage des Präsidenten des Deutschen Sportbundes, Manfred von Richthofen:

- **Wer heute am, im Sport spart,**
- **Sportstunden in den Schulen streicht,**
- **Gesetze schafft, die das Ruhebedürfnis der Erwachsenen als ein höheres Gut als das Spiel- und Bewegungsbedürfnis von Kindern und Jugendlichen erscheinen lassen,**
- **die Bewegungsbedürfnisse, -kulturen und -notwendigkeiten nicht ernst nimmt,**
- **Spiel- und Bewegungsräume vernichtet,**
- **Sport, Körper und Bewegung in der präventiven, sozialen Arbeit vernachlässigt,**
  dem sollte die Lizenz für erzieherische und politische Beeinflussung entzogen werden!

Sport und Bewegung, sport-, körper- und bewegungsbezogene Angebote (übrigens für alle Altersgruppen!) werden in der Sozialen wie präventiven Arbeit zu einem immer wichtigeren Medium. Nutzen wir die Chancen, die sich uns damit eröffnen.

Literatur

Becker, P./Hartmann, G. 1989: Der Angriff auf den bürgerlichen Tugendpanzer. In: Olympische Jugend 10, 8-9.

Becker, P./Koch, J./Vieth, J. 1995: Mit Kopf, Herz und Hand. Ansichten einer Sozialarbeit mit Jugendlichen. Butzbach-Griedel.

Becker, P./Schirp, J. 1994: Bewegungs- und sportorientierte Sozialarbeit mit Jugendlichen. In: Becker, P. (Hrsg.). Sozialarbeit mit Körper und Bewegung. Frankfurt 1994, 49–73.

Boschert, B.1994: SPORT UND GEWALT – Probleme – Zusammenhänge – Maßnahmen. Gutachten der Arbeitsgruppe „Sport und Gewalt" der Unabhängigen Kommission zur Verhinderung und Bekämpfung von Gewalt in Berlin. Berlin.

Brettschneider, W.-D./Kleine, T. 2002: Jugendarbeit in Sportvereinen: Anspruch und Wirklichkeit. Schorndorf.

Breuer, C. [2]2002: Das System der Sozialen Arbeit im organisierten Sport. Köln Bundesarbeitsgemeinschaft zur Förderung haltungs- und bewegungsauffälliger Kinder und Jugendlicher 1992 Faltblatt: Bewegungsmangel ein Gesundheitsrisiko für ihr Kind. Mainz.

Bundesgesundheitsblatt – Gesundheitsforschung – Gesundheitsschutz 2007: Schwerpunktheft zum Kinder- und Jugendgesundheitssurvey (KiGGS). 50, 5/6.

Butt, D. S. (1974): Psychological motivation in sport. In: McGlynn, G. (Ed.): Issues in Physical Education und Sports. Palo Alto, 23–34.

Csikszentmihalyi, M. 1985: Das flow-Erlebnis. Jenseits von Angst und Langeweile: Im Tun aufgehen. Stuttgart.

Elias, N. 1977: Über den Prozess der Zivilisation. Frankfurt, 2 Bde.

Frisé, A. (Hrsg.) 1983: Robert Musil Gesammelte Werke Band 1: Prosa und Stücke – Kleine Prosa – Aphorismen – Autobiografisches. Reinbek, 792–795.

Grosse, Th./Pilz, G. A./Strege, M.-A. 2007: Sport, körper- und bewegungsbezogene Soziale Arbeit: SKuBSA- Zwischen Studienschwerpunkt und Querschnittsthema. In: Prenner, K./Leben, K./Jahn, C. (Red.). Bewegung und handlungsorientiertes Lernen an Fachbereichen Soziale Arbeit. Bedeutung und Entwicklungstendenzen von Sport, Psychomotorik und Erlebnispädadogik in Lehre und Weiterbildung. Tagung für Experten, Fachdozenten und Fachbereichsleitungen west-, nord- und nordostdeutscher Fachhochschulen. Braunschweig.

Grupe, O. 2000: Vom Sinn des Sports. Kulturelle, pädagogische und ethische Aspekte. Schorndorf.

Heckmair, B./Michl, W. 1994: Erleben und Lernen. Einstieg in die Erlebnispädagogik. Neuwied.

Herlyn, U., u. a. 2003: Jugendliche in öffentlichen Räumen der Stadt Chancen und Restriktionen der Raumaneignung. Opladen.

Hildebrandt, H. 1992: Lust am Leben. Gesundheitsförderung mit Jugendlichen. Frankfurt.

Huber, W. 2000: Sport als Kult – Sport als Kultur. In: Gruppe, O./Huber, W. (Hrsg.): Zwischen Kirchturm und Arena – Evangelische Kirche und Sport. Stuttgart, 15–28.

Keupp, H. 1976: Abweichung und Alltagsroutine. Die Labeling-Perspektive in Theorie und Praxis. Hamburg.

Koch, J. 1996: Thinking and Moving – zum Theorie-Praxis-Verhältnis von Körper- und Bewegungsansätzen. In: hessische jugend, 3, 6–9.

Kösterke, A./Stöckle, G. 1989: Neue Bewegungskultur als Anregung für die Jugendarbeit? Konzepte und Vorschläge des Sportprojektes „Traumfabrik". In: deutsche jugend, 477–484.

Krafeld, F. J. 1992: Eskalation der Gewalt gegen Ausländer – und was tun? In: deutsche jugend, 500-503.

Kreft, D. 1997: Jugendhilfe und Sport – oder: Ist der Vereinssport Jugendarbeit? In: neue praxis, 337–343.

Landessportbund Niedersachsen 2002: Was ist Soziale Arbeit im Sport? Ausschuss Sport und Soziale Arbeit formuliert Thesen, In: Sport und mehr, Heft 1, S. 5.

March, A. 2002: Offenes Sportangebot am Wochenende: Erfahrungen aus einem Modellprojekt zur Vernetzung von kommunaler und Sportvereinsjugendarbeit. In: Pilz, G. A./Böhmer, H. (Hrsg). Wahrnehmen – Bewegen-Verändern, Hannover, 338–351.

Münder, J., u. a. ^{3}1999: (Hrsg.): Frankfurter Lehr- und Praxiskommentar zum KJGH/SGB VIII. Frankfurt, völlig **überarb**. Auflage.

Negt, O. 1998: Jugendliche in kulturellen Suchbewegungen. Ein persönliches Resümee. In: Deiters, F.-W./Pilz, G. A. (Hrsg.) Aufsuchende, akzeptierende, abenteuer- und bewegungsorientierte, subjektbezogene Sozialarbeit mit rechten, gewaltbereiten jungen Menschen – Aufbruch aus einer Kontroverse. Münster.

Neumann, U. u. a. (Hrsg.) ^{2}2007: Der friedliche Krieger. Budo als Methode der Gewaltprävention. Marburg 2004, 10–25.

Pilz, G. A. 1982: Wandlungen der Gewalt im Sport – Eine entwicklungssoziologische Analyse unter besonderer Berücksichtigung des Frauensports. Ahrensburg.

Pilz, G. A. 1991: Plädoyer für eine sportbezogene Jugendsozialarbeit. In: deutsche Jugend, 334–343.

Pilz, G. A. 1994: Gewalt im, um und durch den Sport. In: Wölfing, W. (Hrsg.): Was ist nur mit unserer Jugend los? Weinheim, 306-350.

Pilz, G. A. 2002: Möglichkeiten, Notwendigkeiten und Grenzen sport-, körper- und bewegungsbezogener sozialer Arbeit am Beispiel der Gewalt und Gewaltprävention im, um und durch den Sport. In: Pilz G. A./Böhmer H. (Hrsg.): Wahrnehmen – Bewegen – Verändern. Beiträge zur Theorie und Praxis sport-, körper- und bewegungsbezogener sozialer Arbeit. Hannover, 13–58.

Pilz, G. A. 2003: „Mitternachtssport: Beitrag zur Gewaltprävention?": In: Koch, J., u. a. (Hrsg.): Bewegungs- und körperorientierte Ansätze in der Sozialen Arbeit. Opladen 2003, 31–43.

Prenner, K./Leben, K./Jahn, C. (Red.): Bewegung und handlungsorientiertes Lernen an Fachbereichen Soziale Arbeit. Bedeutung und Entwicklungstendenzen von Sport, Psychomotorik und Erlebnispädadogik in Lehre und Weiterbildung. Tagung für Experten, Fachdozenten und Fachbereichsleitungen west-, nord- und nordostdeutscher Fachhochschulen. Braunschweig.

Schmidt, W./Hartmann-Tews, I./Brettschneider, W.-D. (Hrsg.) 2003: Erster Deutscher Kinder- und Jugendsportbericht. Schorndorf.

Schnack, D./Neutzling, R 1991: Kleine Helden in Not. Jungen auf der Suche nach Männlichkeit. Reinbek.

Schulze-Krüdener, J. 1999: It's body time! Sport als Herausforderung für die Jugendarbeit. In: Hofeldt, H. G. (Hrsg.): „Sozialer Brennpunkt" Körper. Hohengehren, 204–216.

Seibel, B. 1999: Zwischen Sport und Jugendhilfe – sportbezogene, lebensweltorientierte soziale Arbeit mit sozial benachteiligten jungen Menschen. In: Scheid, V./Simen, J. (Hrsg.): Soziale Funktionen des Sports. Schorndorf, 147–166.

Seibel, B. (Hrsg.) 2004: Sport und soziale Arbeit – ein Modellprojekt der Evangelischen Fachhochschule Freiburg der Südbadischen Sportschule Steinbach und der Badischen Sportjugend Freiburg. Münster.

Von Seggern, H./Erler, U. 1988: Aufenthaltsmöglichkeiten für Jugendliche in Hannover Vahrenheide-Südost. Hamburg.

Erstmals erschienen in: Wolfram Höfling & Johannes Horst (Hrsg.): Sport und Gewalt. Tübingen: Mohr Siebeck 2011, S. 103–121.

Möglichkeiten, Notwendigkeiten und Grenzen körper- und bewegungsbezogener Sozialer Arbeit am Beispiel der Gewalt und Gewaltprävention im, um und durch den Sport

Bewegung, Sport und Spiel sind Medien für junge Menschen, sich vor anderen zu präsentieren. Viele junge Menschen erfahren ihren gesellschaftlichen Wert erst über ihre Körperpräsentationen. So gibt es denn auch kaum eine Jugendkultur, in der Körper, Bewegung, Spiel und Sport keine Rolle spielen. Jugendkulturen sind – wenn man so will – immer auch Bewegungs-, Spiel- und Sportkulturen. Bewegungs-, Spiel- und Sportkulturen, die sich – wie wir wissen und oft auch hautnah erleben – ausdifferenzieren in unproblematische, weniger problematische und problematische bis zuweilen sehr problematische Kulturen. Allein in der Hip-Hop-Kultur vereinen sich die unterschiedlichsten Bewegungskulturen von der Streetball- über die Inline-, Skateboard- und Breakdanceszene bis hin zu den S-Bahn-Surfern und Graffitisprayern.

In diesem Beitrag möchte ich auf der Folie der Unterscheidung zwischen der Kultur des Sports und Sportkultur der kulturellen Verzerrungen des heutigen Sports der Frage nach den für die Sozialarbeit bedeutsamen sportlichen Sinnorientierungen eingehen, um daraus Folgerungen für körper- und bewegungsbezogene Angebote in der Gewaltprävention abzuleiten. In einem letzten Schritt werde ich mich den Grenzen bewegungsorientierter Angebote in der Gewaltprävention zuwenden.

„Sport – grandiose Arbeitsteilung zwischen Gut und Böse"
Chancen und Gefährdungen des Sports

„Der Sport ist eine grandiose Arbeitsteilung zwischen Gut und Böse der Menschen … Es ist einseitig, wenn man immer nur schreibt, dass der Sport zu Kameraden mache, verbinde, einen edlen Wetteifer wecke: Denn ebenso sicher kann man auch behaupten, dass er einem weit verbreiteten Bedürfnis, dem Nebenmenschen eine aufs Dach zu geben oder ihn umzulegen, entgegenkommt, dem Ehrgeiz, der Überlegene zu sein." (Robert Musil)

„Die Welt des Sports verstärkt viel öfter, als viele annehmen, destruktives Verhalten, wie z. B. Betrügen, Doping usw. Wenn Spiel und Sport bedeutungsvolle Mittel zur Vorbereitung auf das Erwachsenenverhalten sind, … dann müssen wir uns genauso vor dem Boxen, Stierkampf und Fußball fürchten, wie wir uns vor dem Krieg fürchten." (Dorcas Susan Butt).

Sport ein erfolgversprechender Weg zur Gewaltprävention? Wenn wir uns diese Aussagen vor Augen führen, dann scheint es schlecht bestellt zu sein um die kulturelle Gestaltung des Sports, um dessen Kultivierungsmöglichkeiten menschlichen Handelns und damit auch um dessen Bedeutung für die Gewaltprävention. Doch da gibt es auch andere Stimmen:

„Der Sport hat einen hohen Bildungswert, integriert problemlos Randgruppen der Gesellschaft. Vereinsmitglieder sind keine Radaubrüder und keine Extremisten, Sportler werfen keine Brandsätze auf Flüchtlingsheime, gehören auch keiner Drogenszene an." (Wolf-Rüdiger Umbach, Präsident des Landessportbundes Niedersachsen)

„Sport ist die preiswerteste Sozialarbeit." (Heiner Bartling, Innenminister des Landes Niedersachsen)

„Gerade der Sport kann über die persönlichen und aktiven Begegnungen der Jugendlichen dazu beitragen, vorhandene Vorurteile und Angst vor fremden abzubauen." (Bundesinnenminister Otto Schily)

„Sportvereine sind in unserer Gesellschaft Integrationsfaktor Nummer eins. Sporttreiben in der Gemeinschaft und im Verein vermittelt Toleranz, Streitanstand und Regelakzeptanz." (Manfred von Richthofen, Präsident des Deutschen Sportbundes)

„Sport wirkt wie eine Schutzimpfung gegen soziale Auffälligkeit." (Jochen Welt, Beauftragter der Bundesregierung für Aussiedlerfragen)

Sport also eine Insel der Seligen, der Königsweg zur Kultivierung menschlichen Verhaltens? Ich habe diese widersprüchlichen Aussagen bewusst an den Anfang dieses Kapitels gestellt, um Sie zu einer kritisch reflektierenden Beantwortung der Frage nach der Bedeutung von Sport, Spiel und Bewegung einzuladen.

In der Studie „Gestaltung und Kritik – Zum Verhältnis von Protestantismus und Kultur im neuen Jahrhundert" (EKD/VEF 1999, 55f.) werden drei Dimensionen des Sports herausgestellt, die auf eine ganzheitliche Erfahrung menschlichen Handelns gerichtet sind und die auf die Möglichkeiten, aber auch Grenzen des Sports in der Gewaltprävention hinweisen: die naturale, die personale und die soziale Dimension des Sports:

Die naturale Dimension bezieht sich auf die Tatsache, dass sich im sportlich-spielerischen Tun Menschen in Form eines Bewegungshandelns in Raum und Zeit ihrem eigenen Körper begegnen. Wichtiger Maßstab und wichtiges Ziel dieses Bewegungshandelns sind Gesundheit und Unversehrtheit.

In der personalen Dimension wird auf die Erkenntnis verwiesen, dass Sport der Entfaltung der persönlichen Würde dient und Ausdruck menschlicher Kreativität und Gestaltungskraft ist. Hier begegnet der Mensch sich selbst in der Einheit von Körper, Seele und Geist.

In der sozialen Dimension wird zum Ausdruck gebracht, dass sich im Sport Menschen einander begegnen, Zusammenspiel und Wettkampf, Kooperation und Konkurrenz in ihm zusammen gehören.

In diesen drei Dimensionen tritt der Sport in den Dienst menschlicher Würde, aber und darauf haben die einführenden Zitate schon hingewiesen, in diesen drei Dimensionen kann Sport diese Würde auch bedrohen und gefährden. So wird auch in der EKD-Studie vor dem Misslingen der kulturellen Gestaltung des Sports gewarnt, wenn diese sich zum „Kult des Körpers" verkehrt, in dem die Steigerung der körperlichen Leistungsfähigkeit als höchster Wert gilt, wie am Beispiel des Dopings oder gesundheitsgefährdenden Kinder- und Jugendsports. In der personalen Dimension misslingt die kulturelle Gestaltung des Sports, wenn diese in einen „Kult des Siegens" verkehrt wird, in dem nur noch die Überlegenheit über den anderen zählt, Sieg und Erfolg zum Maß aller Dinge werden. Schließlich misslingt die kulturelle Gestaltung des Sports, wenn diese in einen „Kult der Gewalt" verkehrt wird, sei es in Form von Angriffen auf die körperliche Integrität des sportlichen Gegners oder der Entladung von Gewalt auf den Rängen und nach dem Spiel auf den Straßen, „Sport als Beispiel für zweckfreies Spiel" also zum Anlass brutaler Gewalt wird.

Die unreflektierten Hochgesänge auf die bildende, erzieherische, präventive Bedeutung des Sports verdecken – dies wird hier deutlich – die auch dem Sport immanenten Problemfelder der Gewalt, rücksichtslosen Interessendurchsetzung und Gesundheitsgefährdung. Sie machen vergessen, worauf GRUPE (2000) offensichtlich hinweisen möchte, wenn er zwischen Sportkultur und „Kultur des Sports" unterscheidet: dass es auch im Sport zwei Seiten der Medaille gibt. Sportkultur meint die Wirklichkeit des Sports, wie er ist, in seinen positiven wie negativen, in seinen kulturellen wie kultischen Ausformungen. Kultur des Sports hingegen meint Werte und Ideen des Sports, die bewahrt, befolgt, realisiert werden sollten (z. B. Fairness, Ritterlichkeit, Solidarität usw.). Hier wird Kultur als Aufgabe, als Leitmotiv, als normative Setzung verstanden. Sporttreiben ist nicht per se erzieherisch, soziales, faires, kameradschaftliches Handeln, vielmehr ist es **Aufgabe** des Sports, darauf hinzuwirken, dass diese im Sport angelegten Werte und Ideale realisiert, befolgt, bewahrt und geschützt werden, dass die kulturellen Werte des Sports gelebt werden.

Anders ausgedrückt: Statt davon zu sprechen, dass Sport verbinde, erziehe und – wie problemlos auch immer – integriere, müsste es besser und korrekter heißen: Sport muss, Sport kann verbinden, erziehen und integrieren.

Der sozialpädagogische und integrative Alltag des Sports sieht denn auch – wen wundert es – etwas weniger heil aus.

Sport hat einen hohen Bildungswert?

In ihrer viel beachteten Studie „Jugendarbeit in Sportvereinen: Anspruch und Wirklichkeit" kommen entsprechend BRETTSCHNEIDER/KLEINE (2001) zum Ergebnis, dass die optimistischen Annahmen von positiven Wirkungen der Sportvereine auf die jugendliche Entwicklung entsprechend zu relativieren sind: „Die Entwicklung des sozialen Selbstkonzepts und emotionalen Stabilität der Vereinsangehörigen ähnelt in ihrem Verlauf der jugendlichen Nicht-Mitglieder. Die Befunde zur Selbstkonzeptentwicklung deuten zum einen daraufhin, dass sich selektive und sozialisierende Mechanismen überlagern, wenn es um die Klärung geht, in wiefern junge Menschen von ihrem Sporttreiben profitieren, zum anderen raten die Längsschnittdaten zur Zurückhaltung, wenn es um programmatische Behauptungen zur persönlichkeitsformenden Kraft des Sportvereins geht".

Sport integriert problemlos Randgruppen?

Darüber hinaus zeigt BRINKHOFF (1995) an Hand seiner Untersuchungen, dass das Phänomen der sozialen Ungleichheit im Sportverein heute so ausgeprägt wie noch nie zuvor ist. Dabei gilt: Je härter die sportive Kodierung, desto härter auch die soziale und geschlechtsspezifische Selektierung des Sports und umgekehrt: Je weicher die sportive Kodierung, desto weicher auch die soziale und geschlechtsspezifische Selektierung. Im Begründungs- und Orientierungskonzept zur Notwendigkeit der Fortentwicklung der sozialen Offensive im Kinder- und Jugendsport des Beirates „Soziale Offensive" der Deutschen Sportjugend wird entsprechend selbstkritisch festgestellt, dass „im Sportverein sozial benachteiligte und randständige oder Jugendliche in schwierigen Lebenssituationen sehr viel seltener anzutreffen" und in der „Mitgliedschaft stark unterrepräsentiert" sind (Deutsche Sportjugend 1998). Auch BRETTSCHNEIDER/KLEINE (2001, 490) kommen auf Grund ihrer Untersuchungen zu dem Ergebnis, dass zwar „etwa die Hälfte aller 12- bis 18jährigen Jugendlichen Mitglieder im Sportverein" sind, Mädchen und Angehörige der Hauptschule aber deutlich unterrepräsentiert sind: „Der Rückgang der Mitgliederquote von der 6. bis 12. Klasse beträgt nahezu 20 %." Der von dem Kriminologen PFEIFFER behauptete „Schutzimpfungseffekt des Sportvereins gegen Jugendkriminalität" entpuppt sich so besehen eher als ein Ausgrenzungseffekt unbequemer junger Menschen. Sportvereine sind eher eine Sammelstelle für angepasste als eine Erziehungsinstanz für auffällige Kinder und Jugendliche (siehe BRETTSCHNEIDER/BRÄUTIGAM 1990). „Wer aus der Reihe tanzt, fliegt raus". – „Ich habe auch mehrere Nationalitäten in meiner Mannschaft, da muss man sich halt arrangieren und Leute, die aus der Reihe tanzen, sofort aus dem Verein werfen." So reagieren Trainer, Betreuer und Vereinsvorstände auf die gewaltförmigen Auseinandersetzungen junger deutscher und ausländischer Fußballspieler auf dem Fußballplatz[1]. Es überrascht denn auch nicht, dass auf die Frage, wo sie Sport treiben nur 24 % der Jungen und 16 % der Mädchen aus ein sozialen Brennpunkt den Sportverein angaben, während dies in einem gut bürgerlichen Stadtteil 72 % der Jungen und 52 % der Mädchen waren.

Keine Macht den Drogen?

Neben dem Dauerbrenner „Doping", das längst nicht mehr nur im Spitzensport virulent ist, sondern auch den Breiten- und Freizeitsport erfasst hat[2], so weisen Untersuchungen auch nach, dass jugendliche Vereinssportler in ihrem Alkoholkonsum keineswegs zurückhaltender sind als Nichtmitglieder. So schreiben BRETTSCHNEIDER/KLEINE (2001, 492–493): „Mit aufwendigen Plakataktionen und Werbekampagnen suggerieren Sportorganisationen und auch die Jugendpolitik, dass der Sportverein die Kinder gegen Sucht und Drogen stark macht. Aus der Analyse der Konsumraten legaler und illegaler Drogen im Längsschnitt der untersuchten Kohorten kann eine solche Wirkung des Sportvereins nicht abgelesen werden." Beim Konsum illegaler Drogen gibt es im Durchschnitt keine Unterschiede zwischen Vereinsmitgliedern und Nichtmitgliedern, und in der Entwicklung des Rauch- und Trinkverhaltens unterscheiden sich Sportvereinsmitglieder nicht systematisch von den vereinsdistanzierten Jugendlichen. In beiden Punkten gibt es große sportartspezifische Unterschiede. So sind beim Konsum von Bier und Zigaretten Vereinsfußballspieler Spitzenreiter. LOCHER (2001) weist an Hand ihrer Untersuchungen gar nach, dass im Alter von 13 Jahren erheblich weniger Sportvereinsmitglieder „gelegentlich bzw. häufig Alkohol trinken" als gleichaltrige Nichtvereinsmitglieder im Alter von 16 Jahren dreht sich dieses Verhältnis jedoch gerade um. Interessant und für mögliche Ansätze der Prävention bzw. Intervention hilfreich sind die Situationen, bei denen in den Sportvereinen geraucht und Alkohol getrunken wird. Da steht an erster Stelle das Sportfest, gefolgt von dem Vereinssieg und der Sportfreizeit!

Sportler sind keine Radaubrüder?

Bei der Entwicklung der leichten Delinquenz für jüngere Heranwachsende ist von einer protektiven Wirkung des Vereins auszugehen, die sich im Verlauf der Jugendphase aber verflüchtigt. Untersuchungen weisen nach, dass mit zunehmender Sportvereinsmitgliedschaft junge Fußballspieler zunehmend Fouls im Interesse des Erfolgs legitimieren, den Erfolg über alles stellen, somit lernen, dass es im Interesse des Erfolgs durchaus richtig und wichtig ist, die Regeln zu verletzen. Der Sportverein erweist sich so besehen nicht nur als Propagandist des Fair Play, sondern auch als Sozialisationsinstanz der Unfairness (PILZ 1999). BRETTSCHNEIDER/KLEINE (2001, 492–492) zeigen darüber hinaus, dass „eine gewaltpräventive Funktion des Sportvereins aus den vorliegenden empirischen Daten zur Prävalenz devianten und delinquenten Verhaltens jedenfalls nicht ablesen" lässt.

Die Palette der Gefährdungen des Sports ließe sich beliebig erweitern[3], man denke nur an die Diskussion um die Trainerpraktiken im Eiskunstlauf, die von sexueller Belästigung, über körperliche Misshandlung nahezu alles aufdeckt, was im Kontext von Gewalt an Kindern und Jugendlichen vorstellbar ist und auf ein weiteres trauriges Kapitel des Kinder- und Jugendsports hinweist.[4]

---

1 Vgl. auch BRÖSKAMP/ALKEMEYER 1996; KLEIN/KOTHY 1998.

2 Siehe u. a. BERENDONK 1992; BETTE; 1994; BETTE/SCHIMANK, 1995; SINGLER/TREUTLEIN, 2000.

3 Siehe ausführlicher in PILZ 1982; 1986; 1994; 1996.

4 Vgl. hierzu KLEIN/PALZKILL 1996; MINISTERIUM FÜR FRAUEN, JUGEND, FAMILIE UND GESUNDHEIT DES LANDES NORDRHEIN-WESTFALEN 1998).

Entsprechend folgern BRETTSCHNEIDER/KLEINE (2001):

Die Wirkungen sportlicher Aktivität stellen sich nicht automatisch ein. Weder die Förderung psychosozialer Gesundheit noch die Entwicklung motorischer Leistungsfähigkeit geschieht nebenbei.

Dazu bedarf es einer

- spezifischen Inszenierung des Sports sowie
- entsprechender Kompetenzen und
- Ressourcen

auf Seiten derer, die ihn anbieten und vermitteln.

Manchen der von außen aufgebürdeten oder selbst auferlegten Leistungsansprüche kann der Sportverein – so BRETTSCHNEIDER/KLEINE (2001) – angesichts der sozialen und kulturellen Umbrüche in unserer Gesellschaft nicht gerecht werden.

Bei genauer Betrachtung der Alltagspraxis in der Sportvereinen überraschen weniger die ernüchternden Ergebnisse der Brettschneider-Studie bezüglich der sozialen Leistungen der Sportvereine als vielmehr die Aufgeregtheit und Aufgeschrecktheit vieler Verbandsfunktionäre. Die Ehrenamtlichkeit stößt hier an ihre sozialpädagogischen Grenzen (siehe auch SEIBEL 1999).

So falsch es also ist, den Sport als Insel der Seligen in den Himmel zu loben, so falsch wäre es, ihn als Verderber von jungen Menschen zu brandmarken und seine durchaus vorhandenen sozialen und präventiven Funktionen zu leugnen. Auf diese Zweischneidigkeit des Sports und seine sozialen Funktionen haben SCHNACK/NEUTZLING (1991, 185f.) hingewiesen: *„Sport bietet Jungen und Männern eine der wenigen Möglichkeiten, ihren Körper zu spüren, Größe und Stärke auszuspielen. Dabei geht es um Ehre, Anerkennung und Erfolg."*

„Sport ist zweischneidig: Sport verschafft Zugang zum Körper, aber der muss gestählt werden. Jungen sollen ihren Körper weniger entdecken, als ihn durch Leistungen unter Beweis stellen."

„Sport fordert und fördert Leistungsdenken und in nicht wenigen Disziplinen auch die Gewaltbereitschaft, aber Sport trägt auch dazu bei, Gewaltpotenziale zu kanalisieren und Aggressionen unter Kontrolle zu bringen."

Damit wird deutlich: Erst auf der Folie einer (selbst-) kritischen Analyse der Zusammenhänge von Sport und Gewalt können die durchaus vorhandenen positiven Funktionen und Wirkungen des Sports, sportiver Angebote bezüglich eines präventiven, erzieherischen Jugendschutzes, herausgearbeitet und in der sozialen Arbeit bzw. in der sportlichen Alltagspraxis fruchtbar um- und eingesetzt werden.

Zur Bedeutung von Sport, Spiel und Bewegung in der Gewaltprävention

Die Lebenswelten junger Menschen sind bepflastert von vielen subjektiv empfundenen wie auch objektiv vorhandenen Gewalterfahrungen, mit denen sie umgehen und die sie verarbeiten müssen. Mit KRAFELD (1992, 500) bin ich der festen Überzeugung, dass

„das Verhalten von Jugendlichen, auch von gewalttätig agierenden, durchweg aus ihren Lebenserfahrungen und ihren Versuchen resultiert, mit diesen ihren Erfahrungen und Eindrücken umzugehen."

Das heißt aber auch, dass sich Änderungen im Verhalten junger Menschen kaum erzielen lassen, wenn wir uns ausrichten auf die Probleme, die junge Menschen machen. Erst wenn es letztlich um die Probleme geht, die junge Menschen haben, werden sie auch offen werden für neue Auseinandersetzungen mit der Frage, welche Probleme sie anderen machen. Daran müssen sich auch körper- und bewegungsbezogene Angebote in der Gewaltprävention messen lassen.

Die Bedeutung von Sport, Spiel und Bewegung für die Gewaltprävention möchte ich im Folgenden auf der Folie der drei Dimensionen des Sports noch etwas deutlicher herausarbeiten. Dabei werde ich aus der Vielfalt der lebensweltlichen Gewalterfahrungen an dieser Stelle zwei mir für unsere Thematik besonders wichtig erscheinende Problemfelder herausgreifen[5]:

- die Bewegungsarmut, das Abschneiden, die Betonierung gewachsener Bewegungsräume und
- der Mangel an Eigenerfahrungen, die vorenthaltenen Mitgestaltungsmöglichkeiten der gesellschaftlichen Lebensverhältnisse durch die jungen Menschen.

Naturale Dimension oder: Das Problem der Bewegungsarmut und Betonisierung von Bewegungsräumen

„Wir wohnen in einer Neubau-Beton-Siedlung. Früher hatten wir wenigstens einen Spielplatz, doch der wurde abgebaut. Jetzt ist nur noch ein Schlammloch da. Wir haben nichts zum Spielen oder sonst was für die Freizeit, was kein Geld kostet. Wenn man sich im Freien vor dem Haus aufhält, wird man von den Leuten ausgeschimpft, obwohl man gar nichts gemacht hat. Die Leute haben alle eine Wut und lassen sie an uns Kindern aus. ***Wenn ich ein Hund wäre, würden bestimmt alle nett zu mir sein.****“* (12-jähriger)

Die statistischen Fakten sprechen für sich: Unter den Heranwachsenden haben 40–60 % Haltungsschwächen; 20–30 % ein leistungsschwaches Herz-Kreislauf-Atmungssystem; 30–40 % Koordinationsschwächen; 20–30 % Übergewicht; ca. 15 % ein auffälliges psycho-soziales Verhalten, Tendenz steigend! (Bundesarbeitsgemeinschaft zur Förderung haltungs- und bewegungsauffälliger Kinder und Jugendlicher e. V. 1992). Je nach Statistik haben 30–50 % Grundschüler bei Schuleintritt Haltungsschwächen. Am Ende des zweiten Schuljahres werden infolge schulischen Sitzzwanges bereits bei 70 % der Grundschüler Haltungsschwächen diagnostiziert. Auf der anderen Seite „stören“ „hyperaktive Kinder“, werden zunehmend Gewaltbereitschaft und Vandalismus in den Schulen beklagt. Auch in aktuellen Untersuchungen über Ursachen und Motive fremdenfeindlicher Gewalt wird immer wieder auf das Phänomen der Suche nach Action, Spannung, Ausleben von Körperlichkeit hingewiesen (siehe u. a. WILLEMS 1993). Dahinter verbirgt sich das Problem des zivilisations- und gesellschaftsbedingten erlebnis-, spannungs- und abenteuerarmen Alltags. Die Menschen moderner Industriegesellschaften sehen sich zunehmend einem zivilisatorischen Druck ausgesetzt, sich und ihr Verhalten ständig und stetig unter Kontrolle zu halten, ihre Affekte und Emotionen zurückzudrängen, zu unterdrücken oder – wie ELIAS (1977) es nennt – ihren Trieb- und Affekthaushalt zu kontrollieren. Wir haben uns praktisch laufend unter Kontrolle, im wahrsten Sinne des Wortes „in der Gewalt“, unterdrücken unsere aktuellen Befindlichkeiten und Bedürfnisse, um andere nicht zu stören und ein so hoch komplexes Zusammenleben, wie dies in modernen Industriegesellschaften erforderlich ist, zu ermöglichen. Dies bleibt nicht ohne Folgen. Dies um so mehr, als Spannung, Affektivität wesentliche Triebfedern menschlichen Verhaltens sind, wie uns ELIAS (1977) und CSIKSZENTMIHALYI (1985) lehren und es in unserer verwalteten (ja ‚zer‘walteten), verrechtlichten und verbürokratisierten Gesellschaft immer weniger Räume gibt, Bewegungsbedürfnisse zu befriedigen. Dabei – und dieser historische Exkurs sei mir gestattet – hat bereits 1861 der Arzt Daniel Schreber die Stadtväter seiner Heimatstadt Leipzig auf die Notwendigkeit hingewiesen, geeignete Spielmöglichkeiten für Kinder zu schaffen (FUHRMANN 1991, 147). Zwanzig Jahre später beklagte der Wuppertaler Amtsrichter Hartwich die „Störung

5 Ausführlicher siehe PILZ 1994.

des Gleichgewichts zwischen Körper und Geist", die im wesentlichen in der aufkommenden Industrialisierung und Verstädterung ihren Grund habe". Heute geben die Lebens- und Alltagswelten Kindern und Jugendlichen erst recht kaum oder gar keine Chancen, „ihre Umgebung nach eigenen Fantasien, Entwürfen und Plänen zu be- und ergreifen" (BECKER/SCHIRP 1986). Es verwundert so auch nicht, wenn von Jugendlichen „insbesondere fehlende Regel-, Spiel-, Sport-, Bewegungsorte sowie unmittelbar wohnungsnahe Spiel- und Aufenthaltsmöglichkeiten" (v. SEGGERN/ ERLER 1988, 70) beklagt werden. In einer verampelten Gesellschaft, in der viel zu viele Ampeln auf ‚rot' stehen, in der Verbotsschilder jeglichen kindlichen und jugendlichen Bewegungsdrang im Keime ersticken, in der Gerichtsurteile Sportplätze, Bewegungsräume in unmittelbarer Wohnungsnähe schließen, in der die Räume zur freien Entfaltung und Bewegung immer enger werden, in welcher der „beherrschte, funktionsgehorsame und kalkulierbare Körper" zum geheimen Lehrplan der Schulen avanciert (RUMPF 1996, 8), sind Gewalt, abweichende Verhaltensweisen vorprogrammiert, sind die zuweilen irritierenden, z. T. gewaltförmigen Verhaltensweisen junger Menschen als durchaus ‚angemessene' Antworten auf ihre widersprüchliche Lage zu verstehen. Dabei ist ein interessanter Zusammenhang zwischen mangelnder Bewegungs- und Abenteuerwelt, fehlenden körperbetonten und -bezogenen Freizeitangeboten einerseits und der Gewaltbereitschaft junger Menschen andererseits festzustellen. Wenn wir jüngsten Statistiken Glauben schenken dürfen, dann ist es zur Zeit die Altersgruppe der 10- bis 16-jährigen, die sich durch steigende Gewaltbereitschaft und Brutalität „auszeichnet". Hier handelt es sich um genau die – in der Regel männlichen – Kinder und Jugendlichen, die unter den mangelnden Spiel- und Bewegungsräumen am stärksten zu leiden haben. Für Kinder bis zum Alter von 12 Jahren halten die Städte genügend mehr oder weniger attraktive Kinderspielplätze bereit. Die über 12-jährigen dürfen diese Spielplätze nicht mehr betreten. Attraktive andere öffentliche Räume sind vergleichsweise wenig oder gar nicht vorhanden. Rasenflächen, die zum Ballspielen – eine der Aktivitäten, die gerade die 12- bis 16-jährigen besonders anspricht – animieren, sind in vielen Fällen durch Schilder „garniert", die signalisieren, dass das Ballspielen auf diesen Grünflächen verboten ist. Der Einfallsreichtum postmoderner Gerichtsbarkeit und Kinderfeindlichkeit scheint dabei unbegrenzt zu sein (vgl. PILZ 1994). Diese Altersgruppe der 12- bis 16-jährigen fällt zusätzlich in das Angebotsloch vieler Sportvereine, die für Kinder bis zum Alter von 10–12 Jahren ein breit gefächertes, attraktives, Sportarten übergreifendes Bewegungsangebot bereithalten, danach aber nur noch oder überwiegend Sportart spezifische, leistungsorientierte Angebote machen. Dies trifft junge Menschen in sozialen Brennpunkten besonders. So sehen Jungen und Mädchen eines sozialen Brennpunktes (Hannover-Vahrenheide) Langeweile als eine erheblich größeres Problem an als Jungen und Mädchen eines gut bürgerlichen Stadtteils (Hannover-Südstadt). Über zu wenig Platz zum Spielen beklagen sich entsprechend auch hoch signifikant mehr Jungen des sozialen Brennpunktes als Jungen aus dem gutbürgerlichen Stadtteil.

Personale Dimension oder die Suche nach Sinn, Möglichkeiten der kreativen Gestaltens

„Erwachsene denken praktisch, Jugendliche denken, die Welt stehe ihnen offen. Aber die Welt ist perfekt, verwaltet; alles, was in ihr existiert, gehört jemandem, ist Besitz; alles in ihr ist verteilt …

Wo kann man noch schöpferisch tätig sein? Das Leben ist langweilig geworden. Einen Freiraum gibt es nur nach dem Tod, deswegen laufen so viele Jugendliche zu Sekten."

(Mitglieder der Ufa-Fabrik für Kultur, Sport und Handwerk, in: KLEFF 1983, 89)

Das Jugendalter gilt als Lebensphase, in der Heranwachsende eine psychosoziale Identität aufbauen müssen. Diese Verwirklichung von persönlicher Identität ist heute erschwert. Junge Menschen wollen nicht nur passiv Lernende in Institutionen sein, sie brauchen auch Bestätigung, Engagement und sinnvolle Aufgaben. Herausbildung einer positiven Identität, die im Jugendalter geleistet werden muss, heißt deshalb positive Antworten auf die drängenden Fragen geben: **„Wer bin ich?" „Was kann ich?" „Wozu bin ich da?" „Wohin gehöre ich?" „Was wird aus mir?"**

Dabei wird im Gewaltgutachten der Bundesregierung (SCHWIND/BAUMANN 1990) gefordert, dass Schule jungen Menschen, vor allem den weniger Begabten und Auffälligen auch bzw. mehr rückkoppelt, was sie können und nicht (nur) was sie nicht können.

So geht nach NEGT (1998) der Kampf vieler junger Menschen eigentlich um die Frage: Was bin ich in dieser Gesellschaft? Was bin ich überhaupt, wer nimmt mich wahr?

Daraus ergeben sich kulturelle Suchbewegungen junger Menschen, mit denen sie diese Probleme zu lösen versuchen, die NEGT (1998) mit den Begriffen der Subjektivierung, Ontologisierung, Potenzierung, Sinnsuche und Suche nach Kontakt umschreibt. Für die Begründung einer körper- und bewegungsbezogenen sozialen Arbeit besonders bedeutsam sind dabei zum einen die Subjektivierung, auf der sich die These von der Erlebnisgesellschaft gründet, das Erlebnis der Körper. Wenn ich gar nichts mehr habe, wenn sie mir meinen Geist noch nicht geben und meine Seele nicht, dann ist doch sichtbar, dass ich einen Körper habe. Das ist mein letzter Besitz, den können sie mir nicht nehmen, und ich kann sogar beweisen, dass ich existiere. Nicht „cogito ergo sum" nach Descartes, sondern ich habe einen Körper, „in corpore ergo sum", ich bin im Körper, also existiere ich. Zum anderen die Potenzierung: Die Intensivierung des Lebens. Man denke an die vielen selbstgefährdenden Freizeitaktivitäten, jugendkulturellen Aktivitäten wie waghalsige Autorennen, S-Bahn-Surfen, Airbagging u. ä. Man muss gar nicht irgendwo in die Alpen oder in die Wüste gehen, um diese bis zu tödlichen Risiken eingehende Erfahrung der Intensität des Lebens, meines eigenes Lebens, der Potenzierung meines eigenen Lebens zu machen, sondern hier vollzieht sich eine Art Ausdruck aus der Langeweile des gesellschaftlichen Lebens, das natürlich für Jugendliche besonders groß ist.

Bieten sich Jugendlichen keine oder kaum Möglichkeiten, sich durch etwas hervorzutun, bleibt ihnen oft nur noch der Körper als Kapital, den sie entsprechend ausbilden (modellieren) und Anerkennung und Aufmerksamkeit suchend einsetzen. Hier ist eine der Wurzeln für den „Kult des Körpers" und der Gewalt zu sehen, sie sind so besehen auch eine Form jugend-, meist jungenspezifischer Identitätssuche, Identitätsentwicklung. Körperpräsentationen – auch gewaltförmige – haben so besehen eine wichtige identitätsstiftende, stabilisierende Funktion für die jungen Menschen, so dass es wichtig erscheint, diese Jugendkulturen zu bewahren, ihnen den erforderlichen (im Rahmen des Gesetzes) freien Raum zur Entfaltung zu belassen.

Es scheint mir an dieser Stelle wichtig, sich die Bedeutungen gewaltförmiger Jugendkulturen für junge Menschen ins Gedächtnis zu rufen:

- Sie geben mit ihren Gewalt- und Machtmustern eindeutige Orientierungen.
- Sie ermöglichen es, die reale oder subjektiv erfahrene Lebensbedrohung umzukehren und selbst zu bedrohen, statt bedroht zu werden.
- Sie ermöglichen es, sich selbst und ihren Körper intensiv zu erleben und sich zu bewähren.
- Sie ermöglichen es, die Angstgefühle durch Abenteuer und Risikoerlebnisse zu bearbeiten.
- Sie ermöglichen es, menschliches Zusammenleben zu zeigen (geben Halt, sichern Wärme und Zuneigung).
- Sie sichern Anerkennung in den und durch die Medien.

Gewalt fasziniert junge Menschen also, weil:

- Gewalt scheinbar Eindeutigkeit in unklaren, unübersichtlichen Situationen schafft.
- Gewalt die Überwindung der eigenen Ohnmacht vortäuscht.
- Gewalt ein Mittel ist, um Beachtung und Aufmerksamkeit zu erlangen.
- Gewalt in der Gruppe Anerkennung verschafft.
- Gewalt sich als ein erfolgversprechendes Instrument erweist, eigene Interessen durchzusetzen.
- Gewalt ein Mittel ist, um „Abenteuer" und „Action" zu erleben.
- Gewaltanwendung oft einen rauschartigen Zustand innerer Erregung, „flow", ermöglicht, der im normalen Lebensvollzug sonst nicht erfahrbar ist.[6]

Sollen Bewegung, Spiel und Sport Bausteine einer gewaltpräventiven Jugendkultur sein, dann müssen körper- und bewegungsbezogene Angebote der Jugend(sozial-)arbeit darauf positive, für die betreffenden Jugendlichen attraktive und akzeptable Antworten bereitstellen. Genau hier eröffnen sich bewegungsorientierten Angeboten in der Gewaltprävention große Möglichkeiten. Mehr noch: Die Berücksichtigung, der Einsatz von Bewegung, Sport und Spiel in der Gewaltprävention drängen sich geradezu auf. Dies um so mehr, als der Sport für viele Jugendliche oft das einzig übriggebliebene Erfahrungsfeld ist, in welchem sie Erfolg, Selbstbestätigung, positives Gruppenerlebnis mit Anerkennung und Gruppenerfolg erfahren können. Durch sportliche Aktivitäten können:

- Aggressionen und motorischer Betätigungsdrang „gesteuert" abgearbeitet, als Äquivalent zur Problematisierung
- vorhandene körperliche Fähigkeiten positiv eingesetzt,
- mit vertrauter Betätigung Schwellenängste gegenüber dem sonstigen Angebot abgebaut,
- die Beziehungen von Jugendlichen (vor allem aus Randgruppen) untereinander, zu ihrer Umwelt und zu den Mitarbeiterinnen und Mitarbeitern geübt und verbessert,
- die Identifikation mit den sozialen Einrichtungen (z. B. Jugendzentrum) verbessert, bzw. oft erst hergestellt und verstärkt werden,
- das Akzeptieren vorhandener Regeln erlernt,
- Erfolgserlebnisse erzielt werden.

Die soziale Dimension – Ausgrenzung oder Integration junger Menschen?

Damit sind wir auch bereits bei der **sozialen Dimension** angelangt. Sportliche Aktivitäten sind Inhalt und Methode der offenen Jugendarbeit zugleich. Sie sind häufig das einzige Mittel, um an „problematische" männliche Jugendliche heranzukommen und sie in die offene Jugendarbeit zu integrieren. Im Sport und durch Sport und Spiel lernen junge Menschen Enttäuschungen zu verarbeiten, Regeln einzuhalten, Konflikte zu bearbeiten.

Deshalb, gerade deshalb, ist es wichtig, dass in der sozialen Arbeit körper- und bewegungsbezogene Angebote verstärkt aufgegriffen werden, dass Netzwerke gewaltpräventiver körper- und bewegungsbezogener sozialer Arbeit geschaffen werden. Es geht aber auch darum, problematische junge Menschen nicht auszugrenzen, sondern in die Vereine möglichst zu integrieren, bzw. sie in den Vereinen entsprechend zu betreuen. Für die Sportvereine geht es dabei darum, dass sich ihre Bemühungen nicht nur am Interesse an steigenden Mitgliederzahlen orientieren, sondern vor allem auch an

6 Daraus leitet sich die Bedeutung erlebnis- und abenteuerpädagogischer Maßnahmen, des Erlebnissports in der sozialen Arbeit ab.

der sozialen Verantwortung für alle Geschlechtes- und Sozialgruppen (SEIBEL1999, 152). Dabei stellt sich aber – vor allem angesichts der hohen Fluktuationsraten junger Menschen in den Sportvereinen und gleichzeitig hoher Beliebtheit von Sport und jugendlichen Bewegungskulturen – die Frage: welche Angebote?

Sport ist nicht gleich Sport

Das Jahnsche Turnen – Vorbild körper- und bewegungsbezogener Jugendsozialarbeit?

Wenn wir die präventiven, erzieherischen und sozialpädagogischen Qualitäten des Sports nutzen wollen, tut eine klare Unterscheidung unterschiedlicher sportlicher Sinnorientierungen Not. Welcher Sport wirkt erzieherisch und präventiv? Der Leistungs- und Hochleistungs-, der Profisport? Der Gesundheits-, Freizeit- oder Breitensport? Der Spaßsport, die Bewegungs- oder Körperkultur? Wer darauf für junge Menschen eine sachgerechte Antwort finden will, der braucht sich nur die sport-, bewegungs- und körperkulturellen Äußerungsformen der vielfältigen Jugendkulturen vor Augen zu führen. Der Sport, den wir im Jugendschutz, in der Sozialarbeit propagieren müssen, ist entsprechend nicht nur der Sport, den wir in den Sportvereinen vorfinden, sondern der, der sich in den Jugendkulturen ausformt. So beantwortet denn auch der Bielefelder Sportpädagoge KURZ (1986, 3) die Frage: „Was suchen wir im Sport?" durchaus selbstkritisch: „Spannung, Abenteuer, Geschwindigkeit, Expressivität, Improvisation – das sind einige Stichworte, die an Bedeutung zu gewinnen scheinen." Und weiter: „Vielleicht müssen wir dies aus den Suchbewegungen der Jugendlichen lernen, dass ihnen der Sport, den wir veranstalten, dieses Spielerische oft verloren zu haben scheint ... Der Sport, den sie suchen, ist kaum im Rahmen einer Sportart zu halten, Differenzierung des Sports nach Lebenssituationen bedeutet: viele Bewegungsgründe zugleich anzusprechen, also ein Sportangebot, das gesellig, spannend, belebend und fordernd zugleich empfunden werden kann." Dies heißt, das Sportangebot muss vielschichtiger werden.

Bewegungsbezogene Jugend(sozial-)arbeit ist keineswegs eine Erfindung und Forderung der Postmoderne. Schon zu Jahns Zeiten erkannte man sehr wohl, dass nur ein vielschichtiges Bewegungs- und Spielangebot den Bedürfnissen der Menschen in der wachsenden Industriegesellschaft gerecht zu werden vermag. Jahn hatte schon damals erkannt, dass es darum geht, dass man sich an die Jugend, an deren Bedürfnisse und Interessen anpasst und nicht umgekehrt. Seine Autorität fußte somit auch nicht auf Zwangsmitteln, sondern auf der Fähigkeit, Jugendliche in relativ ungezwungener Weise zusammenzufassen: Bei ihm konnten sie Bedürfnisse nach Spannung, Abenteuer, Risiko, nach Befriedigung der Rauf- und Kampflust ausleben. Bei Jahn gab es keine Trennung nach Sportarten. Da war Platz für geselliges Treiben, für spannungsgeladene Spiele, da waren belebende Leibesübungen ebenso wie fordernde Turnübungen. Bewegungserlebnisse in Form von Balancieren, Schwingen, Klettern, Springen, Ringen, Laufen und Werfen, Geländespiele, gehörten zum turnerischen Alltag auf Jahns Hasenheide (vgl. PILZ 1988, 1991).

Der 1881 gegründete Zentralausschuss zur Förderung der Volks- und Jugendspiele organisierte bereits damals Spielleiter- und -leiterinnenkurse und propagierte – wie aktuell ist dies doch auch heute wieder oder immer noch? ! – bei den Städten und Schulträgern die Einrichtung von Spielplätzen und Natursportarten. 1892 schrieb GROOS (vgl. 1991, Zitat nach FUHRMANN): „Da die Stadtkinder unter unnatürlichen Bedingungen aufwachsen, muss man ihnen auch künstlich die Gelegenheit zum Spiel, vor allem zu den gesunden Bewegungsspielen, verschaffen, indem man ihnen zu diesem Zweck besondere Plätze einräumt, ... Bei dem stets wachsenden Interesse aller

Kreise für solche Bestrebungen wird man hoffen dürfen, daß den schädlichen Folgeerscheinungen der modernen Kultur auf diese Weise erfolgreich entgegengewirkt wird".

Und heute? Im Gewaltgutachten der Bundesregierung aus dem Jahre 1991 steht u. a. zu lesen: *„Ganz besonders wichtig erscheint es im übrigen, dass adäquate Freiräume für kindliches und jugendliches Gruppenverhalten geschaffen werden, also Räume, in denen sich Bewegungsdrang, Abenteuerlust, Aggressionserprobung in spielerischer Art und anderes, was für ‚Jugendlichkeit' kennzeichnend ist, ausagieren können, ohne sofort auf den Zorn der Bürger oder die totale Reglementierung zu stoßen, die zunehmend den öffentlichen Raum in Städten, aber auch bereits in Gemeinden charakterisiert. Es hat den Anschein, als ob etliche nach den Vorstellungen etablierter Erwachsener gestaltete Abenteuerspielplätze genau denjenigen Grad von Sterilität vermitteln, der Kinder und Jugendliche nach kurzer Zeit entweder abhält, sie noch einmal zu aufzusuchen, oder aber gerade umgekehrt einlädt, durch Zerstörung kreatives Chaos herzustellen"* (KERNER u. a. 1990, 541).

Geben wir unseren Kindern und Jugendlichen diese Erfahrungen zurück, nehmen wir die ursprüngliche Vielfalt an Bewegungs-, Turn- und Spielmöglichkeiten der ersten siebzig Jahre der Turnentwicklung zum Anlass, diese wieder zu entdecken und in unseren heutigen und vor allem künftigen Sport- und Spielbetrieb – der Zeit angepasst – einfließen zu lassen.

Folgerungen für, Forderungen an bewegungsorientierte Angebote in der Gewaltprävention

Aus den bisherigen Ausführungen ergeben sich folgende Herausforderungs- und Aufgabenfelder bewegungsorientierter Angebote in der Gewaltprävention, in die sich Sportvereine, freie und kommunale Träger der Jugendhilfe gleichermaßen – am besten „konzertiert" – einbringen können, ja müssen:

- Schaffung, (Rück-)Eroberung von Bewegungsräumen für junge Menschen im Sinne primärer Gewaltprävention nach KEUPP (1976)
- Stärkung der Identität junger Menschen durch Ernstnehmen jugendlicher Bewegungskulturen und -bedürfnisse (im Sinne der primären aber auch sekundären Gewaltprävention)
- Vernetzung von öffentlichen und freien Trägern der Jugendarbeit, auch im Sinne der Nutzung von Schnittstellen zu anderen sozialpädagogischen Arbeitsfeldern wie z. B. Kulturarbeit, geschlechtsspezifische Arbeit, Musikarbeit

Schaffung, (Rück-)Eroberung von Bewegungsräumen für junge Menschen

Wenn wir uns die Unterscheidung von KEUPP (1976, 158 ff.) zwischen primärer und sekundärer Prävention[7] zu eigen machen, dann ist der Schwerpunkt körper- und bewegungsbezogener sozialer Arbeit im Bereich der primären Gewaltprävention zu sehen, also der „Eröffnung angemessener Bewegungschancen – unter Berücksichtigung der sportspezifischen Lebenssituation" (SEIBEL 1999, 163), der Schaffung von Bewegungsräumen, -angeboten und -anlässen für junge Menschen. Insofern sind auch Angebote der Sportvereine wie aller Träger der Jugendhilfe, die junge Menschen nicht von vornherein ausgrenzen, ein wichtiger, unverzichtbarer Beitrag zur Gewaltprävention. Dabei sei bezüglich fehlender Räume für Bewegung, Abenteuer und Spannung die – gar nicht so provokativ gemeinte – Frage erlaubt: Weshalb nicht Kirchtürme für Klettererfahrungen nutzen,

7 Die dritte Ebene, die „tertiäre Prävention" lasse ich außen vor, da es sich hierbei nicht um Prävention im eigentlichen Sinne, sondern um Intervention und therapeutische Maßnahmen handelt.

weshalb nicht Kirchen multifunktional nutzen? Unter der Woche ließen sich Kirchen durchaus auch bei beweglichen Bänken zum Spielen, z. B. Hallenhockey, Volleyball, Basketball u. ä. nutzen. Weshalb nicht leere Fabrikhallen, Schulhöfe, Pausenhallen, Straßen für bewegungsorientierte Jugendarbeit nutzbar machen? Weshalb Sporthallen nicht auch nachts und an Wochenenden für den allgemeinen, auch vereinsungebundenen Sport- und Spielbetrieb öffnen? Erfahrungen mit dem „Mitternachtssport" (PEIFFER/PILZ 1998) zeigen, dass nicht nur eine große Nachfrage nach solchen Angeboten besteht, sondern organisatorische, versicherungsrechtliche Bedenken nur vorgeschobene Argumente gegen solche Angebote sind und mehr der Bequemlichkeit von Hausmeistern und Verwaltungsangestellten dienen. Die Jugendlichen nachts, aber auch an Wochenenden und Feiertagen von der Straße zu holen und ihnen die Möglichkeit zu geben, sich körperlich auszutoben, „überschüssige Kräfte" abzubauen, keinen Frust oder Langeweile aufkommen zu lassen, ist ein durchaus richtiges Anliegen primärer Gewaltprävention. Dies um so mehr, als junge Menschen heute auch geänderte Freizeit- und Ausgehgewohnheiten haben, die sich nicht mehr in starre nachmittägliche oder frühabendliche Übungszeiten einpassen lassen. Gerade nachts und hier vor allem an den Wochenenden, an Sonn- und Feiertagen langweilen sich Jugendliche sehr häufig, da es vielfach an guten und kostengünstigen Freizeitangeboten fehlt. Kostenlose Mitternachts-, Wochenend- und Feiertagsportangebote sind deshalb für Jugendliche sehr attraktiv und bieten eine wichtige Alternative zum sinnlosen Herumhängen auf der Straße, in Clubs, Kneipen oder Discos. Die sozialpädagogische Maxime, Jugendliche dort abzuholen, wo sie sind, kann und darf sich eben nicht nur auf die Fähigkeiten und Fertigkeiten der jungen Menschen beziehen, sondern muss auch und vor allem auch die gewandelten räumlichen und vor allem (tages-)zeitlichen Verhaltensmuster junger Menschen einbeziehen und diesen Rechnung tragen! Gerade bezüglich vereinsungebundener, offener Sport-, Spiel- und Bewegungsangebote an Wochenenden hat MARCH (1998) sehr gute Erfahrungen gemacht. Jugendliche klagen immer häufiger darüber, dass sie an Wochenenden oft nicht wüssten, wo sie sich aufhalten, was sie tun sollten, da alles geschlossen sei, z. B. Jugendzentrum, Jugendtreffs, aber auch die Vereine – außer Wettkampfveranstaltungen – keine Angebote machten. Zu Hause wollen die Eltern ihre Ruhe haben. Das in vielen Elternabenden und schulinternen Lehrerfortbildungen mir gegenüber geäußerte Klagelied vieler Lehrer über unruhige, hyperaktive, aggressive Kinder und Jugendliche am Montagvormittag hat so besehen auch weniger seine Ursache in extensivem Fernsehkonsum, sondern in den mangelnden Bewegungs- und Aufenthaltsräumen junger Menschen.

Im Interesse einer präventiven strukturellen Maßnahme zur Bekämpfung, Verhinderung der Gewalt ist dabei eine quartier-, straßenbezogene Sport- und Jugendarbeit dringend geboten, sind Spiel-, Sport- und Freizeitanlagen, Frei- und Streifräume in unmittelbarer Nähe des jeweiligen Wohnquartiers der Jugendlichen das Gebot der Stunde. So belegen unsere Untersuchungen im Rahmen des Mitternachtssportangebotes, dass vor allem Jugendliche aus unteren sozialen Schichten eine sehr stark quartierbezogene Orientierung zeigen. Schon geringere Entfernungen sind ein Hinderungsgrund für die Nutzung von Sport- und Freizeitanlagen:

„Der soziale Rahmen des Wohnbezirks bildet demnach in den unteren Sozialschichten eine bedeutsame Begrenzung außerhäuslicher Sozialkontakte und erhält dadurch ein besonderes Gewicht. Darauf dürfte zum Teil die generell niedrigere Mitgliedschaft der unteren sozialen Schichten in freiwilligen Organisationen und speziell in Sportvereinen zurückzuführen sein" (WEISHAUPT 1982, 79).

Dies hat – wie FUHRMANN (1991, 146) zeigt – seine Ursache in der traditionellen Arbeiterkindheit im 19. Jahrhundert, die meist gleichbedeutend mit „Straßenkindheit" war. Straßen und Hinterhöfe waren die bevorzugten Aufenthaltsräume des Kindes in den Arbeiterwohnquartieren.

In den überfüllten, dumpfen Wohnungen, in denen auf engstem Raum gekocht, gegessen, gewaschen und geschlafen wurde, gab es keine Gelegenheit zum Spielen und Toben. Arbeiterkinder entwickelten so zu „ihrer" Straße, d. h. zu der Straße, in der sie wohnten und spielten, eine sehr enge Bindung. Sie stelle eine Art Heimat dar. Die starke Identifikation mit der unmittelbaren Wohnumgebung führte dabei häufig zu regelrechten „Bandenkriegen", in denen Kindergruppen das „eigene" Viertel oder die „eigene" Straße gegen Außenstehende „verteidigten".

Diese stark ausgeprägte Fixierung auf das „eigene" Wohnquartier, auf die „eigene" Straße, den „eigenen" Stadtteil, machen denn auch dringend ein Umdenken erforderlich bezüglich der wachsenden Bereitschaft von Bürgerinnen und Bürgern, aus Gründen der Lärmbelästigung gegen wohnnahe Sport- und Freizeitanlagen zu klagen. Dabei bedarf die „Stärkung junger Menschen in ihren Bewegungsformen ‚auf der Straße', in ihren Organisationskompetenzen und Gruppen", damit sie sich Bewegungsräume aneignen und ihrer Bewegungsbedürfnisse entfalten und weiterentwickeln können (SEIBEL 1999, 155), der politischen Einmischung.

Politische Einmischung: unverzichtbarer Bestandteil bewegungsorientierter Ansätze in der Gewaltprävention

Die von vielen geforderte Präventiv- und Sozialarbeit bedeutet auch (und vor allem?) Aufklärung über Ursachen und Bedingungen auffälligen Verhaltens Jugendlicher, sich stark machen für strukturelle Änderungen, für humanere Lebensbedingungen; Auseinandersetzung mit den politischen Entscheidungsgremien, mit den verantwortlichen gesellschaftlichen Institutionen. Jugendarbeit heißt zumindest auch, ja wenn nicht in erster Linie, Institutionenarbeit, politische Einflussnahme. Im 8. Jugendbericht der Bundesregierung wird entsprechend politische Einmischung als unverzichtbares Element einer erfolgversprechenden Jugendhilfe angesehen. Erfolgreiche Einmischung einer lebensweltorientierten Jugendhilfe setzt dabei voraus, dass sich die Jugendarbeit nicht von vornherein nur auf das angeblich Machbare beschränkt und Interessenkonflikte gar nicht erst thematisiert. Sie muss versuchen, sich im Rahmen einer örtlichen Gesellschaftspolitik offensiv in die Gestaltung lokaler Lebensbedingungen einzuschalten (8. Jugendbericht der Bundesregierung 1990, 199–200). „Wer von Pädagogik redet, darf von Politik nicht schweigen" (SILLER 1991). Alternative Erfahrungen zu Gewalt sind solange sozial folgenlos, wie es den SozialarbeiterInnen nicht gelingt, sich politisch, jugendpolitisch einzumischen.

In diesem Kontext ist der Forderungskatalog der Sportministerkonferenz (vom 6./7.6.1991) zu Sport und Sicherheit interessant:

„1. Die sozialen Rahmenbedingungen für ein jugendgemäßes Leben in der Gesellschaft sind zu überdenken – falls erforderlich – zu Gunsten jugendlicher Interessen zu verändern. Dazu zählen mit längerfristiger Wirkung u. a.:

- *die Schaffung von ausreichenden Bewegungsräumen für jugendgemäße Freizeitgestaltung, insbesondere im urbanen Nahbereich und Berücksichtigung dieser Aspekte in den einschlägigen Planungen der Städte und Gemeinden;*
- *die Forcierung eines familiengerechten, großzügig mit Bewegungs- und Spielräumen ausgestatteten Wohnungsbaues;*
- *die Schaffung von Spielstraßen in innerstädtischen Räumen;*
- *die Aufnahme bzw. verstärkte Berücksichtigung der Bewegungs- und Sporterziehung in die Ausbildungsordnungen für Erzieherinnen und Erzieher, Sozialarbeiterinnen und Sozialarbeiter sowie verwandter Berufe."*

Die Bausteine zur Schaffung umweltfreundlicher Sport- und Spielgelegenheiten im Bewegungsraum Stadt von SCHEMEL/STRASDAS (1998, 307–327) zur Förderung sozial benachteiligter Kinder und Jugendlicher sind hier richtungsweisend.

Dabei weisen unsere Untersuchungen im Rahmen des Mitternachtssportangebots in sozialen Brennpunkten aber auch darauf hin, dass es nicht ausreicht, einfach nur die Hallen zu öffnen und Sportangebote bereitzustellen. Für viele Teilnehmer ist es darüber hinaus auch wichtig, dass die Betreuer des Mitternachtssportangebotes sowohl während des Mitternachtssports als auch unter der Woche für sie als Ansprechpartner für persönliche Probleme zur Verfügung stehen. Damit sind wir bei der sekundären Prävention, die ansetzt, wenn sich erste Gewalttendenzen zeigen und sowohl auf den strukturellen als auch interaktionellen Kontext zielt. Dabei geht es auch um Einstellungs- und Verhaltensänderungen wie z. B. kontextbezogene (präventiv-soziale) als auch individuumsbezogene (präventiv-personale) Maßnahmen der Früherkennung und Behandlung von Problemen und Gefährdungen (KEUPP 1976).

Stärkung der Identität junger Menschen durch Ernstnehmen jugendlicher Bewegungskulturen und -bedürfnisse

„Heute leidet ein zunehmender Teil von Jugendlichen unter Frustration im Lebensalltag, Erlebnisarmut und Arbeitslosigkeit. Es fehlen ihnen auch soziale Bindungen sowie Wert- und Zukunftsorientierungen. Die Bedürfnisse der Jugendlichen nach Solidarität, Anerkennung, Mitgestaltung, körperlicher Bewegung, Erlebnis und Spannung werden nur unzureichend erfüllt.

Die Sportminister der Länder vertreten deshalb die Auffassung, dass die junge Generation stärker als bisher in die Gestaltung unserer Lebenswelt aktiv einbezogen und ihr möglichst viele Chancen und Räume für kreatives, selbstorganisiertes Handeln gegeben werden muss, um ihre soziale Handlungskompetenz zu fördern."

(aus dem Ergebnisprotokoll der Sportministerkonferenz vom 5. November 1993)

In seiner Arbeit über einen dreieinhalbjährigen Modellversuch eines offenen Wochenendsportangebots hat Alexander MARCH (1998) eindrucksvoll aufgezeigt, dass das bewegungsorientierte Angebote in der Gewaltprävention mehr bedeuten, als Sportangebote für Jugendlichen bereitzuhalten; mehr bedeuten, als mit Jugendlichen zu arbeiten; mehr bedeuten, als sich um die Probleme der Jugendlichen zu kümmern; mehr bedeuten, als Institutionenarbeit zu leisten. Für MARCH bedeuten bewegungsorientierte Angebote in der Gewaltprävention deshalb auch in erster Linie Auseinandersetzung auf wechselseitigen Beziehungsebenen: Auseinandersetzung zwischen Jugendlichen und Jugend(sozial-)arbeiter; zwischen Jugend(sozial-)arbeiter und Institutionen; zwischen Jugendlichen und Institutionen; Auseinandersetzung unter Jugendlichen und schließlich Auseinandersetzung mit einem Stück Lebensrealität mit dem Ziel, institutionelle Strukturen jugendfreundlicher zu gestalten. Im Mittelpunkt muss dabei immer die Beziehungsarbeit im Sinne von Erziehung stehen.

KÖSTERKE/STÖCKLE (1989, 479f.) stellen entsprechend an bewegungsorientierte Angebote in der Gewaltprävention folgende Anforderungen:

- Ausrichtung des Angebots an den jugendlichen Bedürfnissen
- Geringe sportmotorische Anforderungen
- Eingehen auf jugendkulturelle Bewegungen
- Flexibilität hinsichtlich:

  - Raum
  - Zeit und
  - Inhalt der Angebote
- Problemlose Übertragbarkeit der Angebote auf alle sonstigen Lebensbereiche
- Vermeiden von Blamagesituationen
- Angstfreie, animierende Lern- und Spielatmosphäre
- Förderung kooperativer Handlungsweise
- Bereitstellung geschlechtsspezifischer Angebote (körper- und bewegungsbezogene Mädchen- und Jugendarbeit)

Offen sein für unbequeme Jugendliche und fremdartige jugendliche Äußerungsformen

Die Forderung, dass die Sportangebote den Bedürfnissen, den Lebenswelten und Lebensstilen der Jugendlichen angepasst werden müssen, bedeutet – und darauf haben BECKER und seine Mitarbeiter und Mitarbeiterinnen immer wieder hingewiesen – sich nicht nur mit angepassten Jugendlichen zu befassen oder Jugendliche in bürgerliche „Tugendpanzer" zu zwängen, es heißt vielmehr, sich auch auf unbequeme Jugendliche einzulassen, deren fremdartigen unbequemen sozial oft nicht tolerierte Bedürfnisse zu akzeptieren und in die Angebotspalette der Jugendarbeit einfließen zu lassen. Das heißt aber auch, sich u. U. auf die manchmal Angst einflößenden, bedrohlich erscheinenden Körper- und Lebensstile der Jugendlichen (z. B. die auf Kraft, aggressive Männlichkeit, Härte ausgerichteten Stile) einzulassen und sie durch entsprechende Angebote zu kanalisieren, aufzufangen (vgl. BECKER/HARTMANN 1989). Eine Forderung, mit der sich viele Sportvereine verständlicherweise sehr schwer tun, ja in der Regel überfordert sind: Damit wird bereits deutlich, dass eine „qualitativ lebensweltbezogene soziale Arbeit in Kooperation von Jugendhilfe und Sport des sozialen Engagements, Jugend-Arbeits-Kompetenzen und teilweise professioneller sozialpädagogischer Qualifikationen" bedarf. Hier sind in erster Linie professionelle Träger der Sozialarbeit und Therapie gefordert, die in ihrer Arbeit allerdings von den Sportverbänden und -vereinen unterstützt werden können/müssen (SEIBEL 1999, 152).

Es stellt sich für die Pädagogik das schwerwiegende Problem, einerseits die Sozialisationsfunktion dieser Gruppierungen zu achten, den Jugendlichen also die notwendigen Freiräume zu belassen, andererseits gegen gravierende Normverletzungen einzuschreiten. Jeder Pädagoge und jede Pädagogin muss sich selbst die Frage stellen und beantworten, wie weit er/sie subkulturellen Gruppen Freiräume in seiner Arbeit einräumen kann und will. Ob dabei Kampfsportarten im Dienst sozialpädagogischer Maßnahmen zur Gewaltprävention oder Befriedung gewaltbereiter, -faszinierter Jungen der richtige Weg sind, ist nicht eindeutig mit ja oder nein zu beantworten. Dies hängt sowohl von der Kampfsportart selbst, aber noch mehr von Ziel, Inhalt und vor allem Art der Vermittlung dieser Kampfkünste ab.[8]

8 Siehe u. a. GOLDNER 1993; KERSTEN 1997; KÜHN 1994; WOLTERS 1992. Als positives Beispiel wäre hier das Projekt „Körper unter Kontrolle" (JUGENDZENTRUM DÖHREN 1996; siehe auch RENKEN 1997) oder das Option Sportive Program des Vereins Pro Judo in Langenhagen zu nennen.

Jugendgewalt ist in erster Linie Jungengewalt: Plädoyer für geschlechtsspezifische Angebote in der Jugendarbeit und Jugendsozialarbeit

In seinem Aufsatz „Jugendgewalt ist Jungengewalt" beschreibt OELEMANN (1992, 85f.) eindrucksvoll die gewaltfördernden Aspekte der Jungensozialisation, indem er darauf hinweist, dass „unter den Bedingungen der geschlechtshierarchischen Arbeitsteilung" immer eine Frau (die Mutter) die wichtigste Person für einen kleinen Jungen ist (vgl. auch HOFFMANN 1992, 4). Männlichkeit wird durch Ablösung von der Mutter definiert. Der Junge lernt, *nicht* zu einer Frau zu werden, er hat einen *„Bildabzug vom Weiblichen, fertigt in seiner Phantasie ein Negativ davon an und nimmt dies als seine Geschlechterrolle, nennt es männlich"* (OELEMANN 1992, 86). Die fehlende Identifikationsmöglichkeit mit dem Vater führt dazu, dass ein Aufbrechen tradierter Männlichkeitsvorstellungen nicht ermöglicht wird, dass die pubertierenden Jungen in ihrer Abgrenzung und Abnabelung von der Mutter, den weiblichen Erziehungs- und Sozialisationspersonen, übersteigerte Männlichkeitsvorstellungen, ein ausgeprägtes „Macho-Gehabe", verbunden mit wachsender Gewaltbereitschaft entwickeln.[9] OHDER (1992, 163) weist in diesem Kontext auf einen anderen wichtigen Aspekt der Pubertät hin: *„Sich ändernde sexuelle Bedürfnisse und Möglichkeiten führen zu Unsicherheit, bringen neue Zwänge, verlangen ein Zurechtfinden in unbekannten Rollen. Typisch ist der zeitweilige Rückzug in geschlechtshomogene Zusammenhänge, für männliche Jugendliche die Betonung physischer Aspekte wie Kraft und Geschicklichkeit, die Suche nach Körper- und bewegungsbetonten Aktivitäten."*

Der Körper wird zunehmend instrumentalisiert, und es ist eine sehr wichtige Aufgabe, über eine entsprechende körper- und bewegungsbezogene Sozialarbeit, aber auch im Sportunterricht vor allem der Grund-, Haupt- und Realschule diesen Prozess der Instrumentalisierung des Körpers aufzubrechen. HILDEBRANDT (1992) hat hierzu für die Jugendarbeit einige interessante Praxisbeispiele zusammengetragen.

Dabei ergibt sich für Jugendliche beiderlei Geschlechts eine interessante Parallele: Beide sehen und nutzen ihren Körper als ihr Kapital. Die Jungen, indem sie durch Körperfülle oder Körpertraining Kraft erwerben, die sie in körperlichen Auseinandersetzungen gewinn- und prestigebringend einsetzen (vermarkten); die Mädchen, indem sie ihren Körper entsprechend der gängigen Schönheitskanons modellieren, um auf dem Heiratsmarkt größere Realisierungschancen ihrer geheimen Wünsche zu haben und ihre Hausfrauen- und Mutterrolle zufriedenstellend erfüllen zu können.

Beides sind ebenfalls Formen der Verkehrung der „naturalen Dimension des Sports" in einen „Kult des Körpers" (EKD/VEF 1999, 55). Es gilt deshalb vor allem auch in der gewaltpräventiven Sozial- und Jugendarbeit stärker den unterschiedlichen Verarbeitungsformen von sozialen Problemlagen durch Mädchen und Jungen Beachtung zu schenken und diese durch geschlechtsspezifische Angebote aufzuarbeiten.

Geschlechtsspezifische Jungen- und Mädchenarbeit verfolgen dabei folgerichtig unterschiedliche Ziele: Gilt es bei den Mädchen durch entsprechende Angebote deren Selbstwertgefühl zu stärken, Selbstbewusstsein aufzubauen und (da Mädchen meist Opfer körperlicher Gewalt sind) durch Selbstverteidigungs- und Selbstbehauptungskurse wehrhafter und angstfreier zu machen, sind in der Jungenarbeit vor allem durch entsprechende Angebote und Thematisierungen von gewaltförmigen Verhaltensweisen Durchbrechungen der gewalttätigen Durchsetzungs- und Selbstbehauptungsstrategien gefordert: Dabei stellt sich aber auch die Frage, was „gewinnen" Jungen bei einem solchen Angebot der Jungenarbeit, die Zielsetzungen laufen zunächst einmal darauf hinaus, ihnen

9 Ausführlicher siehe PILZ 1994.

etwas zu nehmen, ihre Gewaltfantasien zu durchbrechen, ihre männlichkeitsbesessenen Durchsetzungs- und Selbstbehauptungsstrategien zu relativieren. Sind bei der geschlechtsspezifischen Mädchenarbeit die Vorteile, die „Gewinne" für die Mädchen evident, können sie bei der Jungenarbeit zunächst, vor allem denjenigen Jungen, für die sie in erster Linie gedacht ist, nur sehr schwer vermittelt werden. Dies erschwert erfolgreiche reflektierende, antisexistische Jungenarbeit in der Gewaltprävention. Dennoch sind auch in der körper- und bewegungsbezogenen sozialen Arbeit jungenspezifische Angebote im Kontext der Gewaltprävention unverzichtbar.

Bewegungsorientierte Angebote in der Gewaltprävention lassen sich somit inhaltlich zusätzlich wie folgt begründen und rechtfertigen (BECKER / SCHIRP 1986, 9) als:

- Gegenentwurf zur bewegungsarmen Lebenswelt der Jugendlichen zur fehlenden bewegungsbezogenen Infrastruktur
- Kompensationsmöglichkeit für Spannungsarmut resp. für spannungsgeladenes Risikoverhalten
- Schaffung von Räumen und Gelegenheiten für Erfahrungen zur positiven Identitätsfindung
- Gegenentwurf zur Marginalisierung der Mädchen (einschließlich parteilicher Mädchenarbeit)
- Gegenentwurf zur männlichen Dominanzkultur (reflektierende, antisexistische Jungenarbeit).

Daraus folgt als inhaltliche Gestaltung der Sportarbeit:

- Orientierung am didaktischen Prinzip „Denken und Machen"
- Orientierung an Bewegungsstrukturen, welche die Erfahrung von Abenteuer- und Risikoerlebnissen ermöglichen
- Orientierungen an Bewegungstraditionen und -formen, die gewaltförmige Verhaltensmuster der Jungen aufbrechen, Selbstwertgefühl und Selbstbewusstsein bei Mädchen aufbauen und somit perspektivisch eine gleichberechtigte Spielintegration der Mädchen ermöglichen.

Hierzu bedarf es allerdings dringend eines inhaltlichen Paradigmenwechsels der Jugendarbeit: weg von den Defiziten der Jugendlichen hin zu deren Stärken.

Vernetzung als Aufgabe und Problem

In den bisherigen Ausführungen ist immer wieder angeklungen, dass körper- und bewegungsbezogene Angebote im Rahmen der Gewaltprävention eines Netzwerkes der unterschiedlichen Anbieter sozialer Arbeit und Jugendarbeit bedürfen. Der Vernetzung wird nicht zuletzt deshalb auch angesichts wachsender Problemlagen junger Menschen, aber auch und vor allem der geforderten unterschiedlichen Kompetenzen und immer knapper werdender öffentlicher Finanzen zu Recht eine zentrale Rolle zugewiesen. „Runde Tische", „Präventionsräte", „Netzwerke" sind entsprechend zu Schlagworten avanciert, die, wie der „Stein der Weisen", die Probleme präventiven erzieherischen Jugendschutzes lösen sollen. Allein in der Alltagspraxis erweist sich der „Stein der Weisen", als äußerst sperrig. Als ob es auch so einfach wäre, die unterschiedlichsten Institutionen der in der Praxis arbeitenden Menschen auf einen gemeinsamen Nenner zu bringen, eigene Eitelkeiten und Interessen, hierarchisches Denken und unterschiedliche strukturelle, rechtliche Rahmenbedingungen der Vernetzungspartner in den Dienst der schnell ausgemachten gemeinsamen Sache zu stellen. Die Vernetzungspraxis sieht anders aus.

Jugendhilfe und Sport standen und stehen sich, so beklagt KREFT (1997, 339) zu Recht, „eher distanziert gegenüber, nutzen nicht oder zu wenig die Chancen der Kooperation, der Vernetzung ihrer unterschiedlichen Handlungsformen und Zugangsweisen; ein Verhältnis also, das eher von

Abwehr gegenüber dem Anderen, denn von Neugier auf das bestimmt ist, das der andere leistet und was u. U. auch für den jeweils anderen hilfreich sein könnte". So werden nicht selten Bemühungen der freien oder kommunalen Jugendarbeit um Bewegungsräume bzw. Kooperationen mit Sportvereinen von Vereinsvertretern mit dem Argument abgewiesen, hier würde ein Konkurrenzangebot zum Sportverein etabliert. Die bereits erwähnte „soziale Offensive des Sports" hat zwar in vielen Vereinen durch engagierte Übungsleiter zu beachtenswerten Aktivitäten geführt, sie scheint mir aber insgesamt gesehen doch mehr in den Köpfen der verantwortlichen Funktionäre und Macher stecken geblieben zu sein und hat die Vereinsbasis vor allem bezüglich der Umsetzung dieser an sich guten Idee „im Regen stehen lassen". Bewegungsorientierte Ansätze in der Gewaltprävention finden nicht in den Köpfen der Funktionäre, sondern im harten Alltagsgeschäft auf der Basis statt.

KOCH (1996, 7) weist dabei darauf hin: „Da der Körper- und Bewegungsbezug grundlegende, quer zu den Jugendhilfeformen liegende Kategorien umfasst und somit in spezifischer Ausprägung in den unterschiedlichen Feldern wie Jugendsozialarbeit, Freizeitbildung, offene Jugendarbeit, erzieherische Hilfen usw. in die pädagogischen Gesamtkonzepte dieser Felder zu integrieren wäre, kann zumindest die modellhafte Entwicklung einer körper- und bewegungsbezogenen Theorie und Praxis nur in Form von Kooperationen, Vernetzungen, interdisziplinärer Zusammenarbeit geschehen." Ähnlich argumentiert SCHULZE-KRÜDENER (1999, 214), wenn er darauf hinweist, dass das Anforderungsprofil der körper- und bewegungsbezogenen Sozialarbeit neben den entsprechenden sportiven Kompetenzen der in der Jugendarbeit Tätigen die wechselseitige Sensibilisierung und Kooperation zwischen Sport(vereinen) und Jugendarbeit erfordert. „Der Sport als attraktiver Anlass und Inhalt gemeinsamer Aktivitäten und als bedeutendes Konstitutiv von Gleichaltrigengruppen macht es erforderlich, dass sich die körper- und sportbezogene Jugendarbeit und der Vereinssport, aber auch der Schulsport als jugendliche Bewegungswelten begreifen und ihre Zusammenarbeit intensivieren." Ja mehr noch: Auch wenn der Sportverein „nicht nur die Nr. 1 der sportbezogenen Jugendarbeit, sondern der außerschulischen Jugendarbeit insgesamt ist" (KURZ 1996, 6), lassen sich – wie BRINKHOFF/SACK (1996, 4) schreiben – weder „Alleinvertretungs- noch Exklusivitätsansprüche ... seitens des Jugendvereinssports empirisch legitimieren. Auch Sport in anderen Settings wie in den Peer-Gruppen, in familiären Kontexten, in kommerziellen Sporteinrichtungen verdient gleichrangige Beachtung".

Wenn lebensstil- und lebensweltorientierte bewegungsorientierte Ansätze in der Gewaltprävention also keine leeren Worthülsen sein und bleiben sollen, dann bedarf es einer konzertierten Aktion von kirchlichen, kommunalen und freien Trägern der Jugendarbeit, der Kooperation von Sportvereinen, Schule und Jugendhilfe. Dies gilt ungeachtet der Probleme, die sich einstellen, wenn Haupt- und Ehrenamt zusammenarbeiten (unterschiedliche Fachlichkeit, vor allem aber unterschiedliche Arbeitszeiten). Provokant formuliert: Vereinssportjugendsozialarbeit ist zu wichtig, als dass man sie nur den Übungsleitern, Trainern und Vereinsjugendleitern überlassen dürfte (Sportangebote in Vereinen, Trainingsstunden sind noch keine Sozialarbeit, sie sind Jugendarbeit, sie wirken in manchen Fällen auch präventiv); körper- und bewegungsbezogene Soziale Arbeit ist zu wichtig, als dass man sie nur der Sozialarbeit und Streetwork überlassen dürfte (Fußball- und Krökelturniere organisieren ist noch keine körper- und bewegungsbezogene Sozialarbeit); Schulsport ist zu wichtig, als dass man ihn den Sportlehrern überlassen und in starre Bewegungszeiten, traditionelle Bewegungsräume und Zensurenskalen pressen dürfte. Allerdings bewirken Vernetzung und Zusammenarbeit allein noch keine effektive Gewaltprävention. Entscheidend ist vielmehr, dass die unterschiedlichen Interessen offengelegt werden, Gemeinsamkeiten herausgearbeitet, Kompetenzen geklärt und die Schnittmengen zum Inhalt der Zusammenarbeit gemacht werden.

Die Entwicklung fachlich fundierter Konzepte für den organisierten Sport sollte u. a. Ergebnis einer solchen Zusammenarbeit sein (siehe die grundlegenden Überlegungen und Folgerungen der AG Sucht- und Gewaltprävention im Rahmen von körperbezogener Jugendarbeit und Jugendsozialarbeit der Sportjugend Niedersachen 2001).

Miteinander statt neben- oder gegeneinander

Der Sicherstellung einer entsprechenden bewegungsbezogenen Jugendarbeit mit einem eigenständigen, breit gefächerten und eher spielerischen Sportangebot in der offenen Jugendarbeit sind oft dadurch Grenzen gesetzt sind, dass zum einen Sozialarbeiterinnen und Sozialarbeiter in der Regel keine Sport- bzw. Übungsleiterausbildung haben und somit nicht über die erforderliche sportive Kompetenz verfügen, um entsprechende Sportangebote für Jugendliche bereitzuhalten. Darüber hinaus fehlen in vielen Fällen Hallen und Plätze für diese Angebote. Dies ließe sich jedoch beheben, wenn Sozialarbeiterinnen und Sozialarbeiter sich zu Übungsleitern ausbilden ließen oder wenn ausgebildete Übungsleiter, die Fachhochschulen sich stärker der Bedeutung körper- und bewegungsbezogener Sozialer Arbeit bewusst würden und diese zum Ausbildungsinhalt für Sozialpädagoginnen und Sozialpädagogen machten, bzw. wenn Übungsleiterinnen oder Animateure auf Honorarbasis beschäftigt würden.[10]

Noch wichtiger erscheint mir allerdings die Kooperation zwischen Einrichtungen der offenen Jugendarbeit und Sportvereinen zu sein. Hier wäre u. a. zu denken an den Austausch von Informationen über Programm und Angebot von Einrichtungen der offenen Jugendarbeit und der Sportvereine; die Nutzung der Sportstätten durch die Einrichtungen der offenen Jugendarbeit in den vom Sportverein weniger frequentierten Zeiten; bzw. bei der Vergabe von Hallenzeiten und Sportplätzen müssten die sportlichen Bedürfnisse von Kindern und Jugendlichen der offenen Jugendarbeit als gleichrangig mit den Bedürfnissen der Sportvereine angesehen werden; ein zeitweiser Austausch von Mitarbeiterinnen und Mitarbeitern, gemeinsame Veranstaltungen, Wochenendfreizeiten, Ferienfahrten, Sportreisen sowie Nutzung der Räume in den Einrichtungen der offenen Jugendarbeit durch den Sportverein für Sitzungen, Veranstaltungen, bestimmte Bewegungsangebote, die weniger Raum beanspruchen usw.

So werden auch im Begründungskonzept „zur Notwendigkeit der Fortentwicklung der sozialen Offensive im Kinder- und Jugendsport“ des Beirats „Soziale Offensive“ der Deutschen Sportjugend (1998) folgende „wesentliche Bestandteile der Prüfsteine für die soziale Offensive im Kinder- und Jugendsport“ benannt:

- „Stärkere Öffnung der Sportorganisationen in das Gemeinwesen und die Übernahme zusätzlicher Verantwortung für das Wohl von Kindern und Jugendlichen über das heutige Maß und die eigenen Mitglieder hinaus
- Kooperation und Vernetzung mit anderen öffentlichen und Freien Trägern der Jugendarbeit und Jugendhilfe im Feld einer sportorientierten sozialen Arbeit

10 Die Ausbildungskooperation der Evang. Fachhochschule Hannover mit dem Landessportbund Niedersachsen ist ein erster Schritt in die richtige Richtung.

- Höhere Bereitschaft und Akzeptanz der Kommunen, insbesondere der örtlichen Jugendämter, die Sportorganisationen bei konkreten Jugendhilfeprojekten und Aktivitäten im Rahmen der sozialen Offensive stärker zu unterstützen und zu fördern
- Kooperation im Gemeinwesen schließt die interdisziplinäre fachliche Zusammenarbeit unterschiedlicher Berufsgruppen und ehrenamtlicher Funktionsträger ein
- Die soziale Offensive des Sports und eine sportorientierte soziale Arbeit benötigen den kontinuierlichen, begleitenden politischen und fachlichen Dialog aller Beteiligten im Feld der Jugendhilfe und des Sports".

Auch die Sportministerkonferenz der Länder hat in ihrer Resolution vom Juni 1991 einstimmig gefordert, dass:

„Die Möglichkeiten des Sports genutzt werden müssen, um integrativ auf jugendliche Randgruppen der Gesellschaft einzuwirken. Dazu gehören u. a.:

- *verstärktes und innovatives Erarbeiten und Verwirklichen von Angeboten durch Sportorganisationen und Sportvereine mit dem Ziel, jugendgemäßes Gemeinleben zu entwickeln;*
- *Stärkung, Ausbau und Unterstützung von speziellen Jugendprojekten (Fan-Projekten);*
- *Vernetzung von kommunaler Jugendarbeit und Sportangeboten örtlicher Sportvereine."*

Im Ergebnisprotokoll der Sportministerkonferenz vom 5. November 1993 wird dies nochmals bekräftigt und vor allem die Vernetzung von Sportvereinen mit Einrichtungen der Jugendhilfe auch im Sinne eines ständigen gegenseitigen Erfahrungsaustausches eingefordert:

„Die Sportminister der Länder bekräftigen ihre bereits in der Konferenz am 6./7. Juni 1991 in Oldenburg geäußerte Auffassung, dass

- *alle Möglichkeiten des Sports ausgeschöpft werden müssen, um auch auf Randgruppen der Jugendlichen integrativ zu wirken.*
- *Die Sportvereine sollen deshalb für alle Kinder und Jugendliche offen sein und verstärkt mit neuen Angeboten, z. B. des Abenteuer- und Erlebnissports, auf diese Jugendlichen zugehen. Ziel muss es sein, den Jugendlichen, zunächst auch ohne Vereinsbindung, möglichst viele Räume für selbstorganisiertes Handeln und Selbsterfahrung zu schaffen und dadurch ihr Selbstwertgefühl zu stärken.*
- *Die Sportvereine sollen verstärkt mit Einrichtungen der Jugendhilfe zusammenarbeiten. Ein ständiger gegenseitiger Erfahrungsaustausch ist dafür wesentliche Voraussetzung."*

In diesem Kontext sind die Maßnahmenkataloge für Sport als Mittel der Gewaltprävention wie sie die Unabhängige Kommission zur Verhinderung und Bekämpfung der Gewalt in Berlin für Vereine, Schulen und Jugendhilfe erarbeitet hat, im wahrsten Sinne des Wortes richtungsweisend.[11]

Maßnahmen im Bereich der Vereine

- Vereine sollen speziell auch für die sog. Problemgruppen in den Ferien Sportangebote vorsehen und versuchen, diese dauerhaft für eine sportliche Betätigung zu gewinnen.
- Der Vereinssport soll Beratungsmöglichkeiten hinsichtlich einzelner Problemgruppen und entsprechender Zielgruppenkompetenzen erhalten.
- ÜbungsleiterInnen sollen für die speziellen Anforderungen im Umgang mit gewaltorientierten Jugendlichen Qualifizierungsmöglichkeiten erhalten.

---

11 Zusammenstellung: Gunter A. Pilz, ausführlich in: BOSCHERT, B.: Sport und Gewalt. Probleme – Zusammenhänge – Maßnahmen. Berlin 1994.

- Kontakte, Verbindungen und Zusammenarbeit zwischen den Trägern der Jugend- und Sozialarbeit, den Schulen und den Sportvereine sollen intensiviert werden.
- Die Vereine sollen neben den leistungsbezogenen Sport auch den freizeit- und erlebnisorientierten Sport stärken, um auch die Jugendlichen ansprechen zu können, die gerne Sport treiben würden, aber nicht in erster Linie Leistungssport betreiben wollen.
- Vereine sollten ihre Sportanlagen, so weit sie nicht ausgelastet sind, auch für Jugendliche und ihre Aktivitäten zur Verfügung stellen, die sich nicht vereinlich binden wollen.

Maßnahmen im Bereich der Schule

- Schulen sollen verstärkt alternative Sportarten in den Schulunterricht aufnehmen und auf die Konjunktur bestimmter aktueller Sportpräferenzen bei den Schülerinnen und Schülern reagieren, um diesen ein Forum zu geben und sie nicht in unkontrollierte Bereiche abzudrängen (z. B. Kampfsportarten).
- Schulen sollen die Pausenhöfe zu Sportzwecken außerhalb der Schulzeit öffnen, um zu der Erhöhung des Sportflächenangebotes beizutragen und selbstbestimmte Möglichkeiten zum Sporttreiben in der Freizeit im unmittelbaren Lebensbereich und unter Einbeziehung des Wohnumfeldes zu bieten.
- Schulen sollen in bezug auf sportliche Aktivitäten enger mit den Vereinen und Jugendfreizeitheimen/Jugendzentren zusammenarbeiten.

Maßnahmen im Bereich der Jugend- und Sozialarbeit

- Einrichtung eines Themenschwerpunktes „Körper und Sport in der Jugendarbeit“ im Lehrplan der Ausbildung von PädagogInnen und SozialarbeiterInnen als fester Bestandteil ihrer Ausbildung.
- Im Bereich der Jugendfreizeit- und Sozialarbeit sollen verstärkt niederschwellige, an den Bedürfnissen von Jugendlichen und an den aktuellen Sportarten orientierte Sportangebote aufgenommen werden.
- Es sollen verstärkt internationale Begegnungen mit Sportbezug durchgeführt werden, um Vorurteilsstrukturen und Diskriminierungen in bezug auf Fremde abbauen und vorbeugen zu können.
- Es sollen geschlechtsspezifische Ansätze in der sportbezogenen Sozialarbeit Berücksichtigung finden und spezielle Fördermöglichkeiten für Mädchen vorgesehen werden (aber auch für Jungen im Sinne reflektierender, antisexistischer Jungenarbeit, G.A.P.).
- Jugendliche sollen aktiv in die sportbezogene Jugendarbeit einbezogen werden, Sportangebote nicht nur konsumieren, sondern im Sinne einer Mitgestaltung der eigenen Lebenswelt die Möglichkeit erhalten, Sportanlagen und -geräte eigenverantwortlich zu planen und zu bauen.
- Sportbezogene Sozialarbeit soll mit Angeboten vor Ort in den sozialen Brennpunkten Kontakte zu Problemjugendlichen knüpfen und gezielte, bedürfnisorientierte Sportangebote machen, um diese Jugendlichen von der Straße zu holen. Dazu müssen entsprechende räumliche Möglichkeiten in unmittelbarer Nähe zur Verfügung gestellt werden.
- Viele kleine existierende Projekte und Initiativen im Bereich der gewaltpräventiven sportbezogenen Sozialarbeit sollen durch unbürokratisches Zurverfügungstellen von Räumlichkeiten und Sportflächen unterstützt werden. Die Nutzungsverordnung soll in diesem Sinne überprüft und entsprechend geändert werden.

- Bewährte, bereits bestehende Einrichtungen in der sportbezogenen Jugend- und Sozialarbeit sollen nach Notwendigkeit und Möglichkeit ausgedehnt und erweitert werden (z. B. Sportjugendclubs).

Zur Recht ist für SEIBEL (1999, 162) eine „enge Kooperation zwischen Sport und Jugendpflege zwingend erforderlich". Zur Durchsetzung ihrer Ziele bedarf körper- und bewegungsbezogene, gewaltpräventive soziale Arbeit der Kooperation von „Jugendorganisationen im Sport, freien und öffentlichen Trägern der Jugendhilfe, Schulen, Fachhochschulen für Sozialwesen und der Sportinstitute der Universitäten.[12]

Für eine klare Grenzziehung zwischen Jugend- und Jugendsozialarbeit

Folgen wir diesen Ansprüchen an eine körper- und bewegungsbezogene Jugendsozialarbeit, an bewegungsorientierte Gewaltprävention, dann hat die Alltagsarbeit der Sportvereine sehr viel mit Jugendarbeit, viel mit Prävention und nur in Ausnahmefällen mit (gezielter) sozialer Arbeit zu tun. Dies ist keine Kritik, sondern eine sachliche Feststellung und sie entspricht den originären Aufgaben der Sportvereine. Dies entspricht auch der klaren Unterscheidung zwischen Jugendarbeit und Jugendsozialarbeit im KJHG (§§ 11 und 13), wo zu den Schwerpunkten der Jugendarbeit u. a. ausdrücklich auch die „Jugendarbeit in Sport, Spiel und Geselligkeit" gezählt wird, während Jugendsozialarbeit sich speziell um junge Menschen kümmert, die „zum Ausgleich sozialer Benachteiligungen" oder „zur Überwindung individueller Beeinträchtigungen" in erhöhtem Maße auf Hilfe und Unterstützung angewiesen sind.

So weisen MÜNDER u. a. (1999, 165) in ihrem einschlägigen Kommentar zum KJHG darauf hin, dass mit der in §11, Abs. 2 Nr.3 KJHG getroffenen Formulierung „Jugendarbeit in Sport, Spiel und Geselligkeit" vom Grundsatz her auch klar gestellt werde, dass „nicht jede sportliche Betätigung an sich schon Jugendarbeit ist".

Erinnern wir uns in diesem Zusammenhang nochmals an die Bedeutung, welche die Teilnehmer des Mitternachtssportangebotes im sozialen Brennpunkt dem Vorhandensein von Ansprechpartnern für persönliche Probleme beimessen.

Eine klare Grenzziehung zwischen den Aufgaben und Kompetenzen der Jugend- und Übungsleiter und Betreuer/Trainer der Sportvereine einerseits und denen der Erzieherinnen und Erzieher, Sozialarbeiterinnen und Sozialarbeiter, Sozialpädagoginnen und Sozialpädagogen der freien und kommunalen Träger der Jugendsozialarbeit andererseits ist deshalb gerade auch im Interesse einer reibungslosen, konstruktiven und vor allem solidarischen Zusammenarbeit im Dienste der Gewaltprävention dringend geboten. Es kann dabei nicht darum gehen, dem Sportverein noch mehr soziale Aufgaben zuzuweisen, sondern nur darum, die im Sport, in der Bewegung angelegten präventiven Funktionen im Rahmen der Vernetzung von allen Trägern der Jugendarbeit für die Gewalt-/Kriminalprävention nutzbar zu machen. So haben auch die meisten Angebote und Initiativen körper- und bewegungsbezogener Sozialer Arbeit wenig mit dem Alltag der Sportvereinsarbeit zu tun, sehr viel aber mit vernetztem, vereinsübergreifendem, offenem, ehren- wie hauptamtlichem Engagement im Sinne einer gewaltpräventiven Gemeinde- oder Stadtteilarbeit. Die Ehrenamtlichkeit stößt hier oft sehr schnell an ihre personellen wie finanziellen Grenzen. Entsprechend sind alle

12 Die enge Kooperation zwischen der Evang. Fachhochschule Hannover, Fachbereich Sozialwesen und dem Institut für Sportwissenschaft der Universität Hannover ist hier wegweisend.

gefordert, die sich berufen fühlen, etwas gegen Gewalt und Fremdenfeindlichkeit zu tun bzw. über Gewalt, Fremdenfeindlichkeit und Drogenkonsum junger Menschen zu klagen.

Es muss deshalb in Zukunft verstärkt darum gehen,

- vorrangig Netzwerke für die beschriebene Aufgabe zu schaffen, aber auch andere sozialpädagogische Anbieter sportlicher (Jugend-)Sozialarbeit mit finanziellen wie infrastrukturellen Mitteln auszustatten,
- angehende Übungs-/Jugendleiter verstärkt für sozialpädagogische Problemfelder und Aufgaben zu sensibilisieren,
- für Übungs-/Jugendleiter, Erzieherinnen und Erzieher, Sozialarbeiter und Sozialarbeiterinnen spezielle Fort- und Weiterbildungsangebote für körper- und bewegungsbezogene Jugendsozialarbeit bereitzustellen,
- „die Bewegungs- und Sporterziehung in die Ausbildungsordnungen für Erzieherinnen und Erzieher, Sozialarbeiterinnen und Sozialarbeiter sowie verwandter Berufe aufzunehmen bzw. dort verstärkt zu berücksichtigen", wie dies von der Sportministerkonferenz bereits 1991 einstimmig gefordert wurde.
- Bei der Vergabe von öffentlichen Mitteln für Jugendsozialarbeit im Sinne des KJHG müssen auch im Sportbereich qualitative Mindeststandards berücksichtigt werden.[13]

Dies bedeutet aber, dass

- der Sport, die Sportvereine sich einerseits selbstbewusst voll zu ihrem Engagement bekennen, andererseits aber auch
- bereit sind, die aufgedeckten Mängel nicht unter den Tisch zu kehren sondern offen dazu bekennen und
- gemeinsam, vernetzt – bei Entwicklung bzw. Zuhilfenahme entsprechender Konzeptionen – nach Besserungen, Lösungen zu suchen.

Dies kann und muss auch heißen, dass die Grenzen ehrenamtlichen Engagements vor allem da, wo es in Bereiche der sozialen Arbeit, der Gewaltprävention geht, offengelegt werden.

Grenzen der bewegungsorientierten Ansätze in der Gewaltprävention

Bei aller Euphorie bezüglich der Chancen und Möglichkeiten der bewegungsorientierten Ansätze in der Gewaltprävention darf nicht vergessen werden, dass solange die strukturellen Bedingungen auffälligen Verhaltens Jugendlicher nicht beseitigt werden, pädagogische und sozialarbeiterische Konzepte nur bedingt greifen. So lange auf dieser Ebene struktureller Maßnahmen keine entscheidenden Veränderungen vorgenommen werden, sind die Möglichkeiten zur Eindämmung auffälliger Verhaltensmuster Jugendlicher begrenzt. Solange muss die Gesellschaft – und dies mag vielen sehr wehtun – für diese auffälligen Formen jugendlicher Identitätssuche bis zu einem gewissen Grad Toleranz aufbringen.

Sozialarbeit kann nicht die Ursachen spezifischer Sozialisationsvorgänge und sozialer Widersprüche aufbrechen, bewegungsorientierte Ansätze in der Gewaltprävention lösen keine strukturbedingten Konflikte. Sie haben aber sehr wohl Potenziale, die die Chancen der Lebensbewältigung verbessern helfen (vgl. HEYE 1987), und können in „sozialhygienischer" Absicht vorhandene Bedürfnisse befriedigen und auffällige Verhaltensweisen verarbeiten.

13 Siehe: Grundsatzpapier „Sport- und bewegungsbezogene Jugendsozialarbeit" des Fachausschusses Sport der SPD.

„Damit werden aber nicht die Strukturen tangiert, die am Zustandekommen von Verhaltensweisen beteiligt sind. Da diese in funktionalem Verhältnis zu Strukturen stehen und nicht in der freien Entscheidbarkeit der Individuen, besteht bei fehlenden sozialpolitischen Strukturmaßnahmen die Gefahr, dass die entsprechenden Verhaltensweisen sich stets neu entwickeln. Sozialarbeit würde damit zu einer Dauereinrichtung sozialen Krisenmanagements bzw. zu einer Technik der ständigen Enttäuschungsabwicklung“ (BECKER/SCHIRP 1986, 23).

So besehen wundert es auch nicht, dass vermehrt kritische und warnende Stimmen zu hören sind, die vor einer wachsenden Pädagogisierung, Therapeutisierung, Kolonialisierung und Entmündigung durch Experten (GRIESE 1983, 1994) warnen. Diese „Entmündigung durch Experten“ ist dabei um so problematischer, als der Einsatz dieser Expertinnen und Experten, das Ergreifen (sozial-)pädagogischer Maßnahmen, Gefahr laufen, dazu beizutragen, dass die eigentlichen Ursachen nicht aufgedeckt, geschweige denn überhaupt beseitigt werden. Der Schlüssel liegt weniger im Bereich (sozial-)pädagogischer Maßnahmen als vielmehr in der Beseitigung gesellschaftlicher Unzulänglichkeiten, struktureller Gewalt, in der Arbeit an einer lebenswerten, sinnstiftenden Gesellschaft, einer Gesellschaft, die den Jugendlichen die Chance zur Selbst-, zur Identitätsfindung und Selbstverwirklichung gibt, ihnen wieder Lebens- und Zukunftsperspektiven eröffnet. Nur so kann langfristig ein durchschlagender Erfolg erzielt werden. Andererseits können und dürfen wir nicht warten, bis sich die gesellschaftlichen Bedingungen für die Jugendlichen gebessert haben. Es gilt hier und jetzt zu handeln, d. h. pädagogische, sozialpädagogische Maßnahmen zu ergreifen. Dabei muss vermieden werden, *„über die Betonung kompensatorischer Programme sich an der Schuldzuschreibung und Stigmatisierung Jugendlicher zu beteiligen. Vielmehr geht es darum und kann es nur darum gehen, über emanzipatorische Lernprozesse gemeinsam mit den Jugendlichen Ursachen und Zusammenhänge ihrer Situation zu erarbeiten und Handlungsstrategien zu erarbeiten“* (KLAWE 1983, 148).

Sozialpädagogik, Jugendarbeit als Reparaturwerkstatt gesellschaftlicher Versäumnisse und Unzulänglichkeiten, dies ist eine wenig befriedigende Vision. Die Jugendarbeit darf nicht zu einer Sozialhilfe degenerieren, in der es vorrangig nicht mehr um emanzipatorische Lernprozesse, sondern um kompensatorische Maßnahmen geht, welche die Folgen des Herausfallens vieler Jugendlicher, die durch Arbeitslosigkeit und Desintegration gefährdet sind, auffangen sollen.

Es geht also bei der Frage nach den Chancen des Sports in der Gewaltprävention (siehe auch BRETTSCHNEIDER/KLEINE 2001) zusammenfassend um:

- mehr Realitätssinn (auch bei Sonntagsreden) und
- mehr Bescheidenheit einerseits
- Sensibilisierung der Übungs- und Jugendleiter für sozialpädagogische Problemfelder und Aufgaben
- Sensibilisierung der SozialpädagogInnen und SozialarbeiterInnen für die Bedeutung körper- und bewegungsbezogener Angebote in der Sozialen Arbeit, einschließlich der Sicherstellung entsprechender Ausbildungsinhalte an den Fachhochschulen
- verstärkte Bemühungen um Qualitätssicherung, wo immer das möglich ist,
- verstärkte Evaluation andererseits und schließlich um
- mehr Vernetzung mit freien und kommunalen Trägern der sozialen Arbeit sowie
- Delegation von Verantwortlichkeiten an die dafür speziell vorgesehenen Institutionen bzw. speziell ausgebildeten Personen der sozialen Arbeit und natürlich auch an die Verursacher der Probleme.

Literatur

AG SUCHT- UND GEWALTPRÄVENTION IM RAHMEN VON KÖRPERBEZOGENER JUGENDARBEIT UND JUGENDSOZIAL-ARBEIT DES SPORTJUGENDBEIRATS DER SPORTJUGEND NIEDERSACHSEN (2001): Grundlagen, Überlegungen und Folgerungen. Positionspapier. Hannover.

BECKER, P./HARTMANN, G. (1989): Der Angriff auf den bürgerlichen Tugendpanzer. In: Olympische Jugend 10, 8–9.

BECKER, P./SCHIRP, H. (1986): Bewegungs- und sportorientierte Sozialarbeit mit Jugendlichen. Marburg.

BERENDONK, B. (1992): Doping. Von der Forschung bis zum Betrug. Hamburg.

BETTE, K. H. (Hrsg.) (1994): Doping im Leistungssport sozialwissenschaftlich betrachtet. Stuttgart.

BETTE, K. H./SCHIMANK, U. (1995): Doping im Hochleistungssport. Frankfurt.

BÖHNISCH, L./WINTER, R. (1993): Männliche Sozialisation. Bewältigungsprobleme männlicher Geschlechtsidentität im Lebenslauf. Weinheim und München.

BOSCHERT, B. (1994): Sport und Gewalt. Probleme – Zusammenhänge – Maßnahmen. Gutachten der Arbeitsgruppe „Sport und Gewalt“ der Unabhängigen Kommission zur Verhinderung und Bekämpfung von Gewalt in Berlin. Berlin.

BRETTSCHNEIDER, W.-D./KLEINE, t. (2001): Forschungsprojekt „Jugendarbeit in Sportvereinen“. Jugendarbeit in Sportvereinen: Anspruch und Wirklichkeit. Abschlussbericht Paderborn.

BRETTSCHNEIDER, W.-D./BRÄUTIGAM, M (1990): Sport in der Alltagswelt von Jugendlichen- Forschungsbericht. Frechen.

BRINKHOFF, K.-P. (1995): Sportchancen im Kindes- und Jugendalter. Soziale Ungleichheiten und die Vision: „Sport für alle“. In: Sportunterricht, 463–473.

BRINKHOFF, K.-P./SACK, H.-G. (1996): Überblick über das Sportengagement von Kindern und Jugendlichen in der Freizeit. In: MINISTERIUM FÜR STADTENTWICKLUNG, KULTUR UND SPORT DES LANDES NORDRHEIN-WESTFALEN (Hrsg.): Kindheit, Jugend und Sport in Nordrhein-Westfalen. Der Sportverein und seine Leistungen – eine repräsentative Befragung der nordrhein-westfälischen Jugend – Abschlussbericht. Düsseldorf, 29–74.

BRÖSKAMP, B./ALKEMEYER, T. (Hrsg.) (1996): Fremdheit und Rassismus im Sport. Sankt Augustin.

BUNDESARBEITSGEMEINSCHAFT ZUR FÖRDERUNG HALTUNGS- UND BEWEGUNGSAUFFÄLLIGER KINDER UND JUGENDLICHER (1992): Faltblatt: Bewegungsmangel ein Gesundheitsrisiko für Ihr Kind. Mainz.

BUTT, D. S. (1974): Psychological motivation in sport. In: McGLYNN, G. (Ed.): Issues in Physical Education und Sports. Palo Alto, 23–34.

CSIKSZENTMIHALYI, M.(1985): Das flow-Erlebnis. Jenseits von Angst und Langeweile: Im Tun aufgehen. Stuttgart.

DEUTSCHE SPORTJUGEND (1998): Vollversammlung 1998. Berichte, Vorlagen zur Tagesordnung. Münster.

EKD/VEF(1999): Gestaltung und Kritik – zum Verhältnis von Protestantismus und Kultur im neuen Jahrhundert. Reihe EKD-Texte Nr. 64. Hannover.

ELIAS, N (1977): Über den Prozess der Zivilisation. Frankfurt, 2 Bde.

FUHRMANN, S. (1991): Die Straße ist kein Spielplatz. Zur Entwicklung des kindlichen Lebensraumes im Hannover der Weimarer Republik. In: Hannoversche Geschichtsblätter Band 45, Hannover, 145–159.

GOLDNER, C. G. (1991): Fernöstliche Kampfkunst. Zur Psychologie der Gewalt im Sport. München.

GRIESE, H. (1983): Problem Jugendlicher oder ‚Jugend als Problem' – Thesen zur Vermittlung von Jugendtheorie und Theorie sozialer Probleme. In: BRUSTEN, P./MALINOWSKI, P. (Hrsg.): Jugend – ein soziales Problem? Opladen, 2–16.

GRIESE, H. (1994): Wider die Re-Pädagogisierung in der Jugendarbeit. Eine soziologisch- provokative Außenperspektive und Kritik. In: deutsche jugend, 310–317.

GROOS, K. (1991): Das Spiel des Menschen. Jena 1899; zitiert nach FUHRMANN, S.: Die Straße ist kein Spielplatz. Zur Entwicklung des kindlichen Lebensraumes im Hannover der Weimarer Republik. In: Hannoversche Geschichtsblätter Band 45, Hannover, 145–159.

GRUPE, O. (2000): Vom Sinn des Sports. Kulturelle, pädagogische und ethische Aspekte. Schorndorf.

HEYE, W. (1987): Jugendliche zu ihrer Lebenssituation und Perspektiven für die Jugendarbeit vor dem Hintergrund sozialen Wandels. In: BEZIRKSREGIERUNG HANNOVER (Hrsg.): Fachdienst Jugendarbeit Nr.1. Hannover, 50–91.

HILDEBRANDT, H. (1992): Lust am Leben. Gesundheitsförderung mit Jugendlichen. Frankfurt.

HOFFMANN, J. (1992): Jungen heute. Hinweise zur Sozialisation. In: hessische jugend, 1/2, 3–5.

JUGENDZENTRUM DÖHREN (1996): Körper unter Kontrolle – eine Möglichkeit der Gewaltprävention. Hannover 1996.

KERNER, H. J., u. a. (1990): Ursachen, Prävention und Kontrolle von Gewalt aus kriminologischer Sicht. In: SCHWIND, H.-D./BAUMANN, J., u. a. (Hrsg.): Ursachen, Prävention und Kontrolle von Gewalt. Berlin II, 415–606.

KERSTEN, J. (1997): Selbstverteidigung gegen Gewalt. Schwarzer Gürtel für alle? In: psychologie heute, 12, 62–67.

KEUPP, H. (1976): Abweichung und Alltagsroutine. Die Labeling-Perspektive in Theorie und Praxis. Hamburg.

KLAWE, W. (1983): Anpassen, aussteigen – oder was sonst? Zur gegenwärtigen Lebenssituation Jugendlicher und notwendigen pädagogischer Konsequenzen. In: BRUSTEN, P./MALINOWSKI, P. (Hrsg.): Jugend – ein soziales Problem? Opladen, 136–153.

KLEFF, M. (Red.) (1983): Jugendprotest im demokratischen Staat. Bonn.

KLEIN, M-L./KOTHY, J. (Hrsg.) (1996): Ethnisch-kulturelle Konflikte im Sport. Hamburg.

KLEIN, M./PALZKILL, B. (1996): Gewalt gegen Mädchen und Frauen im Sport. Erfurt.

KOCH; J. (1996): Thinking and Moving – zum Theorie-Praxis- Verhältnis von Körper- und Bewegungsansätzen. In: hessische jugend, 3, 6–9.

KÖSTERKE, A./STÖCKLE, G. (1989): Neue Bewegungskultur als Anregung für die Jugendarbeit? Konzepte und Vorschläge des Sportprojektes „Traumfabrik". In: deutsche jugend, 477–484.

KRAFELD, F. J. (1992): Eskalation der Gewalt gegen Ausländer – und was tun? In: deutsche jugend, 500–503.

KREFT, D. (1997): Jugendhilfe und Sport – oder: Ist der Vereinssport Jugendarbeit? In: neue praxis, 337–343.

KÜHN, H. (1994): Kampfkunst in der Jugendarbeit. Modetrends, „Erlebnispädagogik" oder sinnvolle Möglichkeit zur Selbstverwirklichung und Gewaltprävention? In: deutsche jugend, 488–497.
KURZ, D. (1986): Freizeitsport und gesellschaftlicher Wandel. In: Magglingen, 3, 1–3.
LEYRER, K (1991): Hilfe! Mein Sohn wird ein Macker. Frankfurt.
LOCHER, B. (2001): Bedeutung suchtpräventiver Maßnahmen im Kontext der Inzidenz und Prävalenz von Alkohol und Nikotin 13- bis 16-jähriger Jugendlicher in Sportvereinen. In: Sucht 47, 1, 33–48.
MARCH, A. (1998): Sport- und bewegungsbezogene Jugend(sozial-)arbeit. Erfahrungen mit einem 3½-jährigen Modellversuch und Folgerungen für die Jugend(sozial-)arbeit der freien und kommunalen Träger der Jugendarbeit. Hausarbeit im Rahmen der Ersten Staatsprüfung für das Lehramt an Gymnasien. Universität Hannover.
MINISTERIUM FÜR FRAUEN, JUGEND, FAMILIE UND GESUNDHEIT DES LANDES NORDRHEIN-WESTFALEN (Hrsg.) (1998): Gewalt gegen Mädchen und Frauen im Sport. Studie und Tagungsdokumentation. Düsseldorf.
MÜNDER, J., u. a. (1999) (Hrsg.): Frankfurter Lehr- und Praxiskommentar zum KJGH/SGB VIII. Frankfurt, 3. völlig **überarb**. Auflage.
MUSIL, R. (1983): Robert Musil Gesammelte Werke Band 1: Prosa und Stücke – Kleine Prosa – Aphorismen – Autobiografisches. Herausgegeben von A. FRISÉ: Reinbek, 792–795.
NEGT, O. (1998): Jugendliche in kulturellen Suchbewegungen. Ein persönliches Resümee. In: DEITERS, F.-W./PILZ, G. A. (Hrsg.): Aufsuchende, akzeptierende, abenteuer- und bewegungsorientierte, subjektbezogene Sozialarbeit mit rechten, gewaltbereiten jungen Menschen – Aufbruch aus einer Kontroverse. Münster, 113–124.
OELEMANN, B. (1992): Jugendgewalt ist Jungengewalt. In: DVJJ-Journal, 1–2, 85–88.
OHDER, C. (1992): Gewalt durch Gruppen Jugendlicher. Berlin.
PILZ, G. A. (1982): Wandlungen der Gewalt im Sport – Eine entwicklungssoziologische Analyse unter besonderer Berücksichtigung des Frauensports. Ahrensburg.
PILZ, G. A. (Hrsg.) (1986): Sport und körperliche Gewalt. Reinbek.
PILZ, G. A. (1986): Auf Jahn's Spuren zum Turnverein im Jahr 2000. In: Magglingen 45, 1, 2–6.
PILZ, G. A. (1991): Plädoyer für eine sportbezogene Jugendsozialarbeit. In: deutsche jugend 7–8, 334–343.
PILZ, G. A. (1994): Gewalt im, um und durch den Sport. In: WÖLFING, W. (Hrsg.): Was ist nur mit unserer Jugend los? Weinheim, 306–350.
PILZ, G. A. (1994 a): Jugend, Gewalt und Rechtsextremismus. Möglichkeiten und Notwendigkeiten politischen, polizeilichen, (sozial-)pädagogischen und individuellen Handelns. Münster 1994.
PILZ, G. A. (1996): Präventiver, erzieherischer Jugendschutz durch Sport?! In: pro Jugend, 4, 4–10.
PILZ, G. A. (1999): Fairness und ihr Verständnis im sportlichen Wettkampf; oder: Die Moral des fairen Fouls. In: MOKROSCH, R./REGENBOGEN, A. (Hrsg.): Was heißt Gerechtigkeit? Ethische Perspektiven zu Erziehung, Politik und Religion. Donauwörth, 215–227.
PILZ, G. A./PEIFFER, L. (1998): Mitternachtssport in Mühlenberg. Erfahrungen und Perspektiven aus praktischer Arbeit und wissenschaftlicher Begleitung. Abschlussbericht Hannover.
PILZ, G. A./PEIFFER, L. (1998): Offener Mitternachtssport. Erfahrungen aus praktischer Arbeit und wissenschaftlicher Begleitung. In: deutsche jugend, 513–520.

PILZ, G. A./SCHICK, H./YILMAZ, H. (2000): Fußball und Gewalt – Vernetzung gewaltpräventiver Vereinsjugendarbeit und aufsuchender Jugendsozialarbeit. Zwischenbericht Hannover.

RAUCHFLEISCH, J. (1992): Allgegenwart von Gewalt. Göttingen.

RENKEN, K. (1997): Gewaltprävention durch Kampfkunst? Diskussion und empirische Untersuchung einer aktuellen Streitfrage am Beispiel des Kampfkunstangebotes im Jugendzentrum Döhren. Schriftl. Hausarbeit im Rahmen der Ersten Staatsprüfung für das Lehramt der Sekundarstufe I am Institut für Sportwissenschaft der Universität Hannover.

RUMPF, H. (1996): Über den zivilisierten Körper und sein Schulschicksal. Oder: Körper 1/Körper 2. In: Pädagogik, 6, 6–9.

SCHEMEL, H.-J./STRASDAS, W. (1998): Bewegungsraum Stadt. Bausteine zur Schaffung umweltfreundlicher Sport- und Spielgelegenheiten. Aachen.

SCHNACK, D./NEUTZLING, R. (1991): Kleine Helden in Not. Jungen auf der Suche nach Männlichkeit. Reinbek.

SCHWIND, H.-D./BAUMANN, J., u. a. (Hrsg.) (1990): Ursachen, Prävention und Kontrolle von Gewalt. Berlin, Bde I–IV.

SCHULZE-KRÜDENER, J. (1999): It's body time! Sport als Herausforderung für die Jugendarbeit. In: HOMFELDT, H. G. (Hrsg.): „Sozialer Brennpunkt" Körper. Hohengehren, 204–216.

SEIBEL, B. (1999): Zwischen Sport und Jugendhilfe – sportbezogene, lebensweltorientierte soziale Arbeit mit sozial benachteiligten jungen Menschen. In: SCHEID, V./SIMEN, J. (Hrsg.): Soziale Funktionen des Sports. Schorndorf, 147–166.

SILLER, G. (1991): Junge Frauen und Rechtsextremismus. Zum Zusammenhang von weiblicher Lebenserfahrung und rechtsextremistischem Gedankengut. In: deutsche jugend, 23–34.

SILLER, G. (1991): Frauen und Rechtsextremismus. Zum Zusammenhang von weiblichen Lebenserfahrungen und rechtsextremistischem Gedankengut bei Frauen. In: LOHMEYER, C./ SCHOSSIG, B. (Hrsg.): Rechtsextremismus und Frauen. Gauting, 23–40.

SINGLER, A./TREUTLEIN, G. (Hrsg.) (2000): Doping im Spitzensport. Aachen.

SINGLER, A./TREUTLEIN, G. (Hrsg.) (2001): Doping – von der Analyse zur Prävention. Vorbeugung gegen abweichendes Verhalten in soziologischem und pädagogischem Zugang. Aachen.

VON SEGGERN, H./ERLER, U. (1988): Aufenthaltsmöglichkeiten für Jugendliche in Hannover Vahrenheide-Südost. Hamburg.

WEISHAUPT, H. (1982): Sport und Lebensraum – Überlegungen zu einem ökologischen Verständnis der Sportsozialisation. In: BECKER, P. (Hrsg.): Sport und Sozialisation. Reinbek, 67–82.

WILLEMS, H., u. a. (1993): Fremdenfeindliche Gewalt. Einstellungen, Täter, Konflikteskalation. Opladen.

WOLTERS, J.-M. (1992): Kampfkunst als Therapie. Frankfurt.

Erstmals erschienen in: Gunter A. Pilz & Henning Böhmer (Hrsg.): Wahrnehmen – Bewegen – Verändern. Beiträge zur Theorie und Praxis sport-, körper- und bewegungsbezogener sozialer Arbeit. Hannover: Blumhardt-Verlag 2002, S. 13–58.

II Sport und Fairplay

Sport und Gewalt – Erziehung zum Fairplay Ergebnisse aus Untersuchungen im Jugendfußball

Der Sport wird von Seiten der Politik, der Pädagogik, der Sportorganisationen geradezu als Königsweg in der Sucht- und Gewaltprävention gepriesen. Für den Bielefelder Pädagogen Klaus HURRELMANN sind Integration in die Gruppe, sinnvolle Freizeitgestaltung, Umgehen mit Enttäuschungen und inneren Spannungen, Regelorientierung, Lernen, Regeln zu verstehen und zu akzeptieren, Konfliktbearbeitung fünf faszinierende Facetten der Kultivierungsmöglichkeiten von Aggressivität durch den Sport. Für Manfred von RICHTHOFEN, Präsident des Deutschen Sportbundes sind Sportvereine in unserer Gesellschaft Integrationsfaktor Nummer eins. Sporttreiben in der Gemeinschaft und im Verein vermitteln, so von RICHTHOFEN Toleranz, Streitanstand und Regelakzeptanz. Der Kriminologe Christian PFEIFFER toppt diese Phalanx positiver, präventiver Funktionen des Sports und Sportvereins mit der Aussage, dass der Sportverein geradezu einen Schutzimpfungseffekt gegen Jugendkriminalität habe. [1] Der Sport und Sportvereine also Inseln der Seligen, Königswege zur Kultivierung menschlichen Verhaltens, Horte der Friedfertigkeit? Der (leistungs-) sportliche Alltag sieht anders aus. Entsprechend schrieb Robert MUSIL in seinem Essay „Durch die Brille des Sports“ [2] bereits 1925: „Der Sport ist eine „grandiose Arbeitsteilung zwischen Gut und Böse der Menschen“... „Es ist einseitig, wenn man immer nur schreibt, dass der Sport zu Kameraden mache, verbinde, einen edlen Wetteifer wecke: Denn ebenso sicher kann man auch behaupten, dass er einem weit verbreiteten Bedürfnis, dem Nebenmenschen eine aufs Dach zu geben oder ihn umzulegen, entgegenkommt, dem Ehrgeiz, der Überlegene zu sein.“ Die amerikanische Sportpsychologin Dorcas Susan BUTT kommt auf Grund ihrer Untersuchungen gar zu dem Schluss: „Die Welt des Sports verstärkt viel öfter, als viele annehmen, destruktives Verhalten, wie z. B. Betrügen, Doping, usw. Wenn Spiel und Sport bedeutungsvolle Mittel zur Vorbereitung auf das Erwachsenenverhalten sind, ... dann müssen wir uns genauso vor dem Boxen, Stierkampf und Fußball fürchten, wie wir uns vor dem Krieg fürchten.“ [3] Schließlich bietet für SCHNACK/NEUTZLING Sport „Jungen und Männern eine der wenigen Möglichkeiten, ihren Körper zu spüren, Größe und Stärke auszuspielen. Dabei geht es um Ehre, Anerkennung und Erfolg“. (...) „Sport ist zweischneidig: Sport verschafft Zugang zum Körper, aber der muss gestählt werden. Jungen sollen ihren Körper weniger entdecken, als ihn durch Leistungen unter Beweis stellen.“ (...) „Sport fordert und fördert Leistungsdenken und in nicht wenigen Disziplinen auch die Gewaltbereitschaft, aber Sport trägt auch dazu bei, Gewaltpotenziale zu kanalisieren und Aggressionen unter Kontrolle zu bringen“. [4]

Nehmen wir diese Aussagen ernst, dann scheint es schlecht bestellt zu sein um die kulturelle Gestaltung des Sports, um dessen Kultivierungsmöglichkeiten menschlichen Handelns dann ist es schlecht bestellt um die präventiven Funktionen des Sports.

Auf der Folie dieser widersprüchlichen Aussagen soll nun kritisch reflektierend die Frage des Zusammenhangs von Sport und Gewalt bzw. der präventiven Möglichkeiten des Sports beantwortet werden.

Kritische Reflexion der sozialen, präventiven Funktionen des Sports

Huber [5] unterscheidet drei Dimensionen des Sports, die auf eine ganzheitliche Erfahrung menschlichen Handelns gerichtet sind und die auf die sozialen, präventiven Funktionen des Sports verweisen.

Die **naturale Dimension,** die sich auf die Tatsache bezieht, dass sich im sportlich-spielerischen Tun Menschen in Form eines Bewegungshandelns in Raum und Zeit ihrem eigenen Körper begegnen. Wichtiger Maßstab und wichtiges Ziel dieses Bewegungshandelns sind Gesundheit und Unversehrtheit. In der **personalen Dimension** wird auf die Erkenntnis verwiesen, dass Sport der Entfaltung der persönlichen Würde dient und Ausdruck menschlicher Kreativität und Gestaltungskraft ist. Hier begegnet der Mensch sich selbst in der Einheit von Körper, Seele und Geist. In der **sozialen Dimension** schließlich wird zum Ausdruck gebracht, dass sich im Sport Menschen einander begegnen, Zusammenspiel und Wettkampf, Kooperation und Konkurrenz in ihm zusammen gehören.

In diesen drei Dimensionen tritt der Sport in den Dienst menschlicher Würde und damit wird auch seine Bedeutung für die Gewaltprävention, werden seine sozialen Chancen angesprochen, aber und darauf haben die einführenden Zitate schon hingewiesen: In diesen drei Dimensionen kann Sport diese Würde auch bedrohen und gefährden. So warnt auch Huber [5] vor dem Misslingen der kulturellen Gestaltung des Sports, wenn diese sich zum **„Kult des Körpers“** verkehrt, in dem die Steigerung der körperlichen Leistungsfähigkeit als höchster Wert gilt, wie am Beispiel des Dopings oder gesundheitsgefährdenden Kinder- und Jugendsports. Angesichts des sich abzeichnenden weltweiten Designer-Dopingskandals wird von Experten bereits davon gesprochen, dass „die Schwelle zum Kriminellen im Bereich des Sports und des sich Dopens längst überschritten ist“ [6]. In der personalen Dimension misslingt die kulturelle Gestaltung des Sports, wenn diese in einen **„Kult des Siegens“** verkehrt wird, in dem nur noch die Überlegenheit über den anderen zählt, Sieg und Erfolg zum Maß aller Dinge werden. So ist im Ersten Kinder- und Jugendportbericht [7] unter anderem zu lesen, dass „Leistungssportler, aber auch Breitensportler im Kindes- und Jugendalter dazu neigen, Verletzungen und körperliche Beschwerden herunterzuspielen oder gar zu verschweigen, um ihren Erfolg nicht zu gefährden. Einzelne Studien legen dar, dass junge Turnerinnen und Sportgymnastinnen um ein Vielfaches häufiger unter Magersucht oder verwandten Essstörungen leiden als Gleichaltrige im Bevölkerungsdurchschnitt“. Schließlich misslingt die kulturelle Gestaltung des Sports, wenn diese in einen **„Kult der Gewalt“** verkehrt wird, sei es in Form von Angriffen auf die körperliche Integrität des sportlichen Gegners oder der Entladung von Gewalt auf den Rängen und nach dem Spiel auf den Straßen, „Sport als Beispiel für zweckfreies Spiel also zum Anlass brutaler Gewalt wird“.

In der viel beachteten und Sportverbände zu heftiger Betriebsamkeit und starkem Abwehrverhalten verleitenden Studie „Jugendarbeit in Sportvereinen: Anspruch und Wirklichkeit“ kommen entsprechend auch BRETTSCHNEIDER/KLEINE [10] zu weniger optimistischen Einschätzungen bezüglich der sozialen Funktionen des Sports in den Vereinen, speziell des Jugendsports. Der Vereinssport ist eher als „Bewahrer“ denn als Förderer des motorischen Potenzials seines Nachwuchses einzustufen. Wenn es um die emotionale Stabilität und ihre Entwicklung im Jugendalter geht, stellen Alter und vor allem das Geschlecht die wichtigsten Einflussvariablen dar. Ein systematischer Einfluss des Sportengagements im Verein kann nicht nachgewiesen werden. In ihrem Alkoholkonsum sind jugendliche Vereinssportler keineswegs zurückhaltender als Nichtmitglieder. Beim Konsum von Bier und Zigaretten sind Vereinsfußballspieler Spitzenreiter. Beim Konsum illegaler Drogen gibt es im Durchschnitt keine Unterschiede zwischen Vereinsmitgliedern und Nichtmitgliedern. Bei der Entwicklung der leichten Delinquenz ist für jüngere Heranwachsende von einer protektiven Wirkung des Vereins auszugehen, die sich im Verlauf der Jugendphase verflüchtigt.

Die optimistischen Annahmen von positiven Wirkungen der Sportvereine auf die jugendliche Entwicklung sind zu relativieren. Die vielfach behaupteten Wirkungen sportlicher Aktivität stellen sich also nicht automatisch ein. Weder die Förderung psychosozialer Gesundheit noch die Entwicklung motorischer Leistungsfähigkeit geschehen nebenbei. Hierzu bedarf es einer spezifischen Inszenierung des Sports sowie entsprechender Kompetenzen und Ressourcen auf Seiten derer, die ihn anbieten und vermitteln.

Die unreflektierten Hochgesänge auf die bildende, erzieherische, präventive Bedeutung des Sports verdecken – dies wird hier deutlich – die auch dem Sport immanenten Problemfelder der Gewalt und Gesundheitsgefährdung. [8] Sie machen vergessen, worauf GRUPE [9] offensichtlich hinweisen möchte, wenn er zwischen Sportkultur und „Kultur des Sports" unterscheidet: dass es immer zwei Seiten der Medaille gibt. Sportkultur meint die Wirklichkeit des Sports, wie er ist, in seinen positiven wie negativen, in seinen kulturellen wie kultischen Ausformungen. Kultur des Sports hingegen meint Werte und Ideen des Sports die bewahrt, befolgt, realisiert werden sollten (z. B. Fairness, Ritterlichkeit, Solidarität usw.). Hier wird Kultur als Aufgabe, als Leitmotiv, als normative Setzung verstanden. Sporttreiben ist nicht per se erzieherisch, soziales, faires, kameradschaftliches Handeln, vielmehr ist es **Aufgabe** des Sports, darauf hinzuwirken, dass diese im Sport angelegten Werte und Ideale realisiert, befolgt, bewahrt und geschützt werden, dass die kulturellen Werte des Sports gelebt werden. Anders ausgedrückt: Statt davon zu sprechen, dass Sport verbinde, erziehe und – wie problemlos auch immer – integriere, müsste es besser und korrekter heißen: Sport **kann; Sport muss** verbinden, erziehen, integrieren und präventiv wirken.

Fairplay: Mythos oder reale Handlungsmoral?

„Unter Fairness verstehe ich, dass man nur bedingt foult, nicht mit Absicht, nur im Interesse des Erfolgs" (Mittelfeldspieler 13 Jahre;). „Fairness heißt, fair spielen und wenn es sein muss foulen" (Vorstopper, 14 Jahre). „Das ist reine Zeitverschwendung und nicht die ideale Vorbereitung auf einen ernsthaften Wettkampf, wenn ich meinem Gegenspieler die Hand drücken und ihm viel Glück wünschen muss. Wir sind Profis, da ist diese Friedensidee eine Heuchelei". Diese Reaktion des schottischen Abwehrspielers Colin Hendry zum von der UEFA vorgeschriebenen Begrüßungsritual vor einem Spiel wie auch die Aussagen der C-Jugendspieler weisen auf die offenkundigen Probleme hin, die der heutige Sport mit dem Fairplay hat. Ist Fairplay oder noch genauer kann Fairplay im heutigen Wettkampfsport überhaupt noch eine reale Handlungsmoral sein? Und falls ja, wie kann der Gedanke des Fairplay im (Jugend-)Fußball mit Leben gefüllt werden? Dieser Frage soll im Folgenden anhand eines kleinen Exkurses zur Entstehungs- und Entwicklungsgeschichte des Fairplay und am Beispiel von Erfahrungen mit Bemühungen um Fairnesserziehung im Jugendfußball nachgegangen werden.

Zur Entwicklungsgeschichte des Fairplay

Das Fairplay erfuhr im viktorianischen Zeitalter Englands seine eigentliche, heutige inhaltliche Ausformung und Festlegung. Die aristokratische englische „Freizeitschicht" betrieb dabei den sportlichen Wettkampf im Wesentlichen als reinen Selbstzweck. Einem Aristokraten war der Sieg gleichgültig, ja verdächtig. In der Presse – außer den Hofblättern – genannt und gerühmt zu werden, galt als unfein. Das Ergebnis war weniger wichtig als das Erlebnis, das gemeinsame sportliche Handeln. Die englischen Soziologen Dunning und Sheard fassen die Prinzipien, die sich hinter diesem Amateurethos verbergen, zusammen:

„1. Sport wird als ‚Selbstzweck', einfach um des Vergnügens willen, das damit verbunden ist, betrieben. Damit korrespondiert die Verachtung von Einstellungen, die den Sieg um jeden Preis anstreben.
2. Selbstbeherrschung und vor allem die Zurückhaltung von Gefühlsausbrüchen bei Sieg und Niederlage.
3. Die Vorstellung des ‚Fairplay', d. h. der Chancengleichheit zwischen den am Wettkampf beteiligten Seiten verbunden mit der freiwilligen Unterwerfung unter die Regeln und einer ritterlichen Haltung, der ‚freundschaftlichen Rivalität' zwischen den Opponenten".
Fairplay bedeutet also mehr als „nur" die Regeln einzuhalten. Gemäß diesem Ethos folgt der Sport im Idealfall allein dem Ziel, Spaß, Vergnügen und Freude zu bereiten. Grundlegend für dieses Ethos war die strenge Unterscheidung von Arbeit und Muße. Professionalisierung, so glaubte man, würde aus dem Spiel, das Sport war, Arbeit machen und so sein Wesen zerstören. So zeigt auch die historische Entwicklung des Regelwerks im Fußballsport, wie stark Regelvereinbarungen und Rigidität bzw. Offenheit sozialer Kontrolle im Spiel voneinander abhängen. Die „Cambridge-Rules", die Vorläufer unserer heutigen Fußballregeln, waren auf die sozialen Haltungen der Ober- und Mittelschicht des viktorianischen Englands zugeschnitten. Die soziale Kontrolle über das Verhalten der Spieler übte entsprechend einen wesentlichen Einfluss auf das Standesethos der Gentlemen und den Geist des Fairplays aus. Bestimmungen über den Strafstoß, den Schiedsrichter oder gar über den Platzverweis fehlten völlig. Der Schiedsrichter als externe Kontrollinstanz zur Effektivierung der sozialen Kontrolle wurde erst um 1870 nötig, als sich der Spielbetrieb auf die unteren Sozialschichten ausdehnte. Dies erforderte neue Mittel der Kontrolle. Das Standesethos der Gentlemen war eben nicht mehr für alle in gleicher Weise verbindlich. Wird sportlicher Wettkampf nicht mehr als Selbstzweck betrieben, gilt etwa gar der sportliche Erfolg als Mittel des Klassenkampfes, als Kanal zum sozialen oder wirtschaftlichen Aufstieg, als Demonstration der Überlegenheit eines politischen Systems, dann erweist sich das klassische Verständnis vom Fairplay schlicht als untauglich. Es verliert – wie der deutsche Soziologe Eckert treffend bemerkt – seine soziale Basis, bzw. der „Wille zum Siegen gemäß vorgegebener Regeln, eben des Fairplay, jene gleichsam ritterliche Einstellung" macht einer „vulgären Verbissenheit des Siegens um jeden Preis" Platz, so beschreibt der französische Soziologe Pierre Bourdieu diesen Wandlungsprozess pointiert. [11]

Zwei weitere wichtige Einschnitte verstärken diesen Trend: die gesellschaftliche Aufwertung nicht nur sportlicher Erfolge, sondern des Sports, der Sportlichkeit schlechthin und die Inszenierung sportlicher Ereignisse zum großen Medienspektakel. Im Telezirkus der elektronischen Medien schaukelt sich der Wirkungszwang auf, führt zu weiterer Kommerzialisierung, Professionalisierung und Vermarktung des Sports, zu neuen Blüten der Versportlichung von Nachfrage und Leistungsdruck. [12]

Fairplay oder „faires Foul" – Ergebnisse aus Untersuchungen im Jugendfußball

Bereits bei jugendlichen Fußballspielern entfernt sich das Verständnis vom Fairplay umso stärker vom klassischen Fairplay und macht einer Moral des „fairen Fouls" Platz, je leistungs- und erfolgsorientierter sie sind. Die Differenzierung nach Spielerposition, dem angestrebtem sportlichen Leistungsziel und der Fußballerfahrung (Anzahl der Jahre, die der betreffende Jugendliche aktiv im Verein Fußball spielt) zeigt, dass für das eigene Fairnessverständnis, die Einschätzung bestimmter Spielsituationen und Fairnessdefinitionen, weder die Spielerposition noch das angestrebte Leistungsziel von Bedeutung sind, wohl aber die Fußballerfahrung. Jugendliche, die schon mehr als sechs und erst recht solche, die schon mehr als neun Jahre im Verein Fußballspielen, sind signifikant mehr der Meinung, dass man auf dem Platz „unbedingt gewinnen muss, notfalls auch mit Fouls" und haben signifikant mehr ein Fairnessverständnis im Sinne des fairen Fouls als Jugendliche, die erst ein bis sechs Jahre Fußballerfahrung haben. Entsprechend sind auch signifikant mehr Jugendliche, die erst bis zu vier Jahre Mitglied im Fußballverein sind, der Meinung, dass Maßnahmen zur Verbesserung des Fairplay wirklich einen Beitrag zu mehr Fairness leisten, als Jugendliche, die bereits vier bis sechs oder mehr als sechs Jahre Mitglied eines Fußballvereins sind. Die Tatsache, dass es sich dabei um Jugendliche handelt, die alle ein etwa gleich hohes Leistungsniveau haben (sie spielen alle in der für C-Jugendliche höchsten Spielklasse) und gleich alt sind (12–14 Jahre), zeigt, dass ganz offensichtlich die vereins-, leistungssportliche Sozialisation Ursache für die zunehmende Akzeptanz von Regelverletzungen im Interesse des Erfolges ist. Bereits spätestens in der C-Jugend lernen Jugendliche im Verein, dass es im Interesse des Erfolges wichtig und richtig ist, Regeln zu verletzen. Oder – und auch dies scheint durchaus ein gewisse Plausibilität zu besitzen – es findet ein sportspezifischer Selektionsprozess statt, bei dem aufgrund der Erfolgsorientierung im Laufe der vereinssportlichen Karriere Jugendliche mit einem informellen Fairness-Verständnis zunehmend ‚auf der Strecke' bleiben. So beklagten auch von uns befragte Jugendliche, dass mit zunehmender Erfolgsorientierung der Spaß beim Fußballspielen mehr und mehr verloren gehe. Wundert dies, wenn bereits 6- bis 10-jährige Kinder auf dem Fußballplatz während eines Fußballturniers von ihren „besorgten" Eltern u. a. zu hören bekommen: „Blinder", „jabbel nicht, dreh dich um", „schlimmer geht es doch gar nicht", „komischer Vogel", „Idiot", „diese blöden Kinder", „ich glaube, ich werde blind", „Bewegungslegastheniker", „dahinten brauchen die keinen, der in der Nase bohrt", „schlafen kannst du Zuhause", „das war eine Zangengeburt eben", „spiel endlich richtig, du Kackarschmongole"?

Unsere Befragungen von jungen Sportlern und Sportlerinnen im Rahmen der Fairplay-Initiativen der Sportjugenden von Württemberg und Niedersachsen weisen dabei zusätzlich auf ein nach Alter, Geschlecht und vor allem Leistungs-/Erfolgsorientierung unterschiedliches Fairnessverständnis hin [13]. Vornehmlich von Kindern und Jugendlichen, die nicht oder kaum leistungssportlich engagiert und orientiert sind, wird Fairness mit dem ursprünglichen informellen Fairplay und mit dem Wert Gerechtigkeit in Verbindung gebracht: „Fairness ist, wenn die guten Spieler die schlechteren mit einbeziehen", „Fairness ist, dass alle gleich behandelt werden; wenn jemand etwas schlechter kann, dann soll man ihn nicht als Versager abstempeln, denn er hat das geleistet, was er kann". Mit zunehmendem Alter verschiebt sich die Balance vom informellen Fairplay als leitender Handlungsmoral zunehmend auf das formelle Fairplay. Fairness heißt „nur das tun, was man darf und nichts anderes". Überall dort schließlich, wo der Erfolg das Maß aller Dinge ist, wo der sportliche Erfolg wichtiger ist als das gemeinsame Kämpfen im sportlichen Wettstreit überwiegt ein Fairnessverständnis, das Regelverletzungen bis zu einem gewissen Grad noch toleriert, ja, nicht mehr als „unfair" bezeichnet. Der Inhalt des Fairplay wird somit bestimmt durch die Bedeutung, die Wertigkeit des Erfolges: Je ausgeprägter die Erfolgsorientierung, desto mehr degenerieren informelles und formelles Fairplay zu einer fiktiven Handlungsmoral des Leistungssports, desto weniger werden diese eher altbacken wirkenden Weisen des Fairnessverständnisses der sportlichen Situation und vor allem den faktischen Einstellungen der Wettkämpfer gerecht. Fairplay wird eingeschränkt auf die Absicht, „fair zu foulen", sprich Verletzungen des Gegenspielers möglichst zu vermeiden. Fairplay entwickelt sich von einer Frage der Geisteshaltung, zu einer Frage der Opportunität, des Vergleichs von Kosten und Nutzen: In welcher Situation kann ich es mir (noch) erlauben, fair zu sein? Der Sport hat sich so an die Normen und Werte der ihn umgebenden Leistungsgesellschaft, genauer: Erfolgsgesellschaft, angepasst.

Die Trainer spielen dabei – neben den Eltern – eine wichtige, ja ganz offensichtlich die zentrale Rolle als Sozialisationsagenten des Fairplay. Reaktionen von Trainern auf Fairplay-Bemühungen, die auf den fast unlösbaren Konflikt zwischen erzieherischen und erfolgssportlichen Verhaltensorientierungen hinweisen, verdeutlichen dies.

„Nun müssen wir aber aufpassen, dass die Jungs nicht vor lauter Fairness vergessen, erfolgreich zu spielen“ (ein C-Jugend-Trainer bei der Einführung des Fair Play Cups).

„Das Fairplay wird viel zu hoch gehängt. Ich werde bezahlt, um erfolgreich zu sein, und da kann ich keine Rücksichten auf Fairplay-Bemühungen nehmen. Wenn ein Mittelstürmer durchgeht, dann erwarte ich von meinem Libero oder Vorstopper, wenn der andere zu schnell ist, dann erwarte ich nicht, dass er ihn ummäht, um das einmal so zu sagen, aber es wird auch viel geredet von einem humanen Foul. Zum Beispiel, dass er sich davor stellt, ihn blockt, d. h. sperrt ohne Ball. Das ist aber immer noch eine vernünftige Sache, d. h. ja nicht, dass er ihn gesundheitlich schädigen soll. Aber das erwarte ich von einem Spieler und da zeigt sich sicherlich einerseits eine gewisse Unsportlichkeit, die durch die Regeln auch geahndet wird, aber auf der anderen Seite auch eine gewisse Cleverness. Und wenn das nicht mehr der Fall ist, dann werden wir im Fußball sicherlich viele Einbußen haben“ (C-Jugend-Auswahltrainer).

Anstatt Fairness zu lernen, wird vielen Jugendlichen in den Vereinen oft das Gegenteil vermittelt. Die Trainer fördern den erfolgsportlichen Prozess der Erziehung zur Unfairness.

Diese Analyse zeichnet ein düsteres, ja resignatives Bild bezüglich der Möglichkeiten der Erziehung zum Fairplay. Aber: Sind wir diesem Trend hoffnungslos ausgeliefert?

Erziehung zum Fairplay

Wenn es stimmt, dass das Einhalten des Fairplay in erster Linie eine Frage des Abwägens von Kosten und Nutzen ist, dann müssen die Kosten für Unfairness und/oder der Nutzen für Fairplay so hochgefahren werden, dass es sich nicht lohnt, unfair zu spielen. Also: Regelverstöße konsequenter und strenger bestrafen? Es reicht aber nicht aus, die Regeln zu verschärfen oder Regelverstöße konsequenter und strenger zu bestrafen, es gilt auch und vor allem im Jugendbereich, gezielt zur Einhaltung das Fairplay zu erziehen, auf die Bedeutung des Fairplay hinzuweisen. Dabei sind auch kulturell unterschiedliche Betrachtungsweisen zu berücksichtigen. Unsere Untersuchungen weisen nicht nur auf die Wandlungen des Fairplay im Erfolgsport in Richtung des „fairen Fouls“ hin, wir haben bezüglich der Bewertung des Fairplay bzw. der Unfairness auch kulturelle Unterschiede festmachen können. So betrachten deutsche Fußballspieler Revanchefouls als erheblich unfairer als dies französische Fußballspieler tun, umgekehrt bezeichnen französische Fußballspieler absichtliche Fouls zur Verhinderung eines Tores als bedeutend unfairer als dies deutsche Spieler tun. Englische Spieler schließlich schätzen das Vortäuschen von Fouls und Verletzungen zur Beeinflussung des Schiedsrichters als erheblich unfairer ein als dies deutsche und französische Fußballspieler tun. Die zum Teil schweren Fouls und gewaltförmigen Verhaltensweisen von türkischen Spielern auf dem Fußballplatz weisen schließlich auch auf soziale Hintergründe hin, aber auch kulturell unterschiedliche Reaktionen auf bestimmte Formen von Provokationen. Hier wird deutlich: Fairplay kommt nicht von allein, es muss im Spielbetrieb tagtäglich neu vermittelt, eingefordert und gelebt werden. Dass hier die großen Fußballstars als Vorbilder für die Jugendlichen dienen, macht dieses Bemühen nicht leichter und, dass hier auch kulturell unterschiedliche Betrachtungsweisen von

Fairplay greifen und Gefahr laufen, Emotionen von Spielern und Zuschauern zu verstärken, macht die Fortsetzung und Verstärkung der Bemühungen der nationalen wie internationalen Fußballverbände um eine stärkere Beachtung des Fairplay und Sensibilisierung für das Fairplay aber um so wichtiger. So weisen unsere Erfahrungen daraufhin und belegen unsere Erhebungen im Rahmen des Fair Play Cups des Niedersächsischen Fußballverbandes eindrucksvoll, dass die Trainer vornehmlich das Fairnessverständnis, aber auch bis zu einem gewissen Grade das Fairnessverhalten der jungen Fußballspieler positiv beeinflussen können. Spieler, deren Trainer sich intensiv um die Beachtung des Fairplay bemühen bzw. sich intensiv mit ihnen über Fairplay unterhalten geben hoch signifikant häufiger an, dass sich im Laufe der Saison ihr Fairnessverhalten und vor allem ihr Fairnessverständnis gebessert habe. Außerdem haben Spieler, deren Trainer großes Interesse am Fairplay zeigen, hoch signifikant weniger ein Fairnessverständnis im Sinne des „fairen Fouls" und geben auch hoch signifikant häufiger an, dass sie im Spiel auch im Interesse des Erfolgs keine „Notbremsen" und „Schwalben" begehen. Ähnlich verhält es sich bezüglich des Provozierens von Gegenspielern und Revanchierens auf Provokationen durch Gegenspieler und die Einschätzung von Fairplay Bemühungen bzw. des Beitrages dieser Bemühungen zu mehr Fairplay.

Die Trainer sind also gefordert, durch ihr Vorbild, durch ihre Maßnahmen das Fairplay mit Leben zu füllen. Die im Fußball, im Sport ganz allgemein angelegten positiven sozialen, kulturellen Werte müssen tagtäglich in der Vereinsarbeit durch entsprechende erzieherische Maßnahmen zur Geltung gebracht werden. Dabei kann es nicht nur darum gehen, durch Sanktionen und „Belehrungen" junge Menschen auf den Pfad der Tugend zu führen, sondern es gilt die jugendlichen Spieler aktiv an diesem Prozess zu beteiligen. Sehr gute Erfahrungen haben wir mit so genannten Selbstverpflichtungen gemacht. Hierbei werden Jugendmannschaften in Form einer Zukunftswerkstatt erst einmal aufgefordert, alles zu benennen, was sie am Fußball, beim Spielen, beim Training stört. In einem zweiten Schritt werden die genannten Kritikpunkte positiv gewendet, um in einem dritten Schritt Regeln zu formulieren, die zu einer positiven Verhaltensveränderung führen sollen. Wenn beispielsweise Spieler angeben, dass es sie stört, dass immerzu gemeckert werde, wenn ein Mitspieler einmal einen schlechten Pass spiele, dann könnte sich daraus als Selbstverpflichtungsregel ergeben: „Ich verpflichte mich, meine Mitspieler nicht anzumachen, sondern zu motivieren". In einem weiteren Schritt werden dann die Regeln aussortiert, denen nicht alle Mannschaftsmitglieder zustimmen können oder wollen. Mit anderen Worten, nur die Regeln, denen alle Mannschaftsmitglieder zustimmen, kommen in die Selbstverpflichtungserklärung, die dann von allen Spielern als verbindlich anerkannt und unterschrieben wird. Bei Verstößen wird durch den Mannschaftsrat oder gemeinsam ausgehandelt, welche Konsequenzen dies für den jeweiligen Spieler haben soll. Neben den Bestrafungen ist dabei zu beachten, dass durch Belohnungen vorbildlichen Verhaltens die Spieler zum Beachten der Selbstverpflichtungsregeln motiviert werden. Erste Erfahrungen machen Mut auf diesem Weg fort zu fahren: Regeln, die selbst entwickelt und für verbindlich erklärt wurden, werden eher eingehalten. Ja mehr noch: Die Spieler fühlen sich selbst verpflichtet, nicht nur ihr eigenes Verhalten entsprechend der vereinbarten Regeln zu kontrollieren, sondern auch das der Mitspieler und sogar des Trainers. So berichtete ein Trainer, dass in einem Spiel, bei dem er sich ein heftiges Wortgefecht mit dem Trainer der gegnerischen Mannschaft geliefert habe, nahezu die gesamte Mannschaft zu ihm gelaufen sei und ihn in Erinnerung an die Selbstverpflichtung ermahnt habe, ruhig zu bleiben! Erziehung zum Fairplay ist also keine Utopie, sondern durchaus ein lohnendes Handlungsziel. Wie wichtig es gerade ist, dass vor allem jungen Menschen lernen, Verantwortung für ihr Verhalten zu übernehmen, belegt die Tatsache, dass die Anwesenheit eines Schiedsrichter bei vielen Spielern bewirkt, dass sie die Verantwortung für ihr Verhalten auf dem Platz quasi in der Kabine lassen bzw. der Trillerpfeife des Schiedsrichters überantworten. Frei nach dem Motto: „Wenn der Schiedsrichter das Handspiel nicht gesehen hat, dann war es halt auch kein Handspiel" oder – um das schlechte Beispiel Maradonnas zu zitieren – „die Hand Gottes"! Es wäre deshalb auch zu überlegen, ob nicht in den jüngsten Altersklassen noch bewusst ohne Schiedsrichter gespielt wird, damit die jungen Spieler lernen, Verantwortung für die Regelbeachtung zu übernehmen und in höheren Altersklassen durch Selbstverpflichtungen die Übernahme der Verantwortung für Regeleinhaltung nicht stabilisiert werden kann.

Welcher Erfolg langfristig Fairplay-Bemühungen beschieden sein wird, wird dabei in hohem Maße davon abhängen, inwieweit es gelingt, konstruktiv im Sinne von Erziehung zu Fairness auch zur Schaffung von Bedingungen für mehr Fairness beizutragen. Unter diesem Gesichtspunkt bekommt die Aussage von Lenk ein zusätzliches Gewicht, dass „die Gesellschaft (damit sind im Jugendfußball vor allem die Eltern und Trainer/Betreuer gemeint) ihre Überbewertung des Sieges, die Singulärsiegerorientierung, herabmildern muss und zwar auf greifbare und kontrollierbare Weise, die absolute Erfolgsmoral moderieren muss, um der Fairness wieder eine Chance zu geben." [12].

Die Fairplay-Diskussion und dies sei abschließend betont, ist – vor allem angesichts der heute dominanten Ellbogenmentalität und „utilitaristisch-kalkulativen Perspektive", wie der Soziologe Blinkert [14] ein wenig verklausuliert das von einer reinen Kosten-Nutzen-Rechnung abhängende Verhalten der Menschen moderner Industrienationen bezeichnet – ohne Wertediskussion nicht effektiv zu führen, dazu müssen wir uns im Sport und in der Gesellschaft unserer Werte und Wertorientierungen bewusst sein.

Literatur

[1] PILZ, G. A.: Möglichkeiten, Notwendigkeiten und Grenzen sport-, körper- und bewegungsbezogener sozialer Arbeit am Beispiel der Gewalt und Gewaltprävention im, um und durch den Sport. In: PILZ, G. A./BÖHMER, H. (Hrsg.): Wahrnehmen – Bewegen – Verändern. Beiträge zur Theorie und Praxis sport-, körper- und bewegungsbezogener Sozialer Arbeit. Hannover 2002, 13–58.

[2] MUSIL, R. (1983): Robert Musil Gesammelte Werke Band 1: Prosa und Stücke – Kleine Prosa – Aphorismen – Autobiografisches. Herausgegeben von A. FRISÉ. Reinbek, 792–795.

[3] BUTT, D. S.: Psychological motivation in sport. In: McGLYNN, G. (Ed.): Issues in Physical Education und Sports. Palo Alto 1974, 23–34.

[4] SCHNACK, D./NEUTZLING, R.: Kleine Helden in Not. Jungen auf der Suche nach Männlichkeit. Reinbek 1991.

[5] HUBER, W.: Sport als Kult – Sport als Kultur. In: Grupe, O./Huber, W. (Hrsg.): Zwischen Kirchturm und Arena – Evangelische Kirche und Sport. Stuttgart 2000 (Kreuz), 15–28.

[6] SÖRGEL, HAZ 20.09.2003.

[7] SCHMIDT, W./HARTMANN-TEWS, I./BRETTSCHNEIDER, W.-D. (Hrsg.): Erster Deutscher Kinder- und Jugendsportbericht. Schorndorf (Hofmann). 2003.

[8] PILZ, G. A.: Gewalt im, um und durch den Sport. In: WÖLFING, W. (Hrsg.): Was ist nur mit unserer Jugend los? Heranwachsen unter Widersprüchen in der Bundesrepublik Deutschland. Weinheim 1994, 307–352.

PILZ, G. A.: Fairness und ihr Verständnis im sportlichen Wettkampf; oder: Die Moral des „fairen Fouls". In: MOKROSCH, R./REGENBOGEN, A. (Hrsg.): Was heißt Gerechtigkeit? Ethische Perspektiven zu Erziehung, Politik und Religion. Donauwörth 1999, 215–227.
[9] GRUPE, O.: Vom Sinn des Sports. Kulturelle, pädagogische und ethische Aspekte. Schorndorf 2000.
[10] BRETTSCHNEIDER, W.-D./KLEINE, T.: Jugendarbeit in Sportvereinen: Anspruch und Wirklichkeit. Schorndorf 2002.
[11] BOURDIEU, P. (1986): Historische und soziale Voraussetzungen des modernen Sport. In: G. HORTLEDER & G. GEBAUER (Hrsg.): Sport- Ethos- Tod. Frankfurt, 91–112.
[12] LENK, H. & PILZ, G. A. (1989): Das Prinzip Fairness. Osnabrück: Fromm1989.
[13] MÜLLER, U. & PILZ, G. A.: Sei sportlich. Sei fair. Abschlussbericht über die Fairplay-Initiative der Württembergischen Sportjugend. Schorndorf.
[14] BLINKERT, B. (1988). Kriminalität als Modernisierungsrisiko. Soziale Welt, 397–412.

Erstmals erschienen in: Bundesgesundheitsblatt 48 (2005), Heft 8, S. 881–889.

Die Entwicklung der Rolle des Schiedsrichters in Vergangenheit, Gegenwart und Zukunft

„Wenn der Schiedsrichter nicht gepfiffen hat, war es kein Handspiel." (Bundesligaspieler zu einem Fernsehreporter, nachdem ihm per Zeitlupe nachgewiesen wurde, dass er das Tor mit der Hand erzielt hat)

„Das Fair Play wird viel zu hoch gehängt. Ich werde bezahlt, um erfolgreich zu sein, und da kann ich keine Rücksichten auf Fair Play-Bemühungen nehmen. Wenn ein Mittelstürmer durchgeht, dann erwarte ich von meinem Libero oder Vorstopper, wenn der andere zu schnell ist, dann erwarte ich nicht, dass er ihn ummäht, um das einmal so zu sagen, aber es wird auch viel geredet von einem humanem Foul. Zum Beispiel, dass er sich davor stellt, ihn blockt, d. h. sperrt ohne Ball. Das ist aber immer noch eine vernünftige Sache, d. h. ja nicht, dass er ihn gesundheitlich schädigen soll. Aber das erwarte ich von einem Spieler und da zeigt sich sicherlich einerseits eine gewisse Unsportlichkeit, ***die durch die Regeln auch geahndet wird****, aber auf der anderen Seite auch eine gewisse Cleverness. Und wenn das nicht mehr der Fall ist, dann werden wir im Fußball sicherlich viele Einbußen haben." (Jugend-Auswahltrainer eines Fußball-Verbandes)*

„Kohler muss damit rechnen, dass sich ein van Basten wehrt. Der Jürgen Kohler ist einer, der austeilt, also muss er auch damit rechnen, dass er mal was einzustecken hat, und der van Basten ist einer, der sich nicht gefallen lässt, sondern der auch – wenn es notwendig ist und wenn es sogar sein muss – mit unfairen Mitteln zurückzahlt, und ***dafür ist dann wieder der Schiedsrichter da, dies zu unterbinden.****" (Franz Beckenbauer in einem Filmbeitrag der ZDF-Sportreportage vom 27.05.1990 zu Foulszenen aus dem Europacup-Spiel Bayern München – AC Mailand)*

Diese Zitate weisen uns auf einen ebenso interessanten wie pädagogisch problematischen Sachverhalt hin: Der Schiedsrichter als Wächter der Regeln und des Fair Play, als – wie der Bielefelder Jugendforscher Klaus HURRELMANN (2000) auf dem DFB-Sozialkongress treffend formulierte – „Symbol für die Einhaltung der Regeln" wird ungewollt zur entlastenden Institution des Fehlverhaltens von Spielern und Trainern. Frei nach dem Motto: Erlaubt ist, was der Schiedsrichter nicht pfeift bzw. nicht sieht, und man möchte – angesichts mancher Anfeindungen und zum Teil heftigster verbaler wie körperlicher Attacken von Spielern und Trainern – hinzufügen: Wehe er sieht es und er pfeift sogar!

Dies war nicht immer so. Ich möchte deshalb diesen Gedankengang im Rahmen eines sozialhistorischen Exkurses über das Prinzip Fairness, das mit der Schlüssel fast aller Schiedsrichterprobleme zu sein scheint, ein wenig detaillierter verfolgen und daraus Konsequenzen für die künftige Rolle des Schiedsrichters ableiten.

Zur Entstehungsgeschichte des Fair Play und Einführung des Schiedsrichters

Es waren die Mitglieder der englischen Mittel- und Oberschicht, die Werte und Normen der Fairness „erfanden". Das Fair Play erfuhr im viktorianischen Zeitalter Englands seine eigentliche, heutige inhaltliche Ausformung und Festlegung auf

- Die Herstellung der Chancengleichheit,
- Die freiwillige Unterwerfung unter die Regeln und
- Die Achtung des Gegners als Partner im sportlichen Wettkampf (LENK/PILZ 1989).

Das Wesen des Fair Play lässt sich entsprechend in vier Sätzen zusammenfassen (GUTTMANN 1987):

- Der faire Spieler muss sich selbstverständlich an die Regeln halten,
- Er muss sein Bestes tun, das Spiel innerhalb der Regeln zu gewinnen,
- Er muss, um zu seiner Bestleistung herausgefordert zu werden, den bestmöglichen Gegner suchen und diesem Gegner jede Möglichkeit geben, seine Bestleistung hervorzubringen,
- Der faire Zuschauer muss unparteiisch sein.

Fair Play bedeutet also mehr, erheblich mehr, als „nur" die Regeln einzuhalten.

Die englische „Freizeitschicht" betrieb dabei im Wesentlichen den sportlichen Wettkampf als reinen Selbstzweck. „Einem Aristokraten war der Sieg gleichgültig, ja verdächtig. In der Presse – außer den Hofblättern – genannt und gerühmt zu werden, galt als unfein" (LENK/PILZ 1989).

Das Ergebnis war weniger wichtig als das gemeinsame sportliche Handeln, der Weg wichtiger als der Sieg. Diese Einstellung scheint nur so lange realisierbar, als der Sport Selbstzweck bleibt. Genau aufgrund dieser Überlegungen und Einsichten führte die englische Oberschicht Amateurregeln ein. Da deren Einführung auch auf einen zentralen Punkt der Fairness-Problematik des heutigen Sports hinweist, lohnt es sich an dieser Stelle, die Entstehungszusammenhänge der Amateurregeln hier kurz zu skizzieren.

In ihrem ursprünglichen Sinne dienten die Amateurregeln dazu, die Arbeiterklasse aus bestimmten Sportarten auszuschließen. Durch die Amateurregeln wollte die Oberschicht die Arbeiterklasse vom sportlichen Wettkampf fernhalten, um den Sport „sauber", sprich: fair zu halten. Die Arbeiterklasse verstehe – so die Oberschicht – das Prinzip der Fairness und des Gentleman-Sports nicht. Die englischen Soziologen DUNNING und SHEARD (1979) fassen die Prinzipien, die sich hinter diesem Amateurethos verbergen, wie folgt zusammen, und es lohnt sich zu jedem dieser Punkte einmal bildhaft in die heutige (Profi-)Fußballpraxis hineinzuversetzen:

1. Sport wird als „Selbstzweck", einfach um des Vergnügens willen, das damit verbunden ist, betrieben. Damit korrespondiert die Verachtung von Einstellungen, die den Sieg um jeden Preis anstreben.
2. Selbstbeherrschung und vor allem die Zurückhaltung von Gefühlsausbrüchen bei Sieg und Niederlage.
3. Die Vorstellung des „Fair Play", d. h. der Chancengleichheit zwischen den am Wettkampf beteiligten Seiten verbunden mit der freiwilligen Unterwerfung unter die Regeln und einer ritterlichen Haltung, der „freundschaftlichen Rivalität" zwischen den „Opponenten".

Gemäß diesem Ethos folgt der Sport im Idealfall allein dem Ziel, Spaß, Vergnügen und Freude zu bereiten.

„Ein solches Ethos drückt den Wohlstand und die Unabhängigkeit der Public-School-Elite aus, drückt aus, dass die Angehörigen dieser Schicht, die sich diese Muße leisten konnten, glaubten, sie könnten Sport hauptsächlich zum eigenen Vergnügen betreiben. Grundlegend für dieses Ethos war die strenge Unterscheidung von Arbeit und Muße. Professionalisierung, so glaubte man, würde aus dem Spiel, das Sport war, Arbeit machen und so sein Wesen zerstören. Es war zu logisch, dass die Public-School-Elite sich gegen Pokalwettbewerbe und Ligen aussprach. Dies würde eine zu ernste Haltung gegenüber dem Sport einnehmen und der Sport würde gewalttätiger“ (DUNNING/ SHEARD 1979).

So zeigt auch die historische Entwicklung des Regelwerks im Fußballsport, wie stark Regelvereinbarungen und Rigidität bzw. Offenheit sozialer Kontrolle im Spiel voneinander abhängen. Die „Cambridge-Rules“, die Vorläufer unserer heutigen Fußballregeln, waren auf die sozialen Haltungen der Ober- und Mittelschicht des viktorianischen Englands zugeschnitten. Die soziale Kontrolle über das Verhalten der Spieler übte entsprechend einen wesentlichen Einfluss auf das Standesethos der Gentlemen und den Geist des Fair Play aus. Bestimmungen über den Strafstoß, den Schiedsrichter oder gar über den Platzverweis fehlten völlig. Der Schiedsrichter als externe Kontrollinstanz zur Verschärfung der Sanktionen und Effektivierung der sozialen Kontrolle wurde nach McINTOSH (1979) erst um 1870 nötig und wird 1884 offiziell eingeführt, als sich der Spielbetrieb auf die unteren Sozialschichten ausdehnte. Dies erforderte neue Mittel der Kontrolle. Das Standesethos der Gentlemen war eben nicht mehr für alle in gleicher Weise verbindlich. So lassen sich die Entwicklung des Regelwerks, die Verschärfung der Sanktionen im Spiel deuten: Angesichts der sozialen Öffnung des Wettkampfsports für untere Schichten konnten nur festgelegte Regeln und zusätzliche externe Kontrollinstanzen die soziale Kontrolle gewährleisten. Ein weiteres kam hinzu: Die Professionalisierung des Fußballsports, die gesellschaftliche Aufwertung des Sports und sportlicher Erfolge führten zu einer Wandlung des aristokratischen Fairnessverständnisses, die der französische Soziologe Pierre BOURDIEU (1986) auf den Punkt bringt, wenn er von der „vulgären Verbissenheit des Siegens“ und Siegen-Müssens um jeden Preis spricht, die den „Willen zum Siegen gemäß vorgegebener Regeln“ im Geiste der Fairness ersetzen. Mit der Aufweichung der Amateurbestimmungen gewann das Problem der Unfairness an Dringlichkeit. Wird sportlicher Wettkampf nicht mehr als Selbstzweck betrieben, gilt etwa gar der sportliche Erfolg als Mittel des Klassenkampfes, als Kanal zum sozialen oder wirtschaftlichen Aufstieg, als Demonstration der Überlegenheit eines politischen Systems, dann erweist sich das klassische Fairness-Verständnis schlicht als untauglich. Es verliert – wie der Trierer Soziologe Eckert treffend bemerkt – seine soziale Basis.

Damit und erst damit wird der Schiedsrichter zur zentralen Institution der Wahrung der Regeln und Hüter des Gedankens des Fair Play. Ich möchte den sich dahinter verbergenden Wandel, diese Aufweichung des Fairnessideals, am Beispiel unserer Befragungen von Jugendfußballspielern etwas näher beleuchten.

Das „faire Foul“ leitende Handlungsmoral im Jugendfußball?!

In unseren Befragungen von C-, B- und A-Jugendfußballspielern haben wir festgestellt (siehe PILZ 1999), dass Jugendliche, die schon mehr als vier und erst recht solche, die schon mehr als sieben Jahre im Verein Fußball spielen, signifikant häufiger Regelverletzungen im Sport akzeptieren oder sie signifikant eher als nicht unfair bezeichnen, als Jugendliche, die erst ein bis drei Jahre Fußballerfahrung haben. Darüber hinaus sind wir in unseren Untersuchungen von jungen Sportlern und

Sportlerinnen im Rahmen der Fairplay-Initiativen der Sportjugenden von Württemberg und Niedersachsen auf ein nach Alter, Geschlecht und vor allem Leistungs-/Erfolgsorientierung unterschiedliches Fairnessverständnis aufmerksam geworden (vgl. MÜLLER/PILZ 1987). Vornehmlich von Kindern und Jugendlichen, die nicht oder kaum leistungssportlich engagiert und orientiert sind, wird Fairness mit dem ursprünglichen informellen Fair Play und mit dem Wert Gerechtigkeit in Verbindung gebracht. *„Fairness ist, wenn die guten Spieler die schlechteren mit einbeziehen", „Fairness ist, dass alle gleich behandelt werden; wenn jemand etwas schlechter kann, dann soll man ihn nicht als Versager abstempeln, denn er hat das geleistet, was er kann."* Mit zunehmendem Alter verschiebt sich die Balance vom informellen Fair Play als leitender Handlungsmoral zunehmend auf das formelle Fair Play. Fairness heißt *„nur das tun, was man darf und nichts anderes"*, also die Regeln einhalten ohne wenn und aber. Überall dort schließlich, wo der Erfolg das Maß aller Dinge ist, wo der sportliche Erfolg wichtiger ist als das gemeinsame Kämpfen im sportlichen Wettstreit – und dies nimmt mit der Dauer der Vereinszugehörigkeit zu – überwiegt ein Fairnessverständnis, das Regelverletzungen bis zu einem gewissen Grad noch toleriert, bzw. nicht mehr als „unfair" bezeichnet. Der Inhalt des Fair Play wird somit bestimmt durch die Bedeutung, die Wertigkeit des Erfolges: Je ausgeprägter die Erfolgsorientierung, desto mehr degenerieren informelles und formelles Fair Play zu einer fiktiven Handlungsmoral des Leistungssports, desto weniger werden diese eher altbacken wirkenden Weisen des Fairnessverständnisses der sportlichen Situation und vor allem den faktischen Einstellungen der Wettkämpfer gerecht. Der Sportverein kann somit als Sozialisations- und/oder Selektionsagentur der erfolgssportlichen Handlungsmoral des ‚fairen Fouls' interpretiert werden. Aussagen von jugendlichen Fußballspielern belegen dies:

„Fairness bedeutet für mich, nur unfair spielen, wenn es nötig ist."
„Unter Fairness verstehe ich kein unnötiges Foul, wenn's nicht anders geht, muss fair gefoult werden."
„Unter Fairness verstehe ich, einen Gegenspieler fair zu foulen."
„Fairness heißt, fair spielen und wenn es sein muss, foulen."
„Fairness ist, einen Spieler nicht ohne Grund zu foulen. In einem wichtigen und hart umkämpften Spiel muss man oft zum Wohl der Mannschaft konsequent zur Sache gehe. Dabei aber keine unfairen Fouls begehen."
„Man sollte nur foulen, wenn es nicht anders geht."
„In erster Linie sollte man darauf achten, keinen Gegenspieler zu verletzen. Jedoch gehören taktische Fouls, Trikotzerren, Zeitspiel und vielleicht auch mal ein paar Schwalben dazu."
„Den Gegner zu foulen, ohne taktische Vorteile daran zu haben, ist unfair."
Ein 14-jähriger Verteidiger schließlich meint:
„Ich finde alles fair, was für mich von Vorteil ist. Unfairness gehört zum Geschäft. Ich werde lieber unfair Meister als fair Verletzter."

Wie ein roter Faden zieht sich durch diese Fairnessdefinitionen der Begriff des ‚fairen Fouls', die Legitimation absichtlicher Regelverstöße im Interesse sportlichen Erfolges. Sich sehr wohl bewusst, dass einem erfolgsorientierten Handeln das Prinzip des Fair Play hinderlich ist, andererseits dennoch den Gedanken des Fair Play nicht aufgeben wollend/könnend, wird von den Jugendlichen im Sinne der Reduktion der kognitiven Dissonanz (FESTINGER 1957) das Hilfskonstrukt des fairen Fouls eingeführt. Unter von uns befragten 15- bis 16-jährigen B-Jugend-Auswahlspielern haben bereits 92,3% die Moral des fairen Fouls verinnerlicht.

Erfolgsorientierte und Regelverstöße legitimierende gesellschaftliche Verhaltensmuster werden also in der sportvereinsbezogenen, wettkampforientierten Sozialisation wenn nicht herausgebildet, so doch zumindest verstärkt. So überrascht es denn auch kaum, dass die Akzeptanz von Fairnessinitiativen von den C-Jugend- zu den A-Jugend-Auswahlspielern ebenso signifikant abnimmt wie die Einschätzung, dass solche Bemühungen einen Beitrag zu mehr Fairness zu leisten vermögen.

Mehr noch – und damit sind wir im Profibereich angelangt – Regelverletzungen werden entsprechend nicht als pathologisch, sondern als durchaus rationale Form der Konfliktlösung angesehen. Dies kann sogar so weit gehen, dass der Verzicht auf Regelverstöße als pathologisch, als dumm und naiv gebrandmarkt, der Einsatz illegitimer Mittel nicht selten aber als clever gepriesen werden. Foulspiel wird zur erwarteten, ja aufgegebenen Notwendigkeit. So stand in einem Bericht über das Bundesligaspiel zwischen Borussia Mönchengladbach und Schalke 04 u. a. zu lesen: „In der Situation“ (in der 87. Minute, als sich die Schalker noch ein Ausgleichstor einfingen), sagte der Trainer, „gab`s nur eine Lösung: Umhauen“. Und der Mittelstürmer pflichtete bei: „Rasieren, den Schützen vor dem Schuss rasieren!“ Der Vereinspräsident hielt „unsere Jungs“ für „zu naiv“. Der Reporter – Stimme des Publikumsgewissens? – ging noch weiter: „Diese Naivität eskalierte in der 87. Minute zur Dummheit“. Ist der Verzicht auf das rasierende Foul generell nur noch eine Eskalation der Dummheit (LENK/PILZ 1989, 19)? Es muss uns in diesem Kontext schon zu denken geben, dass absichtliche Fouls von den Vertretern der Medien als „Notbremse“ oder „Nickligkeiten“ verniedlicht bzw. mit den Begriffen „Cleverness“ und „Schlitzohrigkeit“ kommentiert werden bzw. zwischen „nötigen und unnötigen Fouls“ unterschieden wird und damit auf diesem gefährlichen Weg kräftig mit angeheizt wird.

Der türkische Fußball-Nationalspieler Alpay Özalan hat dies während der Fußball-EM in England am eigenen Leibe erfahren. Sein Verzicht, durch ein Foulspiel den Treffer und damit das Siegtor zum 1:0 für Kroatien zu verhindern, hat ihm einerseits zwar nach dem Spiel den Fairplay-Preis der UEFA, andererseits aber auch schwere Vorwürfe und üble Beschimpfungen eingebracht: „Ich hätte ihm eine Prämie gegeben, wenn er Vlaovic zu Fall gebracht hätte und vom Platz geflogen wäre“, so sein Trainer Farith Terim. „Bei einem Foul wäre der Schaden weniger groß gewesen“, meinte Karl-Heinz Feldkampf als ZDF-Ko-Kommentator während des Spiels vor einem Millionenfernsehpublikum und in der türkischen Presse stand zu lesen: „Keine Mannschaft, die aus hundertprozentigen Profis besteht, hätte dieses Tor kassiert“; „das entscheidende Tor war ein Geschenk Alpays, weil dieser professionelles Denken vermissen ließ“. Halten wir fest: Profihaft ist der, der im richtigen Moment auch richtig hinlangt. Ein nicht begangenes Foul und die öffentlichen Reaktionen darauf entlarven die Beschwörung des Fairplay-Gedankens als verlogenes PR-Getöse. Der Erfolg ist das Maß aller Dinge, erst kommt der Sieg, dann die Moral. Trainer und Journalisten machten in seltener Einmütigkeit einen Mann für eine Niederlage verantwortlich, der sich nur eines Vergehens schuldig gemacht hat, die Regeln einzuhalten. Uns sollte aber noch mehr zu denken geben, dass ein solches Verhalten bereits als Fair Play gefeiert wird.

Dass Alpay Özalan mittlerweile seine Lektion gelernt hat, zeigt die rote Kare, die er bei der Fußball-EM 2000 erhalten hat.

„Die Folge einer kompromisslosen Wahrnehmung des eigenen Vorteils um nahezu jeden Preis, nötigenfalls (?) auch mit unfairen Mitteln, ist: Zwischen verschärftem Erfolgsdruck und hehren Fairnessidealen hin und her gerissen, bleibt, wenn nur noch der Erfolg zählt, der gutwillige Akteur mit seinen Idealen auf der Strecke und wird zudem noch als „blauäugig“, als unverbesserlicher Idealist, Amateur, Dummkopf

u. ä. verhöhnt. Wenn aus: „Nice guys finish last!" durch logische Kontra-Position messerscharf folgt, dass Gewinner ausgekocht-durchtriebene Meister des Dschungelgesetzes sein müssen: Wer möchte da noch ein ‚nice guy' bleiben?" (PILZ/LENK 1989,76).

Die Trainer spielen dabei – neben den Eltern – eine wichtige, ja ganz offensichtlich die zentrale Rolle als Sozialisationsagenten unfairen Verhaltens.

Beim Tag des Jugendfußballs – einem Turnier für 6- bis 10-jährige Kinder haben wir mit versteckten Mikrophonen hinter Eltern innert kürzester Zeit u. a. folgende Aufforderungen, „Ermutigungen" aufgenommen:

„Hau ihn doch", „drauf", „nicht ducken lassen", „auf ihn, los, mach' ihn fertig", „beiß", „zieh' mal", „pack' ihn", „tret' ihm in die Knochen", „geh' an ihn ran, der kann doch gar nichts". „Blinder", „jabbel nicht, dreh' dich um", „schlimmer geht es doch gar nicht", „komischer Vogel", „Idiot", „diese blöden Kinder", „ich glaube, ich werde blind", „Bewegungslegastheniker", „dahinten brauchen die keinen, der in der Nase bohrt", „schlafen kannst du zuhause", „das war eine Zangengeburt eben" und die Krönung des Tages war der Zuruf einer besorgten Mutter zu ihrem etwas desorientierten Sohn: *„Spiel endlich richtig, du Kackarschmongole"!*

Auch Reaktionen von Trainern auf Fairplay-Bemühungen weisen auf den fast unlösbaren Konflikt zwischen erzieherischen und erfolgssportlichen Verhaltensorientierungen hin:

„Nun müssen wir aber aufpassen, dass die Jungs nicht vor lauter Fairness vergessen, erfolgreich zu spielen" (ein C-Jugend-Trainer bei der Einführung des Fair Play Cups),

„Scheiß Fair Play Cup, die Jungs spielen zu fair, die müssen bissiger werden" (so der Trainer der Mannschaft, die den Fair Play Cup gewonnen hatte, in der B-Jugend übernommen hatte).

In einem Zeitungsartikel der Hannoverschen Allgemeinen Zeitung vom 11.03.2000 ruft der Trainer von Hannover 96, Horst Ehrmanntraut zum Überlebenskampf auf, verspricht für das kommende Spiel: „Am Sonntag ist für uns Krieg" und erwartet bis zum Saisonende „ein einziges Hauen und Stechen". Es passt ihm deshalb „gar nicht, dass sich seine Spieler auf dem Platz, gemessen an den Gelben Karten, so zahm verhalten. 48-mal sind Spieler von Hannover 96 bisher verwarnt worden, das macht Rang 12 in der Zweitligastatistik aus, immerhin noch einen Platz besser als in der sportlichen Wertung." „Was ist da bei uns los? Da muss mehr Feuer rein. Wenn es die Mannschaft nicht lernt, aggressiver und dynamischer aufzutreten, ist der Abstieg unvermeidbar", so der besorgte Trainer. Hier werden der Gedanke des Fair Play mit Füssen getreten, die geringe Zahl von gelben Karten, als schreckliches, bedenkliches Zeichen einer nicht ausreichend aggressiv und feurig zur Sache gehender Mannschaft gewertet! Anstatt Fairness zu lernen, wird vielen Jugendlichen und erst Recht den Profis in den Vereinen genau das Gegenteil vermittelt. Die Trainer fördern den erfolgssportlichen Prozess der Erziehung zur Unfairness.

Es mag in diesem Kontext bezeichnend sein, dass der Manager von Bayer 04 Leverkusen, Reiner Calmund, den öffentlich kritisierten Trainerwechsel von Saftig zu Stephanovic mit den Worten rechtfertigte: „Lieber einen erfolgreichen Drecksack als Trainer, als einen lieben Jungen ohne Erfolg" (SZ 10.05.1993). Der Erfolg heiligt (fast) alle Mittel, oder: Erst kommt das Siegen, dann die Moral. Der Schiedsrichter also als Wächter der Moral? Oder nur „Moralapostel"?

Foulspiel als Modernisierungsrisiko, „Foulplayer" die Avantgarde eines neuen Identitätstyps

Es ist das Verdienst von BLINKERT (1988, 397) aufgezeigt zu haben, dass sich im „Verlauf industriewirtschaftlicher Modernisierung in zunehmendem Maße ein ganz spezifischer Typ der Orientierung gegenüber sozialen Normen durchsetzt", den er als „utilitaristisch-kalkulative Perspektive" bezeichnet. Der mit der industriewirtschaftlichen Modernisierung verbundene Trend zur Ökonomisierung und Prozess der Rationalisierung und Individualisierung führt dazu, dass verstärkt Situationen entstehen, in denen „eine größere Zahl von Normadressaten die Kosten für illegitimes Verhalten als niedrig und den Nutzen von abweichendem Verhalten als relativ hoch einschätzen" (BLINKERT 1988, 398). Aufgrund dieser hedonistischen, kosten-nutzen-kalkulierenden Haltung, die sich zunehmend in modernen Industriegesellschaften und damit auch im Hochleistungs-(Erfolgs-)sport ausbreitet, aufgrund der Ökonomisierung, Individualisierung und Rationalisierung des heutigen Leistungssports können wir anlehnend an BLINKERT (1988, 405) Fußballspieler, die im Interesse des Erfolges die Regeln bewusst verletzen, als „Avantgarde eines neuen Identitätstyps" beschreiben, die sich gar nicht abweichend verhält, sondern in einer „fatalen Weise überangepasst an die Mobilitäts- und Flexibilitätserfordernisse" des modernen Leistungssports. Soziale Normen, Regeln haben unter diesen Bedingungen nur die Bedeutung von Alternativen. Man kann sich für, aber auch gegen sie entscheiden, und zu welcher Entscheidung man kommt, hängt von Opportunitätserwägungen ab". Die Dominanz der technokratischen Moral des „Alles- oder Nichts" im Fußball können wir entsprechend als eine Folge der Modernisierungsprozesse und Professionalisierung des Fußballsports begreifen. Sie enthalten in exakter Spiegelung die einseitigen Werte und Verhaltensmodelle des verbreiteten Zeitgeistes: elitäre Abgrenzung, Wettbewerbs-, Risiko- und Statusorientierung, Kampfdisziplin, Coolness, Flexibilitäts- und Mobilitätsbereitschaft, Aktionismus, Aggressionslust, Aufputschung und atmosphärischen Rausch. Der Prozess der Individualisierung und Rationalisierung hat dabei nach BLINKERT (1988, 402f.) für illegitimes Verhalten folgende Bedeutung:

1. „Die Herauslösung aus Traditionen, sozialmoralischen Milieus und institutionellen Bindungen ist mit einem *Abbau der Bedeutung von fixierten und vorentworfenen Handlungen verbunden*. Das Individuum kann und muss zwischen Alternativen entscheiden. Dabei spielt dann das Abwägen dieser Alternativen nach Kosten und Belohnungen, nach Erfolgs- und Misserfolgswahrscheinlichkeiten eine große Rolle. Konformität oder Abweichung wird in zunehmendem Maße von dem Ergebnis eines *Risiko-Nutzen-Kalküls* abhängig."
2. „Die *Bedürfnisse des Individuums* werden zum einzig maßgeblichen Bezugsrahmen für das Handeln. Es entsteht eine *‚hedonistische Orientierung'*, die Befriedigung individueller Bedürfnisse wird vorrangig."
3. „Die geringe Verankerung des Individuums in Institutionen und sozialen Bezügen hat zur Konsequenz, dass bei der Entscheidung zwischen Alternativen die externen Kosten eigenen Handelns ... kaum noch eine Rolle spielen."

Dem Schiedsrichter wächst aus dieser Entwicklung eine zusätzliche Funktion hinzu, er ist nicht nur der Wächter des Fair Play, sondern auch derjenige, der andere an dem Ausnutzen der Vorteilnahme durch Regelverstöße hindern muss. Reaktionen auf Schiedsrichterleistungen anlässlich der EM machen dies wieder einmal mehr deutlich.

Wie problematisch, ja dramatisch gerade dieser letzte Punkt ist, zeigt die Tatsache, dass nahezu alle Fußballspieler keine Schuldgefühle bezüglich ihrer Regelverstöße haben bzw. entwickeln, dass die früher in großem Maße noch vorhandenen Selbstregulierungsmechanismen im Wettkampfsport immer mehr zurück gehen. Sobald Fußballspieler den Platz betreten, lassen sie die Verantwortung für ihr Verhalten in der Kabine bzw. übergeben sie der Trillerpfeife des Schiedsrichters: Erlaubt ist nicht nur das, was das Regelwerk vorgibt, sondern alles, was der Schiedsrichter nicht sieht bzw. nicht pfeift. Dabei entwickeln ambitionierte Fußballspieler, Trainer, ja selbst Sportjournalisten ein sehr ambivalentes Verhältnis zum Schiedsrichter. Auf der einen Seite wird beklagt, wenn der Schiedsrichter konsequent eingreift und damit mögliche Auseinandersetzungen bereits im Keime erstickt. Bei Sportjournalisten liest sich dies dann so: „Der Schiedsrichter hat durch seine kleinliche Regelauslegung" – was ja im Klartext nur bedeutet, dass er regelkonform gepfiffen hat – „das Spiel zerpfiffen". Auf der anderen Seite finden sie es aber auch nicht gut, wenn der Schiedsrichter gar nicht oder zu spät eingreift. Dann wird der Schiedsrichter für die Eskalation der Gewalt verantwortlich gemacht. Das liest sich dann so: „Dem Schiedsrichter war anzulasten, dass das Duell, auf den Eintrittskarten als freundschaftliches Länderspiel angekündigt, schon früh durch hässliche Fouls geprägt wurde" (Spielbericht über das Fußball-Freundschafts-Länderspiel Österreich-Deutschland in der Hann. Allg. Zeitung vom 30.10.1986).

Halten wir fest: Ein großzügig pfeifender Schiedsrichter wird zum Problem, da Spieler und Trainer diese Großzügigkeit nicht nur für einen flüssigen Spielverlauf nutzen, sondern diese Großzügigkeit im Sinne der technokratischen Moral des Alles oder Nichts scham- und oft hemmungslos ausnutzen. Pfeift er konsequent nach den Regeln, wird er ebenfalls zum Problem und Störfaktor, er ist zu „kleinlich", zerpfeift das Spiel, verhindert ein flüssiges Spiel. „Wie hätten Sie es denn gerne?", möchte man Spieler, Trainer wie auch Fußballjournalisten fragen und vor allem: Weshalb werden eigentlich nicht die Trainer und Spieler, die Fouls im Interesse des Erfolgs fordern und fördern, zum Problem?

Der Schiedsrichter wird immer mehr in die Rolle des – wie die Aggressionsforscher sagen würden – „situativen aggressiven Hinweisreizes" gedrängt, womit ich auch das Kapitel Zuschauer – Schiedsrichter aufgeschlagen habe.

Der Schiedsrichter als situativer aggressiver Hinweisreiz

In ihrer Untersuchung zum Zuschauerverhalten im Fußballsport haben GABLER/SCHULZ/WEBER (1982) nachgewiesen, dass nach dem Erleben von Fußballspielen allgemein die Bereitschaft zu aggressiven Handlungen ansteigt. Mehr noch, vor allem bei Spielen, in denen es sehr hektisch zuging, bei Spielen mit vielen Fouls, mit gelben und roten Karten steigt die Gewaltbereitschaft der Zuschauer signifikant an. Die Gewalt auf dem Rasen verstärkt also die Emotionalität und Aggressivität, die Gewaltbereitschaft auf den Rängen (vgl. auch LÖSEL u. a. 1990; PILZ 1984; REMSCHMIDT 1990; SCHWIND/BAUMANN u. a. 1990). Mit dieser Erkenntnis gewinnen die Ergebnisse des Gutachtens „Sport und Gewalt" (PILZ u. a. 1982, 13f.) eine zusätzliche Brisanz: Dort wird darauf hingewiesen, dass die von den Fußballspielern verinnerlichte Moral des fairen Fouls auch die Erwartungshaltung der Zuschauer beeinflußt. Regelverletzungen im Interesse des Erfolgs der eigenen Mannschaft werden als legitim angesehen und entsprechend gefordert. Hier entsteht ein gefährlicher Kreislauf, der nur sehr schwer zu durchbrechen ist: Die Spieler machen im Interesse des Erfolges absichtliche Fouls, die Zuschauer wiederum erwarten von den Sportlern, dass sie im Interesse des sportlichen Erfolges auch die Regeln übertreten. Verhalten diese sich entsprechend, verstärken sie wiederum die gewaltförmige Erwartungshaltung der Zuschauer (PILZ/SILBERSTEIN 1990). Die dabei oft starke Identifikation eines Teils der Besucher mit der eigenen

Mannschaft führt zu einer äußerst subjektiven und einseitigen Bewertung gewaltförmiger Verhaltensweisen: Fouls der eigenen Mannschaft werden bejubelt, verharmlost und damit verstärkt, Fouls der gegnerischen Mannschaft umgekehrt dramatisiert. Auch in diesem Kontext gewinnt die These vom Schiedsrichter als „situativem aggressiven Hinweisreiz“ (PILZ/TREBELS 1976) eine besondere Bedeutung. Gerade beim Fußballspiel ergeben sich Ausschreitungen unter den Zuschauern als direkte Reaktion auf Schiedsrichterentscheidungen. Dabei tragen die Spieler selbst nur zu oft durch gestenhaftes Verhalten („Schwalben“, ungerechtfertigtes Reklamieren eines Einwurfs oder Eckstoßes) dazu bei, dass die Zuschauer gegen den Schiedsrichter aufgebracht werden, Emotionen entstehen, die zu einer gefährlichen Emotionalisierung der Zuschauer führen. Fußballspieler scheinen dabei im Laufe ihrer Fußballkarriere so etwas wie einen „angeborenen Reflex“ entwickelt zu haben, immer, wenn der Ball ins Tor- oder Seitenaus geht, gehen automatisch die Hände/Arme aller sich in der Nähe des Balles befindenden Spieler hoch, ganz egal wer den Ball ins Aus befördert hat, um dem Schiedsrichter zu signalisieren, wem der Einwurf zugesprochen werden muss, bzw. ob er auf Eckball oder Abstoß erkennen soll. Zurecht wird deshalb im Gewaltgutachten der Bundesregierung gefordert, dass im Interesse der Kontrolle und Prävention der Gewalt im Stadion, verstärkt Nachdruck auf das Fair Play gelegt wird, dass Regelverletzungen stärker geahndet und Schiedsrichter besser geschult werden, ja dass auch Regelveränderungen im Sinne der Verhinderung, zumindest Reduzierung absichtlichen Foulspiels und Förderung des Fair Play kein Tabu mehr sein dürfen (vgl. LÖSEL u. a. 1990; REMSCHMIDT 1990; SCHWIND/BAUMANN 1990). Dabei darf nicht vergessen werden, dass diese übersteigerte Erfolgsorientierung ein Produkt der wachsenden Kommerzialisierung und Professionalisierung des Fußballsports ist. So verwundert es eigentlich wenig, dass fußballinterne Diskussionen über mögliche Regeländerungen, Veränderungen des Meisterschaftsmodus oft weniger darüber geführt wurden, wie man der Gewalt auf dem Rasen begegnen und dem Fair Play zu mehr Beachtung verhelfen kann, als vielmehr, wie man das Fußballspiel spannender, die Emotionen der Zuschauer – die das Geschäft erst beleben – zusätzlich wecken kann. Hier scheint mir ein Umdenken erforderlich. Vor allem gilt es die Position der Schiedsrichter zu stärken, denn egal was und wie sie entscheiden, Schiedsrichter befinden sie in einem Dilemma: Sie können es eigentlich keinem Recht machen und kommen aus diesem Dilemma auch nicht so recht heraus.

Folgerungen – Was können, was müssen wir tun?

Wenn es stimmt, dass Fußballspieler nach einem Kosten-Nutzen-Denken handeln, dass die Existenz eines Schiedsrichters in erfolgsorientierten Situationen dazu führt, dass die Handelnden die Verantwortung für ihr Verhalten der sozialen Kontrollinstanz überantworten, wäre es am konsequentesten, die Kosten für Regelverstöße so hoch anzusetzen, dass man daraus keinen Nutzen mehr ziehen kann. Hier könnte und müsste der Fußballverband seinen Schiedsrichtern den Rücken stärken. Der DFB ist, ähnlich wie FIFA und UEFA gut beraten, die Schiedsrichter dazu anzuhalten, konsequent nach dem Regelwerk zu pfeifen und gelbe und rote Karte konsequent zu ziehen, auch wenn sich sie dann der Kritik der Spieler, Trainer und leider auch Sportjournalisten aussetzen. Da Fußballspieler wie offensichtlich alle Leistungssportler und erfolgsorientierten Menschen (siehe ULRICH 1997; LENK/PILZ 1989) nach einem einfachen Kosten-Nutzen-Prinzip handeln, werden solange Regelüberschreitungen ohne Belastung des eigenen Gewissens ausgeübt und angewendet, wie der Nutzen dieser Handlungen höher ist als die Kosten. Eine konsequente Bestrafung unfairer Handlungen ist ein wichtiger, erster Schritt in die richtige Richtung, und die Erfahrungen seit der Fußball-Weltmeisterschaft 1994 in den USA bestätigen dies. Ja mehr noch: Die Euro 2000 hat auch gezeigt, dass durch konsequentes und hartes Ahnden von Regelverstößen das Spielerische im Fußball gegenüber dem Kämpferischen wieder die Oberhand gewinnt, und davon kann der Fußball, können wir alle, die wir diesen Sport so lieben, nur profitieren.

Zum zweiten wäre zu überlegen, ob nicht vor allem im Jugendbereich so lange wie möglich ohne Schiedsrichter gespielt wird, um den Kindern und Jugendlichen mehr Eigenverantwortung für ihr Verhalten zu vermitteln. Wir haben in Untersuchungen nachweisen können, dass es bei Fußballspielen ohne Schiedsrichter in Schule wie Freizeitbereich zu erheblich weniger Streitereien, Fouls und Ausfällen kommt und die Jugendlichen sich mehr mit den Regeln auseinandersetzen und diese verinnerlichen, als bei Spielen mit Schiedsrichtern (PILTZ/TREBELS 1976). Junge Fußballspieler fühlen sich bei Spielen ohne Schiedsrichter mehr für ihr Verhalten verantwortlich und zur Einhaltung der Regeln verpflichtet als bei Spielen, wo man die Verantwortung leicht der Trillerpfeife des Schiedsrichters übertragen kann. Dies sage ich auch und vor allem in der Hoffnung, dass die hier erworbene Einstellung auch in den stärker erfolgsorientierten Spielbetrieb mit Schiedsrichter hinübergerettet wird und sich auch dort auf Spielverhalten und Einstellung zum Schiedsrichter positiv auswirkt.

Darüber hinaus, und auch dies haben unsere Ergebnisse gezeigt, spielen die Trainer im Rahmen der Erziehung zum Fair Play eine ganz entscheidende Rolle. Trainer, die das Fair Play ungeachtet allen berechtigten Erfolgsstrebens als wichtig erachten und entsprechend ihre Jugendlichen auf Fair Play einstimmen, haben erheblich mehr Spieler, für die das Fair Play, das Einhalten der Regeln wichtig ist. So würden „nur“ 54,4% der von uns befragten B-Jugendspieler, die angeben, dass ihr Trainer ein sehr großes Interesse am Fair Play haben, eine „Schwalbe“ machen, gegenüber 64,8% derjenigen, die angeben, ihr Trainer habe ein geringes und gar 84,6% der Spieler, deren Trainer überhaupt kein Interesse am Fair Play hat. Der Meinung, dass das wichtigste auf dem Platz das Gewinnen, notfalls auch mit Fouls sei, sind 46,8% der B-Jugendspieler, deren Trainer ein großes Interesse am Fair Play haben, gegenüber 63,8%, deren Trainer ein geringes und gar 85,7%, deren Trainer überhaupt kein Interesse am Fair Play hat.

Fairness-Verhalten, Fairness-Einstellung von B-Jugendlichen
Vergleich nach Interesse des Trainers am Fairplay

Noch deutlicher wird der Einfluss des Trainers bezüglich der Fairnesserziehung bei den C-Jugendlichen. So geben nur 13,8% der C-Jugendlichen, deren Trainer nach Ansicht der Jugendlichen ein sehr großes Interesse am Fair Play haben an, ihr Fairnessverhalten habe sich im Laufe des Fair Play Cups nicht verbessert, gegenüber 38,1% derjenigen, deren Trainer ein geringes Interesse und gar über 52% derjenigen, deren Trainer überhaupt kein Interesse am Fair Play hat (siehe die folgenden Abbildungen).

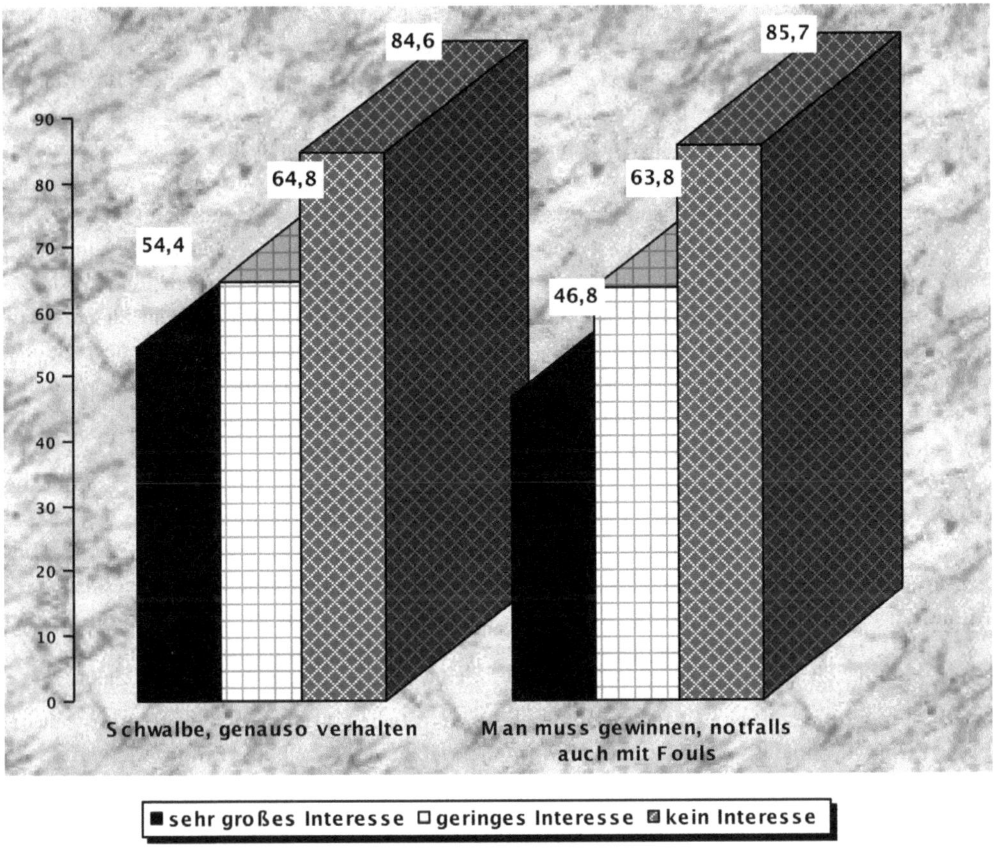

Einstellung zu fairem Verhalten, eigenes Verhalten und Fairness-Verbesserung
Vergleich nach Ausmaß des Trainerinteresses am Fairplay C-Jugend

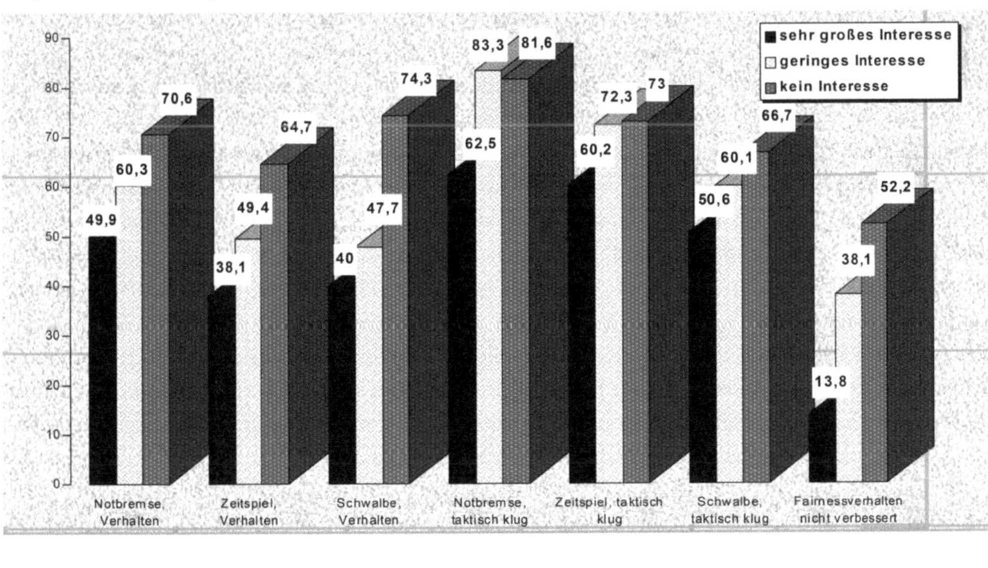

Es gilt also verstärkt in der Übungsleiter- und Trainerausbildung auf das Fair Play hinzuwirken. Daneben wäre es eine lohnende, aber ebenso schwierige Aufgabe die Sportjournalisten, zur Mäßigung aufzufordern, sie an ihre ethische Verantwortung zu erinnern und anzuhalten, Begriffe wie „Schlitzohrigkeit", „Notbremse", „unnötiges Foul" aus ihrem Sprachschatz möglichst zu tilgen.

Was die in letzter Zeit im Amateur- und Jugendbereich sich häufenden zum Teil schwersten An- und Übergriffe auf Schiedsrichter anbelangt, so müssen vor allem, wo es sich um Gewalthandlungen mit interethnischem Hintergrund handelt, in Zukunft auch verstärkt Schiedsrichter für die Hintergründe dieser Konflikte sensibilisiert und in die Lage versetzt werden, stärker auf die kulturellen Eigenheiten der Spieler im Sinne von Empathie einzugehen und adäquater, sprich auch deeskalierend auf deren Verhalten reagieren zu können und für mögliche Handlungsstrategien zur Entschärfung dieser Konflikte geschult werden. Hier scheint sich für den Schiedsrichter eine neue Rolle aufzutun, die des Sozialarbeiters. Doch soweit möchte ich nicht gehen, meine aber, dass – wenn die Konflikte nicht weiter ausufern sollen – alle Beteiligten im Sinne eines gewaltpräventiven Netzwerkes gefordert sind und die Schiedsrichter sind ein Teil dieses Netzwerkes.

Zum Schluss möchte ich noch kurz auf die Forderungen/Vorschläge bezüglich der Einführung von Profischiedsrichtern, zwei Schiedsrichtern, die Zulassung von Fernsehbeweisen usw. eingehen, die angesichts der Folgen die Schiedsrichterentscheidungen haben können, nur zu verständlich sind. Wo es um immer mehr geht, wo von einem Pfiff oder Nicht-Pfiff Millionenverluste oder Millionengewinne abhängen, ganze Existenzen bedroht werden können, da wird – dies haben wir von BLINKERT gelernt – gerne auch hingelangt, da gerät der Schiedsrichter natürlich noch mehr ins Kreuzfeuer der Kritik, da sind Fehlentscheidungen aber auch umso schmerzlicher und setzten Emotionen auf dem Platz wie auf den Rängen frei, die nicht selten eskalierend gewaltförmig enden. Die Schiedsrichter geraten unter einen zusätzlichen Druck, die Anforderungen an die Schiedsrichter steigen ins schier Unermessliche. Von daher sind Bemühungen, den Schiedsrichter zu entlasten, Schiedsrichterleistungen zu optimieren, nicht nur verständlich, sondern auch unverzichtbar, dringend geboten. Ob die hier vorgeschlagenen Mittel allesamt der richtige Weg sind, darüber streiten sich aber die Fachleute (siehe MICHEL 2000, 504ff.), und es ist zu hoffen, dass Änderungen, Modifizierungen mit der erforderlichen Bedachtheit und einem sorgfältigen Abwägen von Vor- und Nachteilen, Kosten und Nutzen getroffen werden. Bei allem Verständnis für die Optimierung der Schiedsrichterleistungen, es gilt auch ein „Pfund" nicht aus der Hand zu geben, das meines Erachtens auch einen wichtigen Teil der Faszination des Fußballsports ausmacht: die Tatsachenentscheidung des Schiedsrichters und damit auch seine Fehlbarkeit. Was wäre ein Fußballspiel, ohne dass man sich auch einmal über eine (vermeintliche oder tatsächliche) Fehlentscheidung aufregen kann? Das Fußballspiel ist – wie Rüdiger Fleisch in seinem Workshop treffend bemerkte – ein menschliches Drama, und der Schiedsrichter spielt in diesem Drama nicht zuletzt auch aufgrund seiner Fehlbarkeit und der Tatsachenentscheidung eine wichtige Rolle, eine durchaus nicht nur im Sinne der These vom „situativen aggressiven Hinweisreiz" problematische, gewaltfördernde, sondern durchaus auch im Sinne des griechischen Dramas kathartische Rolle. Unser Alltag wird ja zusehends, zivilisations- und gesellschaftsbedingt erlebnis-, spannungs- und abenteuerärmer. Die Menschen moderner Industriegesellschaften sehen sich zunehmend einem zivilisatorischen Druck ausgesetzt, sich und ihr Verhalten ständig und stetig unter Kontrolle zu halten, ihre Affekte und Emotionen zurückzudrängen, zu unterdrücken oder – wie ELIAS (1977) es nennt – ihren Trieb- und Affekthaushalt zu kontrollieren. Wir haben uns praktisch laufend unter Kontrolle, im wahrsten Sinne des Wortes „in der Gewalt", unterdrücken unsere aktuellen Befindlichkeiten und Bedürfnisse, um andere nicht zu stören und ein so hoch komplexes Zusammenleben, wie dies in modernen Industriegesellschaften erforderlich ist, zu ermöglichen. Dies bleibt nicht ohne Folgen. Dies um so mehr, als Spannung, Affektivität wesentliche Triebfedern menschlichen Verhaltens sind, wie uns ELIAS (1977) und CSIKSZENTMIHALYI (1985) lehren. Die Dämpfung des Trieb- und Affekthaushaltes führt so zu einem verstärkten Bedürfnis nach affektiven Erlebnissen, das nun zusätzlich dadurch verstärkt wird, dass es in unserer verwalteten (ja ‚zer'-walteten), verrechtlichten und verbürokratisierten Gesellschaft immer weniger Möglichkeiten gibt, affektive Bedürfnisse zu befriedigen. Das Stadion, das Fußballspiel sind eine der letzten erhaltenen öffentlichen Bastionen für das Ausleben dieser Emotionen. Vielleicht ist es gerade das, was die Beliebtheit, die Faszination des Fußballsports ausmacht. Wer aus dem Fußballsport die Emotionen ganz herausnimmt, wer die Fehlbarkeit des Schiedsrichters in Frage stellt, der nimmt dem Fußballsport die Seele. Wenn wir es schließlich ernst meinen mit den acht Buchstaben auf gelbem Grund, die vor jedem großen internationalen Spiel von Kindern über den Rasen getragen werden, wenn wir es also Ernst meinen mit dem Fair Play, dann dürften Tatsachenentscheidungen nicht das Problem der Schiedsrichterrolle in den nächsten 100 Jahren sein, oder wie der von mir sehr geschätzte Rudi MICHEL (2000, 512) so treffend geschrieben hat: „Dem Schiedsrichter steht bei allen erforderlichen ‚Sofort-Entscheidungen' nach einer Definition aus der Sozialethik das Recht des menschlichen Irrtums zu. Seit mehr als hundert Jahren." Dass dies auch für die nächsten hundert Jahre gelten möge und vor allem dass sich dies Spieler, Trainer, Betreuer und Sportjournalisten wieder mehr zu Herzen nehmen und akzeptieren, dies wünsche ich im Interesse des Schiedsrichterwesens, dem Erhalt der Faszination des Fußballsports uns allen von ganzem Herzen.

Literatur

BECKER, P./PILZ, G. A.: Die Welt der Fans. Aspekte einer Jugendkultur. München 1988.

BLINKERT, B.: Kriminalität als Modernisierungsrisiko. In: Soziale Welt 1988, 397–412.

BOURDIEU, P.: Historische und soziale Voraussetzungen des modernen Sport. In: HORTLEDER, G./GEBAUER, G. (Hrsg.): Sport- Ethos- Tod. Frankfurt 1986, 91–112.

CSIKSZENTMIHALYI, M.: Das flow-Erlebnis. Jenseits von Angst und Langeweile: Im Tun aufgehen. Stuttgart 1985.

DUNNING, E./SHEARD, K. G.: Die Entstehung des Amateurideals – dargestellt am Beispiel des Rugbyfußballs. In: HOPF, W. (Hrsg.): Fußball – Soziologie und Sozialgeschichte einer populären Sportart. Bensheim 1979, 82–92.

ELIAS, N.: Über den Prozess der Zivilisation. Frankfurt 1977, 2 Bde.

FESTINGER, L.: Theory of cognitive dissonance. Evanston 1957.

GABLER, H./SCHULZ, H.-J./WEBER, R.: Zuschaueraggressionen – eine Feldstudie. In: PILZ, G. A., u. a.: Sport und Gewalt. Schorndorf 1982, 23–60.

GUTTMANN, A.: Ursprünge, soziale Basis und Zukunft des Fair Play. In: Sportwissenschaft 1982, 23–60.

HURRELMANN, K.: Gewaltprävention durch Sport – Das Beispiel Fußball. Vervielfältigtes Vortragsmanuskript Bielefeld 2000.

LENK, H./PILZ, G. A.: Das Prinzip Fairness. Osnabrück 1989.

LÖSEL, F., u. a.: Ursachen, Prävention und Kontrolle von Gewalt aus psychologischer Sicht. In: SCHWIND, H.-D./BAUMANN, J., u. a. (Hrsg.): Ursachen, Prävention und Kontrolle von Gewalt. Berlin 1990, Band II, 4–156.

MCINTOSH, P.: Fair Play. Ethics in Sports and Education. London 1979.
MICHEL, R.: Kein Spiel ohne Regeln. Schiedsrichter – der unersetzliche Akteur. In: DFB (Hrsg.): 100 Jahre DFB – Die Geschichte des Deutschen Fußball-Bundes. Berlin 2000, 497–512.
MÜLLER, U./PILZ, G. A.: Sei sportlich – sei fair: Abschlußbericht über die Fair Play-Initiative der Württembergischen Sportjugend. Schorndorf 1987.
PILZ, G. A.: Gewalttätigkeit Jugendlicher im Umfeld von Fußballspielen- Eine sozialwissenschaftliche Diskussion aktueller Probleme der ‚Fankultur'. In: BECKER, H. (Red.): Fair Play – eine Utopie? Fans – Fairness – Frieden. Frankfurt 1984, 21–40.
PILZ, G. A.: Fairness und ihr Verständnis im sportlichen Wettkampf oder: Die Moral des „fairen Fouls". In: MOKROSCH, R./REGENBOGEN, A. (Hrsg.): Was heißt Gerechtigkeit? Ethische Perspektiven zu Erziehung, Politik Religion. Donauwörth 1999, 215–227.
PILZ, G. A./TREBELS, A. H.: Aggression und Konflikt im Sport. Ahrensburg 1976.
PILZ, G. A., u. a.: Sport und Gewalt. Schorndorf 1982.
REMSCHMIDT, H.. u. a.: Ursachen, Prävention und Kontrolle von Gewalt aus psychiatrischer Sicht. In: SCHWIND, H.-D./ BAUMANN, J., u. a.(Hrsg.): Ursachen, Prävention und Kontrolle von Gewalt Berlin 1990, II, 157–292.
SCHWIND, H.-D./BAUMANN, J.. u. a.(Hrsg.): Ursachen, Prävention und Kontrolle von Gewalt. Berlin 1990 (4 Bände).
ULRICH, H. E.: Leistungssport. – zwischen Idealisierung und Professionalisierung. Köln 1977.

Referat, gehalten in Leipzig am 6. Juli 2000 anlässlich des Schiedsrichter-Kongresses des DFB „100 Jahre DFB – 100 Jahre Schiedsrichter".

III Fußball, Fankultur und Gewalt

Von der Fankultur zum Gewalt-Event – Wandlungen des Zuschauerverhaltens im Fußball

Die Veränderungen des Zuschauerverhaltens im Fußball lassen sich sehr schön am Beispiel der Wandlungen der Begrifflichkeiten festmachen. Wurden in den 50er und 60er Jahren die Fußballanhänger, die ihre Mannschaften zu Auswärtsspielen begleiteten zwar martialisch klingend (Schlachten), aber eher liebevoll, harmlos (Bummler) gemeint, noch als Schlachtenbummler, bezeichnet, so wurden ab Mitte der siebziger Jahre Schlachtenbummler durch „Fußballfans" und – in negativen Versionen – „Fußballrowdies", „Fußballrocker" und Mitte/Ende der 80er Jahre „Hooligans" ersetzt.

Ende der 90er Jahre kamen dann die Ultras, die ihre Leidenschaftlich und Zuneigung gegenüber ihren Clubs zum Teil hemmungslos und – in der negativen Form – als „Hooltras" auch gewaltförmig entgrenzend zeigen und ausleben. Dabei hat sich die Gewalt der Fans und vor allem der Hooligans weitestgehend vom Zusammenhang mit dem Spielgeschehen gelöst und eine gefährliche Eigendynamik erfahren. So können wir eine interessante Parallele festmachen bezüglich der Entwicklung und Ausdifferenzierung von Spieler- und Zuschauertypen: So wie aus dem Spieler zum Anfassen, dem Spieler als „greifbarem subkulturellen Repräsentanten" der distinguierte Star wurde, dessen Treue und Verbundenheit zum Verein nicht einmal mehr langfristige Verträge, geschweige denn die soziokulturelle, lokale Verwurzelung, sondern allein die Höhe der finanziellen Zuwendungen bestimmen, so wandelte sich denn auch der kumpelhafte Anhänger zum leidenschaftlichen Fan und schließlich zum coolen distinguierten Hooligan, als letzte Stufe der Distanz von Spieler, Verein und Zuschauer. Der Fan und Star sind zwei Seiten einer Medaille, deren aktuelle und fortgeschrittene Variante der ausgekochte Profi ist, der flexibel und cool wie ein elitärer Hooligan die regionale Vereinsgebundenheit ebenso abstreift wie sein Trikot und dort auftritt, wo das meiste Geld bezahlt wird, respektive beim Hooligan, wo die ‚beste Action' abgeht.

Wir unterscheiden dabei zwei unterschiedliche Typen von Hooligans: den Modernisierungsverlierer („Proll-Hool") und den Kick suchenden „Yuppie Hool".

Hooligans als Modernisierungsverlierer

Das Jugendalter gilt als Lebensphase, in der der Heranwachsende eine psychosoziale Identität aufbauen muss. Diese Verwirklichung von personaler Identität ist heute erschwert. Junge Menschen wollen nicht nur passiv Lernende in Institutionen sein, sie brauchen auch Bestätigung, Engagement und sinnvolle Aufgaben. Herausbildung einer positiven Identität, die im Jugendalter geleistet werden muss, heißt deshalb positive Antworten auf die drängenden Fragen geben: *„Wer bin ich?" „Was kann ich?" „Wozu bin ich da?" „Wohin gehöre ich?" „Was wird aus mir?"* Dabei wurde bereits im Gewaltgutachten der Bundesregierung (Schwind & Baumann, 1990) beklagt, dass junge Menschen vor allem in der Schule heute fast nur noch erfahren, was sie nicht können, nicht aber das was sie können. Der Kampf vieler junger Menschen geht eigentlich um die Frage: Was bin ich in dieser Gesellschaft? Was bin ich überhaupt, wer nimmt mich wahr? Daraus ergeben sich kulturelle Suchbewegungen junger Menschen, mit denen sie diese Probleme zu lösen versuchen. Bieten sich Jugendlichen keine oder kaum Möglichkeiten, sich durch etwas hervorzutun, bleibt ihnen oft nur noch der Körper als Kapital, den sie entsprechend ausbilden (modellieren) und Anerkennung und Aufmerksamkeit suchend einsetzen. Hier ist eine der Wurzeln für den „Kult des Körpers" und der Gewalt zu sehen. Sie sind so besehen auch eine Form jugend-, meist jungenspezifischer Identitätssuche und von Identitätsentwicklung. Hier kommt das gewaltfördernde Selbstkonzept der *Selbstbehauptung* zum Tragen. Bei diesem Selbstkonzept befinden sich die Menschen (vornehmlich mit niedrigem Bildungsniveau) in der Defensive und finden ihre Selbstbehauptung dadurch, dass sie sich in Gruppen zusammenschließen und dort ihre eigene Kraft finden. Unter diese gewaltfaszinierten Fußballfans und Hooligans versuchen sich auch Rechtsradikale zu mischen, was nach Wippermann (2001, 7) auch damit zu tun hat, dass „rechtsradikale Gewalttaten für die Täter (unbewusst) den Charakter eines Events haben. Sie werden begriffen als eine Veranstaltung mit einer besonderen Ästhetik, emotionalen Aufladung und Gemeinschaftserleben und sind darin motivationspsychologisch anderen Events ähnlich. Rechtsradikale Gewalt hat also heute diese Doppelstruktur von Ideologie und Erlebnissehnsucht". Die Hooligans verhalten sich dabei wie die Fußballspieler. Sobald diese den Platz betreten, lassen sie die Verantwortung für ihr Verhalten in der Kabine: Erlaubt ist nicht nur, was das Regelwerk vorschreibt, sondern alles, was der Schiedsrichter nicht sieht bzw. nicht pfeift. Ganz ähnlich äußern sich Hooligans: „Wenn es Verletzte oder gar Tote gibt, sind nicht wir schuld, sondern die Polizei, die nicht rechtzeitig genug eingegriffen hat." Dabei entwickeln diese Jugendlichen ein sehr ambivalentes Verhältnis zur Polizei. Auf der einen Seite beklagen sie sich, wenn die Polizei konsequent eingreift und damit mögliche Auseinandersetzungen bereits im Keime erstickt, auf der anderen Seite finden sie es aber auch nicht gut, wenn die Polizei gar nicht oder zu spät eingreift. So werden Bundesligastädte und -stadien von den Jugendlichen u. a. danach eingestuft, wie gut oder wie schlecht man sich dort prügeln kann. Dabei haben Hooligans ein klares Bild von dem, wie die Polizei einzugreifen hat: Für den Außenstehenden zu hartes, zum Teil sogar brutales Eingreifen wird von vielen Hooligans mit der lapidaren Bemerkung abgetan: „Wenn wir unseren Spaß haben, sollen ihn auch die Bullen haben. Wenn wir Scheiße machen, dürfen wir uns nicht beklagen, wenn die Bullen es uns zurückzahlen", sagte ein Hooligan, nachdem er durch Gummiknüppel der Bereitschaftspolizei erhebliche Blessuren erlitten hatte und in die Flucht geschlagen wurde, und fügte wörtlich hinzu: „Heute waren die Bullen aber gut drauf!"

Gewalt ist für diese Hooligans ein Medium zur Herstellung einer positiven Identität, von Selbstbewusstsein und Selbstwertgefühl. Auseinandersetzungen werden bewusst und gezielt gesucht.

Hooligans und die Suche nach dem Kick

Entgegen der weit verbreiteten Meinung, bei den Hooligans handelte es sich ausschließlich um so genannte Modernisierungsverlierer, also junge Menschen mit schlechten oder gar keinen Schulabschlüssen, geringen Zukunftsperspektiven, rekrutieren sich Hooligans aus allen Sozialschichten. „Yuppie-Hools" haben zwei Identitäten: eine bürgerliche Alltagsidentität und eben ihre sub- bzw. jugendkulturelle Hooliganidentität.

„Der Fußball ist wie ein zweites Privatleben. Ich kann mit meiner Freundin weggehen, da habe ich meine Sonntagshose an, da geh' ich Essen ganz fein, geh' ins Kino ganz fein, sitz' abends daheim und guck' Fernsehen. Und dann gibt's wie ein Bildschnitt, dann schlaf' ich eine Nacht, steh' morgens auf und dann ist Fußballtime. Dann guck' ich halt, wo ich gut kann, wo geht 'ne Party ab" (Pilz, 1994, 59) so ein Hooligan. Den Hooliganismus im Fußballsport können wir auch als eine Folge der Modernisierungsprozesse unserer Gesellschaft begreifen. „Yuppie"-Hooligans verkörpern in exakter Spiegelung die einseitigen Werte und Verhaltensmodelle des verbreiteten Zeitgeistes: Elitäre Abgrenzung, Wettbewerbs-, Risiko- und Statusorientierung, Kampfdisziplin, Coolness, Flexibilitäts- und Mobilitätsbereitschaft, Aktionismus, Aggressionslust, Aufputschung und atmosphärischer Rausch. Blinkert (1988) weist schließlich noch darauf hin, dass die geringe Verankerung des Individuums in Institutionen und sozialen Bezügen dabei zur Konsequenz hat, dass bei der Entscheidung zwischen Alternativen die externen Kosten eigenen Handelns kaum noch eine Rolle spielen. Das Persönlichkeitsprofil eines gewaltbereiten, gewaltfaszinierten „Yuppie –Hools" unterscheidet sich denn auch in der Selbstbeschreibung nicht von dem eines mittleren deutschen Managers oder Spitzensportlers: freundlich-locker; cool-knallhart; durchsetzungsstark; respektiert; überlegen; selbstbewusst; Menschenkenner. Es kommt eine weitere Dimension hinzu, die der *authentischen Erfahrung*, die ihre Ursache u. a. in der Verengung, Verregelung, dem Verschwinden von Bewegungsräumen, Räumen zum Spielen, zum Ausleben der Bewegungs-, Spannungs- und Abenteuerbedürfnisse hat. Ein paar Aussagen von Hooligans mögen dies verdeutlichen:

> „Wenn man im Dunkeln durch den Wald rennt, über Zäune und durch Gärten, und die anderen jagt, und die Polizei ist hinter einem her – das ist fantastisch, da vergisst man sich."
>
> „Es ist ein unheimlich spannendes Gefühl, wenn man in so einer riesigen Gruppe von 100 bis 120 Leuten mitläuft, und man muss wirklich aufpassen, ob jetzt links oder rechts aber irgendwelche feindliche Hooligans kommen. Das erinnert mich irgendwie immer so an diese Geländespiele, die man früher immer gemacht hat mit Jugendgruppen. Das ist wirklich so, wie wenn man Räuber und Gendarm spielt. Und was das ganze manchmal noch spannender macht, ist, dass höchst überflüssiger Weise die Polizei dann auch noch mitmischt, weil das macht die Sache dann interessanter, weil es schwieriger ist, weil man dann auf zwei Gegner achten muss und nicht nur auf einen."
>
> „Wenn du natürlich jetzt mit so 'nem Übermob antobst und dann eben alles niedermachst, also das schönste Gefühl ist das eigentlich. Dann fliegen vielleicht 'n paar Flaschen oder Steine. Und dann rennt der anderer Mob und dann jagst du die anderen durch die Gegend. Also siebenter Himmel. Das würdest du mit keiner Frau schaffen oder mit keiner Droge. Dieses Gefühl, das ist schön."
>
> „Was mich anzieht, sind die Momente, wo das Bewusstsein aufhört: Momente, in denen es ums Überleben geht, Momente von animalischer Intensität, der Gewalttätigkeit, Momente, wenn keine Vielzahl, keine Möglichkeit verschiedener Denkebenen besteht, sondern nur eine einzige – die Gegenwart in ihrer absoluten Form. Die Gewalt ist eines der stärksten Erlebnisse und bereitet denen, die fähig sind, sich ihr hinzugeben, eine der stärksten Lustempfindungen ... Und zum ersten Mal kann ich die Worte verstehen, mit denen sie diesen Zustand beschrieben. Dass die Gewalttätigkeit in der Masse eine Droge für sie sei. Und was war sie für mich? Die Erfahrung absoluten Erfülltseins" (Buford, 1992, 234).

Hier kommt das zweite gewaltfördernde Selbstkonzept, das der Selbstdurchsetzung, zum Tragen nach dem Motto: *Ich habe mir meinen Weg gebahnt im Leben, wer mich stört, den schiebe ich weg. Gut ist, was mir nützt.* Bei diesem Selbstkonzept, das zunehmend (vor allem bei Menschen mit hohem Bildungsniveau) an Gewicht gewinnen wird, entspricht genau der von Blinkert (1988) beschriebenen machiavellistischen Orientierung, mit Werten, Normen und Moral instrumentalistisch, zugunsten des eigenen Machtzuwachses oder der Machterhaltung umzugehen, also alles daran zu setzen, die eigene Einzigartigkeit durchzusetzen, zu bewahren. Dieses Selbstbild finden wir ausgeprägt bei vielen erfolgsorientierten Leistungssportlern, aber auch in der erlebnishungrigen Hooliganszene.

Gewalt dient hier eindeutig der Lustbefriedigung, Gewalt ist nicht Mittel zum Zweck, sondern Selbstzweck, entsprechend werden Auseinandersetzungen mit Gleichgesinnten gesucht und verabredet.

Fußball ist unser Leben: Ultras und Supporter als Bewahrer der atmosphärischen Seele des Fußballs

Seit Mitte/Ende der 90er Jahre bilden sich bundesweit so genannte Ultraszenen. Angelehnt an die Ultraszenen in Italien, Frankreich und Spanien ist es Ziel dieser Fans, eine neue Art der Atmosphäre in die Stadien zu bringen. Zu ihrem Repertoire gehören Choreografien, Kurvenshows, Spruchbänder, Schwenkfahnen, Doppelhalter, neue Gesänge und andere Stimmungsrituale. Die erste und auch heute größte Ultra-Gruppierung bildete sich in Frankfurt. Die Frankfurter Szene, die enge Kontakte zu italienischen Ultras pflegt, gilt in anderen deutschen Szenen bei individuellen Nuancen daher auch als Vorbild und Trendsetter. Ultras distanzieren sich strikt von den ebenfalls sehr vereinsbezogenen Kuttenfans. Beliebt (wie bei den Hooligans) ist teure Markenkleidung der ‚Szeneausstatter' Hooligan, PitBull, Umbro, Troublemaker sowie Nike und New Balance Turnschuhe.

Zu der beschriebenen Kleidung wird aber, im Gegensatz zu den Hooligans, immer noch ein Fan-Schal (Balkenschal) getragen, der das Fußballinteresse dieser Gruppe unterstreicht. Des Weiteren werden häufig Polo-Shirts und Sweat-Shirts mit szeneeigenen Schriftzügen und Emblemen in Auftrag gegeben.

Reith (1998, 181ff.) beschreibt die ‚Ultras' als Fans, die sich gegen die Kommerzialisierung des Fußballs und der Fan-Szene wehren. ‚Groundhopper', die in Spanien und Italien unterwegs waren, haben ihre Erfahrungen in die deutsche Fan-Szene mitgebracht. Diese Mischung aus Kuttenfans und Hooligans hat es „satt mit anzusehen, wie die Fan-Szene nach und nach ihr Niveau verliert, wie diese Leute jeden Trend gutgläubig mitmachen, den die Merchandising-Fachkräfte in die Welt setzen und damit die Kreativität der Fan-Szene nach und nach immer mehr untergraben".

Selbstverständnis der Ultras und erste Folgerungen

In der Homepage von den Ultras Frankfurt steht entsprechend über das Selbstverständnis der ULTRAS zu lesen:

> „Ultrá ist für uns eine Geisteshaltung, eine grundsätzliche Einstellung zum Fandasein. Wir verstehen uns nicht als bloße in sich hinein konsumierende Masse, die bierselig im Block steht und alles, was auf dem Platz und drumherum vorgeht, kommentarlos hinnimmt. Ganz im Gegenteil! Wir sind kritische und vor allem mündige Menschen, denen niemand das Denken und das Anprangern herrschender Missstände verbieten kann und wird. Wir verwehren uns ausdrücklich dagegen, ein ungeliebter Teil dieses „Events" Fußball zu sein ... Wir sind die Hauptsache! WIR sind das Spiel und der Verein (bzw. dessen Reste). Wir sind der Grund, warum Fußball nach wie vor eine große Faszination auf Menschen jeder Altersklasse ausübt. (...)
>
> Ultrá zu leben bedeutet mehr als nur Fahnenschwenken und Choreografien zu inszenieren ... Klar ist es unbeschreiblich geil, gigantische Fahnenmeere zu erschaffen, und die Mannschaft mit abwechslungsreichen Gesängen bedingungslos zu unterstützen, aber es gibt noch

eine andere Seite, der man mindestens, wenn nicht noch mehr Bedeutung zumessen sollte: die geistige Seite des Ganzen. Es ist wichtig, eine starke Gruppe zu schaffen, die aus ähnlich denkenden und fühlenden Menschen besteht, die gegen alle äußeren Einflüsse zusammenhält, und die ihre Ideale und Träume versucht zu leben und zu verwirklichen. Eine Gruppe, die noch Werte hat und die auf diese achtet, während in der heutigen Gesellschaft Schlagwörter wie Freundschaft, Treue und Ehrlichkeit von Wörtern wie Gewinnoptimierung und Effizienz verdrängt werden. (...)

Es sollte darum gehen, sich eine Gegenwelt zu schaffen, in der man selbst die Regeln bestimmt! Gesellschaftliche Konventionen können dort außer Acht gelassen werden, und man kann einfach so leben, wie man es sich vorstellt, ohne allerdings den Blick über den Tellerrand hinaus zu verlieren. Einen eigenen erkämpften, erarbeiteten Freiraum, in dem man der immer uniformer werdenden Gesellschaft entgegen steuern kann und sich kreativ ausleben kann!"

(www.ultras-frankfurt.de/portal/modules.php?name=selbstverstaendnis)

Eine bemerkenswerte Beschreibung des Selbstverständnisses der Ultras, das die große Bedeutung, die diese Gruppierungen für junge Menschen auch im Sinne des Aufbaus einer positiven Identität haben, verdeutlicht.

Dahinter verbergen sich Antworten auf die bereits 1979 von Lindner und Breuer beschriebenen Wandlungen der Erwartungshaltungen und Wahrnehmungsweisen des Publikums und besonders die Interaktionsformen zwischen Spielern und Zuschauern sowie das Verhältnis von Verein, Spieler und Zuschauer. Die Mannschaft, die das Viertel repräsentiert, deren Spieler man kennt und zuweilen, und sei es nur an der Theke des Vereinslokals, trifft, hat kaum mehr etwas mit der zusammengekauften Profitruppe zu tun, die man mit einigem Glück gerade noch, bevor sie in ihren Porsche, Mercedes oder Maserati steigen, zum Autogrammgeben erwischt. „Die Veränderung dieser Rahmenbedingungen des Fußballsports droht dem Fußball seine kulturelle, soziale und geschichtliche Dimension zu rauben und ihn zu einem, wenn auch aufgrund seiner spezifischen Faszination nicht beliebig austauschbaren Segment der Unterhaltungsbranche" (Lindner & Breuer, 1979, 169) zu machen. Die hier beschriebene zunehmende sportliche, soziale und wirtschaftliche Distanz zwischen Spielern und Zuschauern, die wachsende Professionalisierung des Sports und damit einsetzende immer klarere Trennung zwischen Zuschauer und Sportler, die wachsende Distanz zwischen beiden, führen dazu, dass die Zuschauer eine immer größer werdende Sensibilität für ihre eigene Anwesenheit entwickeln. Es gibt unterschiedliche Beispiele dafür, dass sich die Zuschauer heute mehr und mehr mit sich selbst befassen, da ihnen die Sportler selbst zu weit entrückt sind: Zum einen sind dies die vielen äußerst geistreichen, kreativen und oft auch sentimentalen, manchmal auch etwas geschmacklosen Choreografien der Ultras und Supporter zu Beginn des Spiels. Zum anderen fallen die mit Megafon versehenen Vorsänger, die nach der ursprünglichen italienischen Herkunft ultraintern auch Capos genannt werden und die die Lieder und Schlachtrufe anstimmen, auf. Die geringe Beachtung der Fans durch Spieler wie Verein kann auch dazu führen, dass die Fans ihre eigene „Aktion" im Stadion suchen und realisieren. Treffend auf den Punkt bringt dies ein Fan: „Sollen sie doch spielen, wie sie wollen, darum geht's doch längst nicht mehr. Wir feiern jetzt uns selbst". Oder wie es in dem Selbstverständnis der Ultras Frankfurt heißt: „Wir sind das Spiel", wohinter aber auch zu Recht die Gewissheit steht, dass Fußball ohne die Fans, ohne die Stimmung in den

Kurven, ein Spiel ohne Seele, ein „totes" Spiel wäre. Dies kann sogar so weit gehen, dass Zuschauer und Sportler die Rollen tauschen. Diese ästhetische Form des Sich-Befassens mit sich selbst kann jedoch auch in andere, z. B. gewalttätige Formen münden. In dieses Bild und als weiteres Zeugnis der gewachsenen Distanz passt ein anderes Phänomen. In Ermangelung der Möglichkeit der direkten Interaktion mit Spielern, Trainern und Vereinsfunktionären nutzen die Fans das Stadion und – der heutigen Zeit und Bedeutung elektronischer Medien angepasst – das Internet immer mehr auch als Sprachrohr für ihre Kritiken, Meinungen, Wünsche und Forderungen (vgl. Pilz & Wölki, 2003).

Vor allem die extrovertierte Art der Vereinsunterstützung und die Selbstdarstellung der Ultras mit Hilfe von aufwendigen Blockchoreographien, Bewegungen, Spruchbändern, Papptafeln, Schwenkfahnen, Doppelhalten, großen Überziehfahnen, Trommeln, Dauergesängen, Einpeitschern mit Megaphonen und der enge Zusammenhalt der Gruppe fasziniert jugendliche Fußballanhänger. Für sie ist „Ultra" mehr als nur eine Art neuer Fan-Club. Ultra sein bedeutet eine neue Lebenseinstellung besitzen, Teil einer eigenständigen neuen Fußballfan- und Jugendkultur zu sein, d. h. dass sie im Gegensatz zu den Hooligans nur eine Identität besitzen – ihre Ultra-Identität – die sie eben auch innerhalb der Woche praktizieren. Alles andere wie die Schule, der Beruf, die Freundin oder die Familie muss sich dabei dem Fußball unterordnen. Die Mitglieder verstehen sich als extreme Fans oder auch so genannte „Allesfahrer", die ihre Mannschaft, ihren Verein überall hin begleiten: zu Freundschaftsspielen, ins Trainingslager oder auch zu Amateurmeisterschaften. Für sie zählt nicht nur das Ergebnis oder die Liga, in der ihr Verein spielt, sondern mehr die Unterstützung, die Aktion vor, während und nach einem Spiel. Dafür treffen sie sich regelmäßig innerhalb der Woche in Kneipen, Fan-Projekten oder anderen Räumlichkeiten und überlegen, wie sie ihren Verein das nächste Mal bestmöglich 90 Minuten lang unterstützen können.

Das Fußballstadion, die Ultragemeinschaft wird zu einem wichtigen Ort des Ausgleichs des Seelenhaushaltes der Menschen moderner Industriegesellschaften. In einer Gesellschaft, wo die Menschen nur noch daran gemessen werden, was sie haben und nicht danach, was sie sind, steigt auch das Bedürfnis, selbst kreativ zu sein, etwas schaffen, nach eigenen Vorstellungen aufbauen und verändern zu können, etwas zu bewegen, auf etwas Einfluss zu haben, wie uns Negt (1998) gezeigt hat. Dieses ganz normale Bedürfnis – zusätzlich durch die Zurückdrängung der Affekte und Emotionen, den Zwang zur Selbstdisziplin und -kontrolle genährt – stößt aber permanent an seine Grenzen. Wo die meisten Menschen hinkommen, ist meist schon alles fertig, organisiert, wirklich nicht mehr beeinflussbar, sind sie von Vorschriften, Verordnungen oder gesetzlichen Normen umgeben, die ihre Handlungsmöglichkeiten, ihren Spielraum erheblich einengen. Genau diese Gefahr droht den Ultras nun auch im Stadion. Daraus entstehen Enttäuschungen, Gefühle der Ohnmacht und Einflusslosigkeit, die in Resignation, Flucht oder in Vandalismus und Gewalt enden können. Dem Fußballstadion kommt deshalb eine wichtige Rolle im Sinne der Kompensation zu. Hier wird es deshalb in Zukunft sehr entscheidend sein, wie weit es gelingt, den Ultras Räume zur (Selbst-) Inszenierung zu geben, zu belassen, d. h. den (überwiegenden) Teil der Ultras, der sich vorwiegend der Stimmungsmache und dem Herstellen einer fußballspezifischen Atmosphäre verschrieben hat, zu stärken. Dies ist umso wichtiger, als zu beobachten ist, dass die Inszenierungs- und Choreografiebedürfnisse der Ultras immer stärker mit ordnungspolitischen und sicherheitstechnischen Bestimmungen und Regelungen in den Stadionordnungen in Konflikt geraten (bengalische Feuer, Rauchbomben, Papierschnipsel, Konfetti u. ä.). Große Fahnen, Doppelhalter, Lärminstrumente, Konfetti, Wunderkerzen, sie alle sorgen für die unvergleichliche – in den Medien als südländische, gut zu vermarktende und hochgelobte Begeisterung – Stimmung und Atmosphäre im Stadion. Werden diese

Dinge verboten, wird dem Fußball nicht nur seine atmosphärische Seele genommen, sondern es besteht auch die Gefahr, dass die Bedürfnisse nach Atmosphäre, Stimmung, Emotionalität anders und dann auch problematischer und gefährlicher ausgelebt werden.

Weshalb also nicht auch das Stadion als Ort des Auslebens von Bedürfnissen nach Abenteuer, Spannung, nach dem Erleben von Affekten und Emotionen erhalten, ja sogar ausbauen? Zu Recht haben Weis, Alt und Gingeleit (1990) auf das Problem der fortschreitenden Verengung gesellschaftlicher Räume, der Zerstörung der Räume und Lebenswelt Fußball hingewiesen und für deren Erhalt plädiert. Die Forderung nach reinen Sitzplatzstadien ist deshalb auch kein Beitrag zur Besänftigung der Gewalttätigkeit. Nicht nur, dass in den Stehplatzbereichen aufgrund der dort noch möglichen Mobilität Kommunikation zwischen sozialen Schichten und Generationen möglich ist, nur im Stehen kann richtig Stimmung gemacht werden.

Im Zeitalter der „Eventisierung" des Fußballs verstehen sich die Ultras als einen kritischen Gegenpol, kämpfen für den Erhalt der traditionellen Fankultur, gegen Stadionverbote und gegen reine Sitzplatzstadien in Deutschland.

Sexistische, rassistische und gewaltverherrlichende Parolen werden von Ultras häufig dazu genutzt, die gegnerischen Fans zu provozieren, indem sie deren Spieler z. B. auf Doppelhaltern in eindeutigen Positionen als Homosexuelle darstellen. Ähnlich problematisch ist ihre Vorliebe und Faszination für Pyrotechnik. Vor allem bei Derbys oder Abendspielen benutzen Ultras gerne bengalische Feuer oder bunte Rauchbomben im Rahmen ihrer Choreografien. Da der Gebrauch von Pyrotechnik in allen Bundesliga-Stadien allerdings verboten ist, hat sich der Gebrauch von Pyrotechnik zunehmend von ursprünglich reinem Stilmittel zu einem Mittel der symbolischen territorialen Eroberung des gegnerischen Stadions (in der Regeln zündeln die Ultras nur noch bei Auswärtsspielen) und damit der Provokation der Heimfans entwickelt.

Ultras auf dem Weg zu Hooltras?

Ein Problem stellt die Gewaltbereitschaft bzw. das offene Bekenntnis zur Gewalt, dar, die offensichtlich zum Lifestyle der Ultras als Eventkultur gehörend, mittlerweile auf fast allen Ultra-websites von einem Teil ihrer Anhänger propagiert wird. Die Ultraszene ist auf dem Weg, sich von der Gewaltfreiheit zu verabschieden und immer mehr auch hooliganähnliches Verhalten, gepaart mit ultraspezifischen Aktionen zu zeigen, so dass ich von einer Entwicklung bzw. Ausdifferenzierung der Ultras hin zu Hooltras spreche – dies auch, um den noch kleinen Teil der gewaltbereiten Hooltras von der überwiegenden Zahl friedlicher Ultras klar zu unterscheiden.

Auf der Internetseite der Ultras Frankfurt steht hierzu unmissverständlich:

> „Wenn man von der Verteidigung und Erhaltung seiner Freiräume spricht, muss man zwangsläufig etwas zum Thema Gewalt sagen.
>
> Es ist oft heuchlerisch von anderen Gruppen, wenn sie sich in Texten von Gewalt grundsätzlich distanzieren, dann aber im Endeffekt gegensätzlich handeln. Andererseits kann es aber auch nicht sein, dass einige Leute im Stadion den Dicken markieren, um dann draußen auf der Straße von dem ganzen Hass nichts mehr wissen zu wollen. Für uns bedeutet Ultra auch, sich nicht nur auf die Hassgesänge während der 90 Minuten im Stadion zu beschränken, sondern dieses Leben 24 Stunden am Tag/7 Tage in der Woche zu leben. (…)

> Wir distanzieren uns nicht grundsätzlich von Gewalt (...) sicherlich mag für einige Menschen Gewalt der falsche Weg sein, um Probleme zu lösen, wir merken hier lediglich an, dass es in unserer Gruppe verschiedene Strömungen gibt und motivierte Leute in allen Bereichen vorhanden sind, sei es im kreativen, optischen Sektor oder eben im Sektor der ‚sportlichen Betätigung' auf der Straße."
> (http://www.ultras-frankfurt.de/portal/modules.php?name=selbstver-staendnis)

Mit diesem offenen Bekenntnis zur Gewalt werden auch die Spott- und Hassgesänge ihres vermeintlichen harmlosen und spielerischen Rituals enthoben und als ernst gemeinte Lebensphilosophie gepriesen. Es verwundert so besehen auch nicht, dass Kenner der Szene auf Grund der Tatsache, dass sich die Ultras offen zu Gewalt bekennen und diese auch leben und sich Hooligans mehr und mehr auch in den Ultrablöcken aufhalten, davon ausgehen, dass Ultras und Hooligans sich verbünden und noch stärker gemeinsame Sache machen.

Die Frage, die sich bei diesen Beschreibungen der Wandlungen der Fan-, hier besonders der Ultraszene stellen, ist vor allem: Wie konnte es zu solch einem Wandel in Bezug auf die Einstellung zu Gewalt bzw. Gewaltlosigkeit kommen? Eine Antwort geben die Ultras selbst, indem sie darauf hinweisen, dass die zunehmende Verregelung ihrer als Freiraum reklamierten Kurve, die in ihren Augen zunehmenden Repressionen seitens der Ordnungsdienste und Polizei, dazu führen, dass sie sich von der Gewaltlosigkeit verabschieden. Dies ist sicherlich ein vordergründiges, wenn auch nicht ganz von der Hand zu weisendes Argument: Gerade da, wo die Jugendlichen in unserer heutigen Leistungsgesellschaft ständig erfahren, was sie nicht können und nicht dürfen und sich im Stadion endlich mal kreativ und engagiert präsentieren wollen, wird ihnen dieser letzte Handlungsspielraum auch noch genommen. Sie fühlen sich nicht ernst genommen, störend und eingeengt. Diese Unzufriedenheit und Ohnmacht mag eine Ursache der Radikalisierung eines Teils der Ultras sein, zur Erklärung der aktuellen Entwicklung in Richtung Gewalteventkultur und Entgrenzung von Gewalt allein reicht sie aber nicht aus.

Von der Inszenierung zur Entgrenzung von Gewalt

In seiner Fallstudie zu Formen fußballbezogener Zuschauergewalt zeigt Leistner (2008) eindrucksvoll auf, wie sich die spieltagsbezogenen „Aggro-Inszenierungen" auf den Rängen außerhalb konkreter Spieltage zunehmend entgrenzt. Leistner (2008, 119) spricht – anlehnend an die Aussage eines führenden Ultramitglieds – von einer „Parallelliga der Ultras": „Also, das ist so, dass sich ne parallele Liga entwickelt hat, dass du auf der einen Seite deine Liga im sportlichen Bereich hast und dann halt noch ne Liga hast so in deinem Umfeld" (Maik, Gründer und führendes Ultra-Mitglied). In dieser Parallelliga findet ein Leistungsvergleich zwischen rivalisierenden Ultragruppierungen statt, der an Spieltagen sich zum einen in Selbstinzenierungswettkämpfe um die kreativste, provokanteste Choreografie, um den besten Gesang, zum anderen durch inszenierte und ritualisierte Gewaltformen (Werfen von Gegenständen, Abfeuern von Leuchtspurgeschossen und Bengalos, Platzsturm) äußert, zum anderen spieltagsunabhängig in Form von entgrenzter, brutalisierter Gewalt wie z. B. gangtypische Gruppengewalt, verabredete Dritt-Ort-Auseinandersetzungen, Überfälle auf Züge und private Feiern.

Die spieltagsbezogenen, ritualisierten Formen der Gewaltausübung sind für die sehr jungen „kalkuliert-erlebnisorientierten" Fans vor allem deshalb attraktiv und erweisen sich als „sanfter"

Einstieg in die fußballspezifische Gewalt-Eventkultur, weil das Gewaltgeschehen kalkulierbar ist, u. a. durch die Anwesenheit von Ordnern, Begleitung und Trennung der Fans durch die Polizei. Im Schutz von Ordnungsdienst und Polizei können die gegnerischen Fans gefahrlos provoziert und Machtdemonstrationen gezeigt werden (Leistner, 2008). Zum Abstecken von Machtbereichen werden aber auch an Spieltagen in Form von Revierkämpfen typische Revierkampflagen gesucht und provoziert. So zum Beispiel, wenn sich die Ultras der Heimmannschaft nach dem Spiel zielgerichtet über den Parkplatz der Gästefans bewegen und die dort in ihre Autos steigenden Fans angreifen und zusammenschlagen. Ein engerer Personenkreis innerhalb der Ultragruppierungen sieht Gewaltaktionen im Zusammenhang mit Fußballveranstaltungen zunehmend als elitäre Abgrenzung im eigenen Gruppenkontext. Damit verbunden ist eine deutlich erhöhte Anzahl gewalttätiger Aktionen, die von den Protagonisten der Szene nicht einer kurzfristig von Emotionen getragenen Veränderung zuzuschreiben sind, die etwa im Zusammenhang zur unbefriedigenden sportlichen Entwicklung in der Bundesliga und im Einzelfall frustrierenden Spielverläufen zu erklären wäre. Es ist vielmehr so einzuschätzen, dass Teile der Fan-Szenen in einem sich verändernden Selbstverständnis hier bewusst und organisiert Grenzen der Legalität ausloten und überschreiten. Dabei wirkt sich die Problemstellung vor allem außerhalb der Stadionanlagen aus, wo sich die Polizei verstärkt mit dem Auftreten gewaltbereiter und gewalttätiger Mobs konfrontiert sieht. Es zeigt sich, dass der Eventcharakter solcher Mob-Bildungen gerade für junge Fußballfans in den Ultragruppierungen oder in deren Umfeld in hohem Maße attraktiv ist, so dass die qualitative Fehlentwicklung eines engeren Kerns gewaltfaszinierter Personen der Ultraszene von der quantitativen Entwicklung durch Mitläufer zusätzlich verschärft wird.
Die von der spieltagsbezogenen ritualisierten Gewalt abgekoppelte spieltagsunabhängige Gewalt hat sich nach Leistner (2008, 129) in dreifacher Weise entgrenzt und brutalisiert:

- Die Auseinandersetzungen verlagern sich von öffentlichen und gemeinsam akzeptierten Gewalträumen in das Privatleben der Beteiligten.
- Die Gewalt richtet sich auch gegen Unbeteiligte.
- Es kommen neben Schlagwerkzeugen auch Waffen zum Einsatz.

Leistner (2008) macht in diesem Kontext auf einen wichtigen Korrekturbedarf der bisherigen fußballbezogenen, soziologischen Gewaltforschung aufmerksam, wenn er kritisiert, dass bezüglich der Bewertung von Gewaltinszenierungen von Ultras immer das Vorhandensein eindämmender Begrenzungsmechanismen quasi automatisch vorausgesetzt werde. Dieser begrenzende Rahmen bricht nämlich zunehmend zusammen, vor allem wenn:

- aufgrund der räumlichen Nähe die fußballspezifische Rivalität einer territorialen Logik folgt, in deren Folge lokale Jugendgangs um sozialräumliche Dominanz in ein einzelnen Stadtteilen kämpfen,
- etablierte und wirksame Verständigungskanäle zwischen den rivalisierenden Fangruppen abbrechen,
- staatliche Interventionsinstanzen in zweierlei Hinsicht abwesend sind: zum einen sind sie in den neu entstehenden Gewalträumen (Schule, WG, Disco) faktisch nicht präsent, zum anderen wird Polizei als Interventionsinstanz abgelehnt und deren Konfliktlösungskompetenz grundsätzlich bestritten,

- der subkulturelle Bedeutungszuwachs des gewaltförmigen Leistungsvergleichs zu einem grundlegenden Wandel der Auslegung gewaltbezogener Normen führt (vgl. Leistner, 2008).

Genau diese Entwicklung ist zurzeit auch im Zusammenhang mit einem wachsenden jugendlichen „Gewaltevent-Tourismus" in der Fußballfan-Szene zu beobachten. Szenekundige Polizeibeamte, Fan-Projektmitarbeiter und Fan-Beauftragte nehmen zunehmend mit Sorge wahr, dass bei Auswärtsspielen in den Sonder- und Entlasterzügen bis zu 150 „Fans" mitreisen, die bei Heimspielen nie im Stadion gesichtet werden, die offensichtlich das Fußballwochenende zum Ausleben ihrer fußballunspezifischen Gewaltbedürfnisse instrumentalisieren.

Die weitere Entwicklung wird sehr davon abhängen, wie es gelingt, die verloren gegangene Nähe, den Kontakt, Dialog und die Kommunikation zwischen den im Fußballumfeld handelnden Personen und Institutionen zu verbessern bzw. wieder herzustellen.

Der DFB, die DFL, die Vereine und die Verantwortlichen der gesellschaftlichen Institutionen sind dabei auf dem richtigen Wege. Im Rahmen des Nationalen Konzeptes Sport und Sicherheit wurde ein ausgeklügeltes, Repression und Prävention gut ausbalancierendes Konzept zur Befriedung des Fußballumfeldes entwickelt. Fan-Projekte zur sozialpädagogischen Betreuung der Fans und zur Brechung der Gewaltfantasien von Hooligans wurden eingerichtet. Fan-Betreuer, die die Aufgabe haben, die verloren gegangene Nähe der Vereine und der Spieler zu ihren Anhängern wieder herzustellen, werden von DFB und DFL für jeden Verein verbindlich vorgeschrieben, moderne Stadien, die nicht nur dem Komfort erhöhen, sondern auch die Nähe der Zuschauer zum Spielfeld wie zu früheren Zeiten herstellen, all dies und eine aktive Ultraszene, die sich engagiert gegen die Auswüchse der Kommerzialisierung des Profifußballs stellte und stellt und für die traditionelle Fußballkultur kämpft, aber auch eine Ultraszene, die im Sinne der Selbstregulierung auch gegen Auswüchse in den eigenen Reihen engagiert angeht, können dazu beitragen , dass das, was ich einmal als die Seele des Fußballs beschrieben habe (Pilz, 2002) und pathetisch auch als der Geist der Schlachtenbummler der 50er Jahre bezeichnet werden kann, wieder auflebt in einer der Zeit angepassten, aber die Faszination des Fußballspiels und der Fußballkultur bewahrenden Weise. Auch die jüngsten Runden Tische und Hearings in Berlin machen Mut, setzen sie doch – trotz allen öffentlichen Drucks – weiterhin auch Linie auf Kommunikation und Dialog. Die beschriebenen Entwicklungen in der Ultraszene müssen uns aber auch besonders wachsam sein lassen gegenüber entgegen gesetzten Trends und für uns Verpflichtung sein, unsere Bemühungen zur Stärkung der positiven Elemente der Fan- und Ultrakultur zu intensivieren.

Literatur

Blinkert, B. (1988): Kriminalität als Modernisierungsrisiko. *Soziale Welt,* 39, 397–412.

Buford, B. (1992). *Geil auf Gewalt.* München: Hanser.

Leistner, A. (2008). Zwischen Entgrenzung und Inszenierung – Eine Fallstudie zu Formen fußballbezogener Zuschauergewalt. *Sport und Gesellschaft, 5,* 111–133.

Lindner, R. & Breuer, H. T. (1979). Der Fußballspieler als Repräsentant der Arbeiterklasse. In W. Hopf (Hrsg.): *Fußball – Soziologie und Sozialpsychologie einer populären Sportart.* Münster.

Negt, O. (1998). Jugendliche in kulturellen Suchbewegungen. Ein Persönliches Resümee. In F. W. Deiters & G. A. Pilz (Hrsg.): *Aufsuchende, akzeptierende, abenteuer- und bewegungsorientierte, subjektbezogene Sozialarbeit mit rechten, gewaltbereiten jungen Menschen – Aufbruch aus einer Kontroverse.* Münster, 113–124.

Pilz, G. A.: *Jugend, Gewalt und Rechtsextremismus. Möglichkeiten und Notwendigkeiten politischen, polizeilichen, (sozial-)pädagogischen und individuellen Handelns.* Münster 1994.
Pilz, G. A. (2002). Fußball ist unser Leben!? Leerformel oder gesellschaftspolitische Herausforderung. In Württembergischer Fußballverband e. V. (Hrsg.). *Der Fußball – ein Beitrag zu einer Gesellschaftskultur der Zukunft.* Stuttgart, 59–77.
Pilz, G. A. (2004). Schlachtenbummler, Vorläufer der Ultras und Supporter? Die Sozialgeschichte der Fußballbegeisterung bei Hannover 96 von 1954 bis heute. In L. Peiffer & G. A. Pilz (Hrsg.): *Das Wunder aus Hannover. Hannover 96 50 Jahre Deutscher Fußballmeister.* Hannover: Die Werkstatt, 61–66.
Pilz, G. A. & Wölki, F. (2003). *Fußballfans im Internet – eine Untersuchung der Webseiten der 1. bis 3. Liga im Hinblick auf Rassismus, Sexismus, Pornografie und Gewaltverherrlichung.* Hannover: Forschungsbericht.
Pilz, G. A. & Wölki, F. (2006). *Ultraszene in Deutschland.* In: Pilz, G. A., u. a.: *Wandlungen des Zuschauerverhaltens im Profifußball – Notwendigkeiten, Möglichkeiten und Grenzen gesellschaftlicher Reaktion Zwischenbericht.* Schorndorf, 63–319.
Pilz, G. A. & Wölki, F. (2010). *Übersicht über das Phänomen der Ultrakultur in den Mitgliedsstaaten des Europarates im Jahre 2009. Expertise für den Europarat.* Hannover.
Reith, D. (1998): *Ultras – eine neue Bewegung in der deutschen Fanszene* .In: Gehrmann, T. (Hrsg.): *Fußballrandale.* Essen.
Schwind, H.-D. & Baumann, J. (Hrsg.) (1990): *Ursachen, Prävention und Kontrolle von Gewalt.* 4 Bände. Berlin.
Weis, K., Alt, C. & Gingeleit, F. (1990). Probleme der Fanausschreitungen und ihrer Eindämmung. In H.-D. Schwind & J. Baumann (Hrsg.): *Ursachen, Prävention und Kontrolle von Gewalt.* (Bd. III, S. 575–670). Berlin.
Wippermann, C. (2001). Die kulturellen Quellen und Motive rechtsradikaler Gewalt – Aktuelle Ergebnisse des sozialwissenschaftlichen Instituts Sinus Sociovision. *jugend & GESELLSCHAFT, 1*, 4–7.

Internetquellen

www.ultras-frankfurt.de/portal/modules.php?name=selbstvertstaendnis, Zugriff am 15.02.2005.
www.ultras-frankfurt.de/portal/modules.php?name=ufpolitik, Zugriff am 15.02.2005.
www.ultras-frankfurt.de/portal/modules.php?name=uffreundfeind, Zugriff am 15.02.2005.

Erstmals erschienen in: Kriminalistik 66, 2012, 4, S. 203–209.

Gewalt und Gegengewalt
Zur Notwendigkeit von Dialog und Kooperation zwischen Polizei, Fan-Projekten und Fans

1. Grundlegende Überlegungen

Auch wenn es beiden in ihren Aufgabenfeldern um „Gewaltprävention" geht, Soziale Arbeit und Polizei sind aus zwei völlig unterschiedlichen Positionen mit der Fan-Problematik befasst. Während die Aktivitäten der Polizei darauf abzielen, unmittelbar im Umfeld Ruhe und Ordnung wieder herzustellen bzw. aufrechtzuerhalten, bemühen sich die Fan-Projekte darum, etwas über die Ursachen des Verhaltens der Fans zu erfahren und so das Problem abweichenden Verhaltens langfristig beseitigen zu helfen. Soziale Arbeit muss per Definition immer auch die Interessen der betroffenen Klientel in den Blick nehmen, Polizei ist in ihrem Handeln der Durchsetzung des staatlichen Gewaltmonopols verpflichtet. Polizei und Soziale Arbeit mit Fans haben somit zwar unterschiedliche Aufgabenschwerpunkte, aber die Gleichung Polizei = Repression und Knüppel, dagegen Soziale Arbeit = Prävention und Verständnis, gehört – wenn sie je richtig gewesen sein sollte – der Vergangenheit an. Polizei und Fan-Projekte haben gleiche Zielgruppen, arbeiten oftmals zur selben Zeit am selben Ort und sie sind im Kontext der Gewaltprävention zur Zusammenarbeit geradezu verpflichtet. Eskalationsprozesse, die Spirale von Gewalt und Gegengewalt, genauso wie die Eindämmung von Gewalt, gelingen nur in einem abgestimmten, ausgewogenen, angemessenen und transparenten Wechselspiel zwischen Repression und Prävention. Aufgabe der Polizei ist dabei die Repression, d.h. Verhinderung von bzw. Schutz vor Übergriffen. Polizei hat keinen gesellschaftlichen Erziehungsauftrag, den aber hat die Soziale Arbeit. Genuine Präventionsaufgabe der Polizei ist somit lediglich, glaubhaft Gründe für die Verlässlichkeit und Angemessenheit des von ihr verwalteten staatlichen Gewaltmonopols zu liefern.

Allein, so wichtig der Dialog und die Kooperation auch sind, deren Umsetzung ist oft durch belastete und eher von Misstrauen geprägte Beziehungen zwischen Polizei und Fan-Projekten geprägt.

2. Dialog und Kooperation – Erschwernisse der Umsetzung

Für die Erschwernisse der Kooperation und des Dialogs zwischen Polizei und Fan-Projekten gibt es mehrere Gründe, die zum einen in den Einstellungen der Fans zur Polizei, zum anderen in den zum Teil unterschiedlichen Erwartungen von Polizei und Fan-Projekten an den jeweils anderen Partner, zum Teil auch aus konkreten Erfahrungen im Umgang mit dem anderen Partner resultieren.

2.1 Feindbilder

In einer Befragung von 230 Ultras aus 21 verschiedenen Ultragruppierungen (vgl. Pilz/Wölki 2006) gaben nur 4,9 % an, sie hätten kein Problem mit der Polizei. Mehr noch: 97 % der befragten Ultras aus den neuen und 71,9 % der Ultras aus den alten Bundesländern gaben an, dass ihr Verhältnis zur Polizei schlecht sei. 78 % der Ultras aus den neuen sowie 59,3 % aus den alten Bundesländern wiesen zusätzlich darauf hin, dass sie auch eine Zusammenarbeit mit der Polizei ablehnen.

Das aktuelle Verhältnis zwischen Fans und Polizei erweist sich somit als extrem angespannt. In einer Umfrage der Zeitschrift Stadionwelt (10/2005, 30), an der sich 5.376 Fans beteiligten, bewerten Fans die „Beziehung zwischen Fans und Polizei im Notendurchschnitt mit 4,69, also mangelhaft". Rund 73 % aller befragten Fans halten die polizeirechtlichen Maßnahmen zur Bekämpfung von Fußballgewalt für „übertrieben". Diese Entwicklung bestätigten auch Fan-Projekt-Mitarbeiter, Polizei-Vertreter und Ultras in Interviews unabhängig voneinander (Pilz/Wölki 2006, v. a. 138).

Allerdings gibt es nicht nur Feindbilder, Vorbehalte und Vorurteile von Fans gegenüber der Polizei, sondern auch wechselseitig zwischen Sozialarbeitern und Polizei. „Mit denen kann man doch gar nicht reden", so ein Polizeieinsatzleiter zur Frage, warum er nicht das Gespräch mit den Fansozialarbeitern suche. Es gibt, wie Klose/Steffan (2006) richtig feststellen, keine strukturierten Beschreibungen, Analysen und Handlungsleitlinien, wie eine Zusammenarbeit von Fan-Projektsozialarbeit und Polizeiarbeit im Alltag umzusetzen ist. Vielmehr herrschen Verunsicherungen, Abgrenzungen und sogar negative Zuschreibungen vor, die die Beziehungen der jeweiligen Akteure zum Teil schwer belasten.

2.2 Gegenseitiges Vertrauen – Aufbrechen der Feindbilder

In ihrer Untersuchung über Soziale Arbeit und Polizei im europäischen Kontext der Fan-Betreuung haben Klose/Steffan (2006, 308) zu Recht darauf hingewiesen, dass Voraussetzungen für ein Gelingen der Kommunikation zwischen Polizisten und Fan-Projektmitarbeitern gegenseitige Anerkennung, Akzeptanz und Wertschätzung der jeweils differierenden Aufgabenstellungen ist, aus denen heraus dann Vertrauen als zentrale Kategorie für gelingende Kontakt- und Kommunikationsstruktur und im Endeffekt Formen gelingender Kooperation entstehen können. Klose/Steffan (2006, 316) zeigen auch auf, dass sowohl bei den Polizeivertretern als auch den Fan-Projektmitarbeitern grundlegende Kenntnisse über das andere Arbeitsfeld fehlen, so dass professionelle Eigenarten und berufstypische Verengungen zu Hemmnissen des Kommunikationsprozesses werden. Hier wird das zentrale Problem von Kooperationen zwischen Institutionen deutlich, die sich auf unterschiedlichen rechtlichen Grundlagen begegnen – bezogen auf unsere Problematik auf Grundlage des Legalitätsprinzips (Polizei) und des Vertrauensschutzes (Fan-Projekte).

In einem solchen Kontext sind die Probleme im Umgang mit Gewalt im Anschluss an Neidhardt (1989, 242f.) als „Balancierungsprobleme" zu begreifen, deren Lösung eine Frage „angemessener Dosierung" ist. Letztere wiederum ist demnach nur erreichbar und stabilisierbar, „wenn es Gewalttoleranzen gibt, und zwar Gewalttoleranzen auf beiden Seiten. Die Polizei muss – auch vom Gesetz her – Spielräume haben, um Opportunitätsgesichtspunkte berücksichtigen zu können, die entsprechende Gewalttoleranzen ermöglichen". Andererseits müssen die Fan-Projekte den Fans auch vermitteln, dass es auf der staatlichen Seite so etwas wie legitime und notwendige Repression gibt. Diese ist legitim, solange sie angemessen bleibt. Und sie ist notwendig, weil ohne ihren Einsatz ein Zivilisationsniveau nicht zu halten wäre" (Neidhardt 1989, 243). Treffen diese Annahmen Neidhardts zu, dann setzen Maßnahmen zur Gewaltprävention und zur Deeskalation voraus, dass die Konfliktparteien die Spielregeln des Gegenübers kennen. Zu diesen Voraussetzungen gehört auch, dass die Polizei über Ursachen und Bedingungen von Gewaltbereitschaft, über Ziele und Inhalte von Fankulturen, über deren Verhaltenskodexe und -weisen unterrichtet ist und dass umgekehrt die Fan-Projekte und über deren Vermittlung auch die Fans über die Notwendigkeiten und Ziele polizeilichen Handelns informiert sind. Diese Notwendigkeit der Information, des Austausches und der Kooperation zwischen Polizei und Fansozialarbeit lässt sich mit dem von Neidhardt (1989, 241) beschriebenen soziologischen Grundsatz, dass „das Handeln von Menschen nicht von ihrer Situation, sondern von ihrer Definition der Situation" bestimmt ist, begründen.

Polizei und Fan-Projekte sind also zur Zusammenarbeit geradezu verdammt. Dem haben auch entsprechende Rahmenkonzepte für Fan-Projekte und für polizeiliche Einsätze, wie sie im ‚Nationalen

Konzept Sport und Sicherheit' festgeschrieben sind, Rechnung getragen. Dort wird ausdrücklich eine konstruktive Zusammenarbeit von ordnungspolitischen Institutionen und Institutionen der Sozialen Arbeit, also zwischen Polizei und Fan-Projekten gefordert. Dabei muss diese Kooperation bestimmten Kriterien folgen: Gelingende Kooperation setzt voraus, dass die unterschiedlichen Interessen und rechtlichen Handlungsgrundlagen offen gelegt, Gemeinsamkeiten herausgearbeitet, Unterschiede ausgehalten und Kompetenzen geklärt werden. Wie dies gelingen kann, soll im Folgenden am Beispiel der Kooperation zwischen dem Fan-Projekt Hannover und der Polizei verdeutlicht werden.

3. Kritischer Dialog und Kooperation – das Beispiel Hannover

Das Fan-Projekt Hannover hat von Anbeginn an erkannt, dass es im Interesse einer erfolgreichen Sozialen Arbeit und damit durchaus auch im Interesse seiner Klientel richtig und wichtig ist und keineswegs einem Verrat an seiner Klientel gleichkommt, wenn man in einen konstruktiven Dialog mit der Polizei eintritt.

Unter Beachtung und Wahrung der unterschiedlichen rechtlichen Positionen und Interessen haben durch ihn die überkommenen eher belasteten und von gegenseitigem Misstrauen geprägten Beziehungen zwischen Polizei und Sozialer Arbeit eine neue Qualität bekommen. Der positive Beziehungswandel wird der im ‚Nationalen Konzept Sport und Sicherheit' geforderten konstruktiven Zusammenarbeit von ordnungspolitischen Institutionen und Institutionen der Sozialen Arbeit gerecht. Die Früchte des Dialogs und der sich daraus entwickelnden Kooperation zwischen Fan-Projekt und Polizei haben darüber hinaus auch einen Wandel in der Wahrnehmung der Polizei durch die Fans in Gang gesetzt. Dabei ist es auch gelungen, die von Klose (2006, 303ff.) auch heute noch konstatierte Zurückhaltung auf Seiten der Fan-Projekte bei der Verwendung des Kooperationsbegriffs (mit der Polizei) aufzubrechen. Während Polizeivertreter weniger Hemmnisse zeigen, zielgerichtete Kontakte mit Fan-Projekten als Kooperationen zu bezeichnen, scheint die Verwendung des Begriffs in den jeweiligen Fachdisziplinen zu unterschiedlich und zudem immer noch zu sehr mit negativen Konnotationen verbunden, um sich als geeignet für die Beschreibung der Arbeitsbeziehung zwischen Polizei und Fan-Projekten zu zeigen. Dennoch lässt sich eine zumeist große Anzahl an personen- und anlassbezogenen Kontakten konstatieren, die insgesamt auf eine Handlungsqualität der Begegnungsfähigkeit hinweist. Diese bei einzelnen Fan-Projekten inhaltlich und mitarbeiterspezifisch unterschiedlich ausgeprägten Vorbehalte gegenüber Vertretern der jeweils anderen Berufsgruppe gründen vor allem in einer ausgeprägten Unkenntnis über die Aufgaben, Zielsetzungen und Rahmenbedingungen der jeweils anderen Berufsgruppe.

Am Beispiel des Einsatzes von Konfliktmanagern bei Fußballveranstaltungen sei dies verdeutlicht. Es handelt sich dabei um ein Projekt der Polizeidirektion Hannover und der Zentralen Polizeidirektion in der Bundesligasaison 2007/2008, das aus der engen Zusammenarbeit zwischen Polizei, Fan-Projekt und wissenschaftlicher Begleitung erwachsen ist.

3.1 Polizeiliches Konfliktmanagement bei Bundesligaspielen

Auf der Folie der Erkenntnis, dass Fans zum Teil ein ausgeprägtes Feindbild gegenüber der Polizei haben und dass gerade bei Auswärtsfahrten polizeiliches Einschreiten gegenüber durch lange Anreisewege bereits emotionalisierten Fans eher zur Eskalation denn zu Deeskalation der Situation und vor allem zu Solidarisierungsprozessen führen, hat die Einsatzleitung der Polizei Hannover in Zusammenarbeit mit den Fan-Beauftragten und Fan-Projektmitarbeitern der Gastmannschaften gezielt Kommunikationsbeziehungen zu den anreisenden Fangruppierungen, den Fan-Betreuern und Fan-Projektmitarbeitern aufgebaut und die erforderlichen Maßnahmen bezüglich der Fantrennung in Koproduktion mit den Fans und Fangruppen umgesetzt. Etwa 14 Tage vor dem jeweiligen Spieltag nimmt die hannoversche Polizeieinsatzleitung Kontakt mit den Gastvereinen mit der Bitte um Mitwirkung bei der Gestaltung der Sicherheit am Spieltag auf. Eine direkte Möglichkeit der Kontaktaufnahme von Mitarbeitern der Fan-Projekte und dem Fan-Beauftragten des Gastvereins mit der Einsatzleitung der Polizei zwecks Weitergabe und Austausch der Erreichbarkeiten am Spieltag eröffnet die Möglichkeit, zu kommunizieren und so eine Kooperation im Verlauf der An- und Abreise der Fans konkret zu gestalten. Angebote an Gästefans betreffen z. B. weitreichende Erlaubnisse, die den ‚support' und die Gestaltungsmöglichkeiten im Gäste-Fanblock fördern, frühe Stadionöffnungen, die verhindern, dass die mit Regelzügen oftmals besonders früh anreisenden Fans am Stadion vor geschlossenen Toren stehen oder Erlaubnisse für besondere Choreographien. Sachgerechte Lösungen des Zugangs zum Stadion, Ordnerbeschulungen und Professionalität im Sinne einer wohlverstandenen Kundenorientierung (z. B. praktische Maßnahmen wie Schließfächer für Gäste-Fans im Außenbereich des Stadions, um mitgebrachte Rucksäcke und Gegenstände, die nicht ins Stadion eingebracht werden dürfen, an einem zentralen Ort, der insoweit auch der Fantrennung Rechnung trägt, verwahren zu können) sind weitere Punkte einer schrittweisen Entwicklung „fanfreundlicher" Abläufe, die gegenseitige Wertschätzung mit Leben füllen (vgl. Polizeidirektion Hannover 2008).

Anstelle unmittelbarer polizeilicher Begleitung wird zunächst auf Kooperation bei der Gestaltung der Anreisewege zum Spielort und der An- und Abmarschwege zum Stadion gesetzt. Konkreter Auftrag der Konfliktmanager war die Begleitung der Gästefans von der Ankunft in Hannover, über den Aufenthalt auf dem Stadionvorplatz und im Stadion bis hin zum Abmarsch nach der Begegnung. Dabei sollten die Konfliktmanager vorrangig offene Gesprächsbereitschaft der Polizei signalisieren und die sachgerechte Fantrennung auf den An- und Abmarschwegen unterstützen.

Als Konfliktmanager wurden – jeweils zwei Zweierteams – Mitarbeiterinnen und Mitarbeiter des vorhandenen Konfliktmanagerpools unter der Koordination des Sozialwissenschaftlichen Dienstes der Polizei eingesetzt. Es waren Beamte, die aus anderen polizeilichen Einsatzlagen Erfahrungen im Konfliktmanagement mitbrachten. Erfahrungen bei Fußballveranstaltungen waren hingegen nicht vorhanden. Vor diesem Hintergrund wurden jedem Einsatz der Konfliktmanager Informationsveranstaltungen, an denen auch Mitarbeiter des Fan-Projekts beteiligt waren, vorgeschaltet, in denen die Abläufe der Fußballeinsätze, die Erwartungen und die Problemlagen aber auch Verhaltensweisen und -kodexe der unterschiedlichen Fankulturen mit den eingesetzten Konfliktmanagern umfassend erörtert wurden.

Die Konfliktmanager hatten auch die Aufgabe, etwaig erforderliches polizeiliches Einschreiten in die Fan-Szene zu kommunizieren, um zum einen den Fans die Möglichkeit zu geben, das Problem selbst zu regeln oder zum anderen, sollte die Selbstregulation nicht gelingen, rechtzeitig die Fans über die Gründe und die Art des polizeilichen Einsatzes zu informieren. Somit wurde den Fans die Möglichkeit gegeben, sich ein objektiveres Bild bezüglich der Angemessenheit des Einsatzes zu machen, um Solidarisierungsprozessen und dem Verstärken von Feindbildern entgegenzuwirken.

Der Einsatz der Konfliktmanager wurde jeweils mit Anschreiben an den Gastverein und sein Fan-Projekt angekündigt. Zugleich wurde Fans die Möglichkeit eröffnet, Rückmeldungen zum Einsatz der Polizei und zum Konfliktmanagement zu geben. Die Befragung erfolgte internetbasiert. Auf diesem Wege konnten Fans unmittelbar im Anschluss an die jeweilige Spielbegegnung zu ihren Erfahrungen und Einschätzung befragt werden. Der Fragebogen beinhaltete acht geschlossene Fragen und ein Textfeld für Bemerkungen.

Die Rückmeldungen der Fans, Fan-Betreuer und Fan-Projektmitarbeiter auf das polizeiliche Konfliktmanagement in Hannover waren überwältigend positiv: Die ganz überwiegende Mehrheit der Befragten zeigt sich überzeugt, dass die Arbeit der Konfliktmanager zu mehr Dialog zwischen den Fans und der Polizei führt. Dabei ist die positive Einschätzung des Einsatzes der Konfliktmanager bei Fans, die die Konfliktmanager selbst im Einsatz erlebt haben, noch erheblich größer als bei Fans, die sie selbst nicht unmittelbar erlebt haben (vgl. Abb. 1).

Internetbefragung von Gastfans zum Einsatz von polizeilichen Konfliktmanagern bei Risikospielen in Hannover

Glauben Sie, dass der Einsatz von Konfliktmanagern	Fans gesamt ja %	Fans, die Einsatz von KM selbst erlebt haben ja %
zu mehr Dialog zwischen Polizei und Fans beiträgt	78,0	80
bei den Fans die Akzeptanz polizeilicher Maßnahmen erhöht	42,0	52
die Missverständnisse zwischen Polizei und Fans verringert	70,0	80
zur Verbesserung des Verhältnisses von Polizei und Fans beiträgt	70,0	76
geeignet ist, Konflikte zw. Polizei und Fans zu reduzieren	69,0	76
geeignet ist, das Feindbild Polizei bei Fans zu verhindern bzw. verringern	45,0	60
bei Bundesliga-Spielen fester Bestandteil des polizeilichen Einsatzes sein sollte	76,0	84

Abb. 1: Bewertung des Einsatzes von Konfliktmanagern durch Fans

Auffallend viele Fans haben die Möglichkeit einer freitextlichen Äußerung genutzt: 84 von 196 Fragebögen wurden mit zum Teil umfänglichen Anmerkungen zurückgesandt. Dies kann als Gradmesser für die Bedeutung gewertet werden, die das polizeiliche Handeln bei Fußballbegegnungen für die Fans hat, und verweist auf die Bedeutung der Kommunikation und Kooperation zwischen Fans, Fan-Projekten und Polizei. Auch hier überwog die positive Rückmeldung, wie die folgenden Äußerungen von Fans des FC Hansa Rostock nach dem Spiel gegen Hannover 96 eindrucksvoll belegen:

„DANKE Hannover, so relaxt wie es bei Euch abgelaufen ist, davon träumt man in Deutschland, insbesondere bei uns in HRO."

„Sehr selten solch eine zurückhaltende und vor allem menschliche Polizei in den letzten Jahren in auswärtigen Fußballstadien der 1. und 2. Liga erlebt. So wünscht man es sich immer! Daumen hoch. Respekt und Danke für das faire Verhalten."

„Sehr deeskalierende Polizeiarbeit. Die Konfliktmanager bieten auch eine Kontrollfunktion, um eventuell unangemessene Maßnahmen zu verhindern. Bitte so weiter arbeiten in Hannover und nicht die Repression fördern."

Die Tatsache, dass diese Rückmeldungen von Fans kamen, die ein zum Teil ausgeprägtes Feindbild Polizei haben, zeigt, dass die rechtzeitige Einbindung von und Kooperation mit Fans und Fan-Projekten seitens der Polizei zur Deeskalation und zur Akzeptanz von erforderlichen polizeilichen Maßnahmen beitragen und somit nicht nur Solidarisierungsprozessen gegen die Polizei, sondern auch dem Aufbau bzw. der Verfestigung von Feindbildern entgegenwirken. Entsprechend ist die Institutionalisierung von Dialog und Kooperation zwischen Fan-Projekten und Polizei auf Basis der von Klose/Steffan (2006) formulierten Handlungsempfehlungen voranzutreiben.

Es ist allerdings gegenwärtig und zukünftig ungeachtet der merklichen Verbesserung im Verhältnis von Polizei und Fan-Projekten sowie deren dialogischer und zum Teil kooperativer Annäherung noch viel zu tun, wobei Klose/Steffan (2006, 317ff.) die Ansatzpunkte zur Entwicklung einer Leitlinie zur Gestaltung der Kommunikation zwischen Polizei und Fan-Projekten, auf der Folie der vielfältigen und sehr unterschiedlichen Erfahrungen in der Begegnung zwischen Polizei und Fansozialarbeit treffend zusammenfassen: Vielfalt bewahren und Kontinuität sichern; Unterschiede akzeptieren und Gemeinsamkeiten fördern; Grenzen benennen und Möglichkeiten herausstellen; Strukturen klären und Verbindlichkeiten schaffen sowie aus Erfahrungen lernen und Qualität sichern. Auf dieser Basis wäre auch anzustreben, in Form eines Kontraktmanagements Formen der Kooperation zwischen Fan-Projekten und Polizei für beide Seiten verbindlich festzuschreiben.

Literatur

Deutsche Sportjugend (Hrsg.) 2003: Nationales Konzept Sport und Sicherheit. Frankfurt/M.

Klose, Andreas/Steffan, Werner (2006): Soziale Arbeit und Polizei im europäischen Kontext der Fan-Betreuung – Kurzfassung. In: In: Pilz, Gunter A./Behn, Sabine/Klose, Andreas/Schwenzer, Victoria/Steffan, Werner/Wölki, Franciska (Hg.): Wandlungen des Zuschauerverhaltens im Profifußball. Schorndorf, 17–21.

Neidhardt, Friedhelm (1989): Gewalt und Gegengewalt. Steigt die Bereitschaft zu Gewaltaktionen mit zunehmender staatlicher Kontrolle und Repression? In: Heitmeyer, Wilhelm/Möller, Kurt/Sünker, Heinz (Hg.): Jugend – Staat Gewalt. Politische Sozialisation von Jugendlichen, Jugendpolitik und politische Bildung. Weinheim/München, 223–243.

Pilz, Gunter A./Wölki, Franciska (2006): Ultraszene in Deutschland. In: Pilz, Gunter A./Behn, Sabine/Klose, Andreas/Schwenzer, Victoria/Steffan, Werner/Wölki, Franciska (Hg.): Wandlungen des Zuschauerverhaltens im Profifußball. Schorndorf, 63–223.

Polizeidirektion Hannover (2008): Einsatz von Konfliktmanagern bei Fußballgroßveranstaltungen. Erfahrungsbericht zu einem Projekt der Polizeidirektion und der Zentralen Polizeidirektion in der Bundesligasaison 2007/2008. Hannover (November 2008).

Stadionwelt (2005): Pay-TV, Stadionverbote, WM 2006 – Die Fan-Umfrage. Trends, Stimmen, Meinungen. Brühl.

Erstmals erschienen in: Kurt Möller (Hrsg.): Dasselbe in grün? Aktuelle Perspektiven auf das Verhältnis von Polizei und Sozialer Arbeit. Weinheim/München: Juventa 2010, S. 56–63.

Was können Fan-Projekte, was Fan-Beauftragte leisten?

Eine einfache Antwort auf die Frage: „Was können Fan-Projekte, was Fan-Beauftragte leisten?“ ist schwer zu finden und würde der Heterogenität der Fan-Projekte, deren Problemkonstellationen und Arbeitsbedingungen, aber auch den örtlichen doch zum Teil sehr unterschiedlichen Fan-Szenen kaum gerecht werden.

Andererseits kann in der mir und uns zur Verfügung stehenden Zeit auch nicht annähernd der Versuch unternommen werden, diesen unterschiedlichen Problemkonstellationen und Arbeitsbedingungen gerecht zu werden. Ich möchte deshalb das mir gestellte Thema auf der Folie folgender Fragestellungen beantworten.

- **„Was sollen Fan-Projekte, was Fan-Beauftragte leisten?“** Hier geht es um die Anforderungen und Erwartungen, die zum einen durch das Nationale Konzept Sport und Sicherheit an die Fan-Projekte, zum anderen durch die Richtlinien zur Verbesserung der Sicherheit bei Bundes- und Regionalligaspielen an die Fan-Beauftragten gestellt werden.

- **„Was können Fan-Projekte nicht leisten?“** Hier geht es um eine klare Grenzziehung gegenüber übersteigerten Erwartungen von außen, aber auch selbstkritische Auseinandersetzung mit eigenen Erwartungen.

- **„Welche Schwerpunkte/Perspektiven ergeben sich für die Arbeit der Fan-Projekte und der Fan-Betreuer in den kommenden Jahren?“** Hier werden auf der Folie der Problemkonstellationen und Defizite Schwerpunkte und Perspektiven der künftigen Fan-Projektarbeit und der Arbeit der Fan-Betreuer aufgezeigt.

Nationales Konzept Sport und Sicherheit: Konzeption zur Einrichtung von Fan-Projekten: „Was sollen Fan-Projekte leisten?“

Die Fan-Projekte sollen – so das Nationale Konzept Sport und Sicherheit – bundesweit möglichst flächendeckend eingerichtet werden, d. h. in allen Städten mit Fußballvereinen der 1. Bundesliga. In Städten mit Vereinen anderer Ligen sollen Fan-Projekte eingerichtet werden, wenn regelmäßig eine größere Anzahl gewaltsuchender oder gewaltgeneigter Anhänger des örtlichen Vereins bei Ausschreitungen auffällig wird. Erfreulich ist, dass die beiden 3. Ligen in das Nationale Konzept Sport und Sicherheit eingebunden wurden und sich der DFB auf seiner Präsidiumssitzung vom 28.04.2003 ausdrücklich zu seinem Teil der finanziellen Absicherung der Fan-Projekte in den beiden Regionalligen bekannt hat.

Folgende **Ziele** soll die Fan-Projektarbeit dabei verfolgen:

- **Eindämmung von Gewalt; Arbeit im Präventivbereich**, z. B. Hinführung zu gewaltfreier Konfliktlösung im Rahmen von Selbstregulierungsmechanismen mit der Perspektive Gewaltminderung;

- **Abbau extremistischer Orientierungen** (Vorurteile, Feindbilder, Ausländerfeindlichkeit) sowie delinquenter oder Delinquenz begünstigender Verhaltensweisen;

Was können Fan-Projekte, was Fan-Beauftragte leisten?

- **Steigerung von Selbstwertgefühl und Verhaltenssicherheit bei jugendlichen Fußballanhängern; Stabilisierung von Gleichaltrigengruppen;**

- **Schaffung eines Klimas, in dem gesellschaftliche Institutionen zu mehr Engagement für Jugendliche bewegt werden können;**

- **Rückbindung jugendlicher Fußballanhänger an ihre Vereine**

Dies alles erfordert u. a.:

- die **Teilnahme an der Lebenswelt der Fußballanhänger;** z. B. durch
  - Begleitung zu Heim- und Auswärtsspielen,
  - Besuche an Treffpunkten,
  - sonstige Maßnahmen im Rahmen von Streetwork,
  - Förderung regelmäßiger Beziehungen zu dem betreffenden Verein.

- **Organisation von Jugendbegegnungen;**

- **Bildungsarbeit;** in Frage kommen z. B.
  - fanspezifische Bildungsmaßnahmen bzw. -urlaube,
  - Durchführung von Seminaren und Gesprächsreihen zwischen Jugendlichen und so genannten „Erwachseneninstitutionen" wie z. B. Polizei, sonstige Behörden, Medien.

- **kulturpädagogische Arbeit;** z. B. Aufbrechen von fremdenfeindlichen Gesinnungen, Anregung von Diskursen über Sinn- und Wertfragen (z. B. Entwicklung des Profifußballsports).

- **Gewährung anlassbezogener Hilfe;** in Frage kommt z. B. Zusammenarbeit mit Beratungseinrichtungen.

- **Schaffung von Freizeitangeboten;** wie z. B.
  - Sporttreffs,
  - Arbeitslosentreffs,
  - Diskussionsveranstaltungen,
  - Filmprogramme,
  - Interessenspezifische Arbeitsgruppen (z. B. Video-, Koch- und Fotogruppen),
  - Fanzeitungs-Workshops,
  - Durchführung sonstiger sport-, erlebnis- und freizeitpädagogischer Maßnahmen (z. B. Fußballturniere).

- **Unterstützung von Fußballanhängern bei der Selbstorganisation;** z. B. bei der
  - Gründung eines Vereins/Clubs,
  - Organisation von Fahrten zu Auswärtsspielen,
  - Herausgabe eigener Zeitschriften.

- **Aufbereitung und Dokumentation regionaler und lokaler Entwicklungen in den unterschiedlichen jugendlichen Subkulturen;** z. B. Skinheads, Hooligans

- **Öffentlichkeitsarbeit;** z. B. durch
  – Information der Medien,
  – Darstellung der Fan-Projekt-Arbeit in Schulen, Sportvereinen und -verbänden sowie sonstigen Institutionen im Rahmen von Vorträgen,
  – Teilnahme an der „Arbeit des Regionalausschusses Sport und Sicherheit".

Ein in der Tat sehr umfangreicher Aufgabenkatalog, der auch an die Qualifikation der Mitarbeiter/-innen der Fan-Projekte einen hohen Anspruch formuliert. So werden für diese Stellen zu Recht Absolvent/-innen der Studiengänge Diplom- oder Sozialpädagogik bzw. (Sport-)Lehrer/-innen gefordert, die auch über Kenntnisse und Erfahrungen aus dem Sportbereich (Jugendbetreuer, Trainer o.ä.) verfügen und von denen mindestens zwei im Bereich Jugend-/Sozialarbeit berufserfahren sein sollten. Dabei sei an dieser Stelle auch der Hinweis erlaubt, dass ein Teil der hier formulierten und geforderten Aufgabenbereiche meines Erachtens nicht den Fan-Projekten zugeordnet werden sollte, sondern zum direkten fanbetreuerischen Aufgabenbereich der Vereine gehört wie z. B. Sporttreffs, Unterstützung von Fußballfans bei der Selbstorganisation wie z. B. Organisation von Fahrten zu Auswärtsspielen.

Was sollen Fan-Beauftragte leisten?

In den Richtlinien zur Verbesserung der Sicherheit bei Bundesspielen und Regionalligaspielen des DFB wird von Bundesliga- und Regionalligavereinen die Einsetzung eines Fan-Betreuers gefordert; darüber hinaus werden vom DFB besonders bei Spielen der Nationalmannschaft Fan-Stewards eingesetzt.

Dabei geht es nicht darum, den Fußballvereinen noch mehr soziale Aufgaben zuzuweisen, sondern der zu Recht auch vom DFB in Anspruch genommenen sozialen Funktion und sozialen Verantwortung des Sports, seiner Vereine, gerecht zu werden.

In den §§ 30 der Richtlinien zur Verbesserung der Sicherheit bei Bundesligaspielen und Regionalligaspielen steht dabei zur Fan-Betreuung folgendes zu lesen:

Fan-Betreuung

„(1) Der Verein muss einen Fan-Betreuer einsetzen.

(2) Aufgabe des Fan-Betreuers ist es u. a., alle Maßnahmen zu ergreifen, die geeignet und erforderlich sind, die Anhänger des eigenen Vereins von sicherheitsgefährdenden Verhaltensweisen innerhalb und außerhalb der Platzanlagen abzuhalten. Dabei ist besonders anzustreben, dass Gewaltneigungen erkannt und abgebaut sowie bestehende „Feindbilder" beseitigt oder reduziert werden.

(3) Die unter Absatz 2 genannten Ziele sollen vom Fan-Betreuer insbesondere durch folgende Maßnahmen erreicht werden:
– Besprechungen mit den Anhängern, Weitergabe von Informationen,
– Veranstaltungen mit den Anhängern, an denen Vereinsmitarbeiter und Spieler beteiligt werden,

- Aufenthalte bei den Anhängern während der Heim- und Auswärtsspiele und gezieltes Einwirken auf sie in gefährlichen Situationen".

Die hier beschriebenen Aufgaben des Fan-Betreuers sind meines Erachtens viel zu weit gefasst und überfordern in aller Regel nicht nur die Fan-Betreuer, sondern provozieren geradezu Konflikte zwischen Fan-Projekt-Mitarbeitern und Fan-Betreuern.

Was können Fan-Projekte nicht leisten?

Eine heikle und kontrovers geführte Diskussion ist die Frage, wie wichtig es ist, dass Fan-Pädagogen unmittelbar mit Hooligans arbeiten. Die Meinungen hierzu sind und waren einem steten Wandel unterzogen, und entsprechend hat die Fan-Projektarbeit immer wieder Paradigmenwechsel erfahren. Anfangs hat die Neigung von Politikern, Medienvertretern, der Öffentlichkeit generell, die Sinnhaftigkeit und den Erfolg der Fan-Projekt-Arbeit auf die Frage der Erreichbarkeit und Therapierung der Hooligans zu reduzieren, dazu geführt, dass die Hooliganarbeit in den Vordergrund gestellt wurde, die Arbeit mit den traditionellen Fan-Clubs, der Kuttenszene von den Fan-Projekten hingegen vernachlässigt wurde. Im Laufe der Zeit wurde die Notwendigkeit einer Akzentverschiebung und eines Paradigmenwechsels erkannt und auch konsequent verfolgt. Nach wie vor gilt zwar, dass keine Jugendlichen ausgegrenzt werden dürfen, auch nicht die schlagzeilenträchtigen Hooligans (siehe SCHEIDLE 2000 a, b), aber sie können nicht den Schwerpunkt der Arbeit ausmachen. Nach Lens ist die Frage nach den Kontakten zu und der Beeinflussbarkeit (Therapierbarkeit) von Hooligans wieder neu entbrannt, und der Druck auf die Fan-Projektmitarbeiter/-innen, sich wieder verstärkt den Hooligans zu widmen, stärker geworden. Dabei hat die Distanziertheit gegenüber der Hooliganszene gute Gründe. Sozialarbeiter/-innen laufen Gefahr, wenn sie Hooligans auf deren Gewalttouren begleiten, von diesen „instrumentalisiert" zu werden, quasi „logistische Hilfestellung" bei deren Gewalttouren zu leisten, bzw. nur noch dafür da zu sein, die Folgen des Gewalthandelns der Hooligans in Form von Schadensbegrenzung möglichst gering zu halten. Hier gilt es entsprechend besonders behutsam und bedacht vorzugehen, genau abzuwägen. Dies umso mehr, als sich alle Gewalttäter und gewaltbereiten Jugendlichen dadurch auszeichnen, dass sie bezüglich ihrer Gewalttaten keine Schuldgefühle zu haben pflegen. Hier **klare Grenzen zu setzen, ist auch Aufgabe einer aufsuchenden Sozialarbeit** (siehe DEITERS/PILZ 1998). Andererseits muss es aber auch Ziel einer dosierten Begleitung der gewaltgeneigten Fans sein zu verhindern, dass diese Jugendlichen kriminalisiert werden, ohne dabei die „Neutralisierungstechniken" und „Entschuldigungsversuche" der jungen Gewalttäter zu tolerieren. Die Jugendlichen müssen gerade von den Sozialarbeitern immer wieder erfahren und begreifen lernen, dass das, was sie tun, Unrecht ist, und dass sie auch bereit sein müssen, die Konsequenzen dafür zu tragen. Akzeptierende Jugendarbeit, die nicht zur „Pädagogik der Folgenlosigkeit oder Verharmlosung, ja vielleicht sogar stillschweigenden Tolerierung jugendlichen Gewalthandelns" degenerieren will, muss also – und ich wiederhole mich hier gern – die Neutralisierungs- und Entschuldigungstechniken junger Menschen – z. B. Verharmlosung der eigenen Handlungen, Rückführung der Gewalthandlungen auf übermäßigen Alkoholkonsum, aber auch das Negieren der eigenen Fremdenfeindlichkeit, der Verweis auf gruppendynamische Zwänge, Konformitätsdruck, auf die gesamtgesellschaftlichen (Miss-)Verhältnisse, auf vorangegangene Provokationen, Belästigungen oder körperliche Gewalthandlungen der anderen – sehr ernst nehmen und durch entsprechende Bearbeitungen gezielt aufbrechen. Sie muss aber auch die eigenen sozialpädagogischen Maßnahmen immer wieder kritisch danach hinterfragen, ob sie der Verfestigung von Neutralisierungstechniken und Entschuldigungsversuchen Vorschub leistet, bzw. zum Mangel an Schuldgefühlen bei Gewalttaten und Fremdenfeindlichkeit ihrer Klientel beiträgt.

Bei aller Euphorie bezüglich der Chancen und Möglichkeiten der Jugend(sozial)arbeit – ich habe bereits darauf hingewiesen – darf aber auch nicht vergessen werden, dass, solange die strukturellen Bedingungen gewaltförmigen, auffälligen Verhaltens Jugendlicher nicht beseitigt werden, pädagogische und sozialarbeiterische Konzepte nur bedingt greifen. Um es einmal salopp zu formulieren: Weder der Polizeiknüppel noch die Sozialarbeit vermögen die auffälligen Verhaltensmuster junger Menschen, die Gewaltbereitschaft und -akzeptanz, nachhaltig einzudämmen bzw. zu bekämpfen, solange auf der Ebene struktureller Maßnahmen keine entscheidenden Verbesserungen vorgenommen werden. Solange muss die Gesellschaft – und dies mag vielen sehr weh tun – für diese auffälligen Formen jugendlicher Identitätssuche bis zu einem gewissen Grad Toleranz aufbringen. Sozialarbeit kann keine strukturbedingten Konflikte lösen. Sie kann lediglich in „sozialhygienischer" Absicht vorhandene Bedürfnisse befriedigen und auffällige Verhaltensweisen verarbeiten.

So hat der niedersächsische Landtag in seiner 103. Sitzung am 22.01.1998 in seiner Entschließung zur Verstärkung von Präventions- und Interventionsmaßnahmen gegen Jugendkriminalität u. a. festgestellt:

„Die gesellschaftliche Entwicklung der Bundesrepublik ist in zunehmendem Maße gekennzeichnet von Ausgrenzung und Vereinzelung. Der objektiv vorhandene gesellschaftliche Reichtum steht für immer mehr Menschen im krassen Gegensatz zu ihren persönlichen Chancen auf Teilhabe und Teilnahme. Insbesondere die steigende Massenarbeitslosigkeit, eine zunehmende und dauerhafte Abhängigkeit von Familien von der Sozialhilfe und die Auflösung der sozialen Sicherungssysteme sind Ursachen dieser Entwicklung. Gleichzeitig wird das Gemeinwesen durch die ‚Kriminalität der Mächtigen' (Steuerhinterziehung u. a.) immer stärker bedroht.

Diese Entsolidarisierung bedroht vor allem die Zukunftsperspektiven von Kindern und Jugendlichen. Konnten in den vergangenen Jahrzehnten die persönlichen Lebensperspektiven stark durch die persönliche Leistungsbereitschaft und Leistungsfähigkeit bestimmt werden, erleben Kinder und Jugendliche heute vielfach das Gegenteil. Die Angst vor Ausbildung- und Arbeitslosigkeit und damit vor der Ausgrenzung aus den materiellen Möglichkeiten in Deutschland ist zur prägenden Generationserfahrung geworden.

Kinder und Jugendliche reagieren auf diese Alltagserfahrung zum Teil durch abweichendes Verhalten. Kriminalität, Gewaltbereitschaft oder Drogenkonsum sind dabei Folge, nicht Ursache der gesellschaftlichen Schwierigkeiten. Nicht Kinder und Jugendliche machen Probleme, sondern die Welt der Erwachsenen schafft die Probleme. Wachsende Jugendkriminalität (…) ist deshalb ein Problem des Kerns unserer Gesellschaft und nicht der Ränder.

(…) So brauchen wir z. B. nicht vorrangig neue Gesetze, sondern eine konsequentere Praxis!"

Für die von vielen geforderte Präventivarbeit heißt dies, dass auch – vielleicht sogar vor allem? – Aufklärung über Ursachen und Bedingungen auffälligen Verhaltens junger Menschen; sich stark machen für strukturelle Änderungen, für humanere Lebensbedingungen; Auseinandersetzung mit den politischen Entscheidungsgremien, mit den verantwortlichen gesellschaftlichen Institutionen, mit den staatlichen Repressionsinstanzen, den Verbänden und Vereinen, den sozialarbeiterischen Alltag bestimmen müssen. Es gilt nicht nur sich um alternative Handlungs- und Einstellungsmuster bei der sozialpädagogischen Klientel zu bemühen, situative Konfliktregelungs- und -entschärfungsstrategien zu entwickeln und zu vermitteln. Es gilt auch und vor allem politisch zu handeln, den politischen Druck zur Veränderung des Status quo zu verstärken, die Probleme dorthin zurückzugeben, wo sie verursacht werden. Fan-Projektarbeit bedeutet so besehen in erster Linie auch Institutionenarbeit, politische Einflussnahme und **Konfliktmanagement**. Die Fan-Projekte haben dies in vielfältiger Weise immer wieder erfahren und auch erfolgreich praktiziert. Jugendarbeit, Straßensozialarbeit, Fan-Projektarbeit können also, ja sie müssen einen Betrag zur strukturellen Änderung, zur Humanisierung der Lebensbedingungen Jugendlicher leisten, sie reichen aber bei weitem nicht aus. Sie müssen eingebettet sein in die steten Bemühungen um weiterreichende Änderungen der Lebenswelten Jugendlicher. Hier eröffnet sich ein weites, sehr fruchtbares Feld der Zusammenarbeit von Fan-Projekten, Verbänden, Vereinen, der Fan-Beauftragten, aber auch der öffentlichen wie freien Anbieter der Jugend(sozial)arbeit.

Was können Fan-Betreuer nicht leisten?

Was für die sozialpädagogisch ausgebildeten Fan-Projektmitarbeiter gilt, gilt für die Fan-Betreuer erst recht:

Wichtig ist dabei hervorzuheben, dass die Einrichtung von Fan-Projekten, auch unter finanzieller Beteiligung der örtlichen Bundesligavereine (Drittelfinanzierung) die Bundesligavereine nicht von dieser Verpflichtung der Einsetzung eines Fan-Betreuers entbindet. Auch wenn die Aufgabenfelder des Fan-Betreuers denen der Fan-Projekt-Mitarbeiter/-innen ähneln, in manchen Punkten dekkungsgleich erscheinen: Im Rahmen ihrer Tätigkeit leisten Fan-Betreuer auch Präventionsarbeit, durchaus wichtige Präventionsarbeit als Dienstleister für die Fans und Vereine und sind somit auch ein wichtiges Bindeglied zwischen Verein und Fan-Projekt. Fan-Projektarbeit hingegen steht ausschließlich im Dienste der Prävention (hier überschneiden sich durchaus die Aufgabengebiete, die einer einfühlsamen Abstimmung bedürfen) **und** Intervention im Sinne einer langfristigen Befriedung der Fan-/Ultra und Hooliganszene. Der in den §§ 30 formulierte Aufgabenkatalog der Fan-Betreuer muss entsprechend diesen Gegebenheiten angepasst und sollte um spezifische Aufgaben wie z. B. Sportangebote, wie sie im Nationalen Konzept Sport und Sicherheit den Fan-Projekten zugeschrieben werden, ergänzt werden. In jedem Fall gilt es die in den §§ 30 formulierten Interventionsaufgaben zu relativieren.

Welche Schwerpunkte/Perspektiven ergeben sich für die Arbeit der Fan-Projekte in den kommenden Jahren? Was müssen Fan-Projekte leisten?

Auch die Arbeit in den Fan-Projekten wird sich künftig stärker mit der traditionellen Fan-Kultur und den Bedürfnissen der Jugendlichen in dieser Kultur auseinandersetzen und entsprechende Angebote bereitstellen müssen, sie darf die Auflösungserscheinungen der traditionellen Fan-Kultur nicht nur beklagend hinnehmen, sondern muss aktiv dagegen angehen. Prävention kann und darf nicht nur als „Rand- und Problemgruppenarbeit“ verstanden werden. Dies gilt vor allem für die sich in den letzten Jahren immer stärker und zwischen die Kuttenfan- und Hooliganszene drängende Ultra-Szene, die sich zum einen verstärkt der (Wieder-) Herstellung der traditionellen Stimmung und Atmosphäre im Stadion durch entsprechende Inszenierungen, Choreografien, „Schlacht“- und Stimmungsgesänge verschrieben hat, die zum anderen (zu einem nicht unbeträchtlichen Teil) auch von rechten, rechtsradikalen Gruppierungen durchsetzt, unterwandert ist bzw. mit rechtsradikalen Gruppierungen durch Verwenden entsprechender Symbole sympathisiert. Hier wird es in Zukunft sehr entscheidend sein, wie weit es gelingt, den Ultras Räume zur (Selbst-)Inszenierung zu geben, zu belassen, d. h. den Teil, der sich vorwiegend der Stimmungsmache und dem Herstellen einer fußballspezifischen Atmosphäre verschrieben hat, zu stärken und damit gegen rechte, rechtsradikale Tendenzen und Unterwanderungs-/Vereinnahmungsversuche zu immunisieren.

Dies ist um so wichtiger, als zu beobachten ist, dass die Inszenierungs- und Choreografiebedürfnisse der Ultras immer stärker mit ordnungspolitischen und sicherheitstechnischen Bestimmungen und Regelungen in den Stadionordnungen in Konflikt geraten (bengalische Feuer, Rauchbomben, Papierschnipsel, Konfetti u. ä.). Gelingt es nicht, diese Kriminalisierungstendenzen zu stoppen und den Ultras Räume für ihre Inszenierungen und Choreografien zu schaffen, droht die Ultraszene ins rechte und/oder gewaltbereite, gewaltfaszinierte Lager abzudriften.

Für die Arbeit der Fan-Projekte ergeben sich dabei folgende allgemeine Forderungen:

- Fan-Arbeit darf nicht selbstzufrieden zur Routine-Arbeit werden, wenn eine scheinbar hinreichend große Zahl von Fans bestehende Angebote regelmäßig wahrnimmt. (Das Augenmerk muss auch denen gelten, die die Angebote nicht wahrnehmen, die bislang nicht erreicht wurden; die Tatsache, dass bestimmte Angebote wahrgenommen werden, darf nicht dazu führen, auf neue, andere Angebote zu verzichten)

- Veränderungen in der Fan-Szene müssen auf ihre Hintergründe und Perspektiven befragt werden, Ausgrenzungs- oder Begrenzungsprozesse müssen in kritischer Arbeit erkannt und bewusst gemacht werden (siehe Ultras).

- Fan-Arbeit muss eine kulturelle Isolierung vermeiden, muss versuchen, die kulturelle Eigenwelt der Fans durch Elemente der Erwachsenenwelt zu ergänzen; dies kann politisch- und kulturellbildende Ziele verfolgen, muss aber genau so z. B. die Integration in den Verein anstreben. Falsche oder übertriebene Pädagogisierungen können hier allerdings auch das Gegenteil bewirken.

- Im Hinblick auf die Mittlerfunktion der Projektarbeit sind die Arbeitsansätze gegenüber der Polizei und gegenüber dem Verein fortzusetzen und weitere Verbesserungen im Interesse der Fans zu erreichen. Dies gilt vor allem seit Lens, wo Sozialarbeiter verstärkt unter Druck geraten sind, der Polizei gegenüber ihre Erkenntnisse offen zulegen, und die bisher weitgehend akzeptierte Verschwiegenheit der Sozialarbeiter bezüglich deren Szenekenntnissen in Frage gestellt wird. Das für die Kooperation, den Dialog mit der Polizei, unverzichtbare Prinzip der Akzeptanz der Verschwiegenheit gegenüber der Polizei und Solidarität mit den Jugendlichen (als Anwalt der jungen Menschen) muss hier neu diskutiert werden. Sozialarbeiter dürfen nicht zu „Handlangern der Polizeiarbeit" degradiert werden.

- Präsenz während der Spiele, Organisation von Fan-Turnieren und offene Türarbeit dürfen nicht darüber hinwegtäuschen, dass bezüglich der aufsuchenden Jugendarbeit, der lebensweltorientierten Jugendarbeit in den Stadtteilen, Orten der Fans noch Defizite bestehen. Fan-Arbeit kann und darf sich nicht auf das Stadion, das Fußballwochenende und den Fan-Laden sowie Fan-Turniere, Fan-Liga beschränken. Dies umso mehr, als die Jugendlichen verstärkt ihre Action nicht mehr nur auf das Fußballwochenende beschränken, sondern auch unter der Woche in ihren Stadtteilen, Wohnorten aktiv sind, sich mit anderen Jugendkulturen vermischen oder gar gegen andere Jugendkulturen agieren, ja der Trend, weg von den gut bewachten Bundesligaspielen hin zu den regionalen Fußballspielen mit ihren traditionellen Lokalderbys, sich zu verstärken scheint.

- Die Möglichkeiten politischer Einflussnahme gilt es in Zukunft noch stärker auszuloten, verstärkt zu nutzen.
- Für die weitere Fan-Arbeit gilt es deshalb verstärkt die Karrieren der Fans zu verfolgen, die Schnittstelle zu ermitteln und zu analysieren, an der Jugendliche aus der Fan-Szene heraustreten und sich der Ultra- bzw. Hooliganszene anschließen, verstärkt auch Aktivitäten außerhalb des Fußballbereichs, in Schule, Stadtteil usw. einzubeziehen, gezielte lebensweltorientierte, stadtteil-, wohnortbezogene Sozialarbeit zu leisten, die Frage möglicher „Seiteneinsteiger" zu verfolgen.
- Schließlich und endlich ist die Tatsache, dass – wie DEMBOWSKI (2000, 251) zu Recht schreibt – männliche Sexualität bei Fans, Ultras und Hooligans eine wichtige Rolle spielt, dass ausgeprägte Männlichkeitsvorstellungen und -normen autoritäre Charakterstrukturen, Nationalismus, Rassismus, Gewalt und Sexismus im Fußballumfeld verstärken und der Fußball zum „Opium des Mannes" wird, verstärkt durch reflexive Jungenarbeit, geschlechtsspezifische Arbeit (siehe u. a. BEHN/HEITMANN/VOSS 1995; deutsche jugend, 1993, Heft 6; SCHNACK/ NEUTZLING 1991) mit Fußballfans, Ultras und Hooligans in die soziale Arbeit der Fan-Projekte zu integrieren, ein bislang stark vernachlässigter Bereich in der Fan-Projektarbeit.

Dabei geht es der reflexiven Jungenarbeit vor allem darum, durch entsprechende Angebote und Thematisierungen die gewaltförmigen Durchsetzungs- und Selbstbehauptungsstrategien und Gewalt- und Männlichkeitsphantasien aufzubrechen.

Entsprechend sind die Funktionen und Bedeutungen der Zugehörigkeit zu gewaltfaszinierten, gewaltbereiten und fremdenfeindlichen Gruppen zu berücksichtigen. An diesen Funktionen und Bedeutungen müssen sozialpädagogische Maßnahmen ansetzen. Das heißt, sie müssen an den Bedeutungen der Solidaritätsangebote und -leistungen dieser Gruppen für die Jugendlichen ansetzen, müssen die Bedürfnisse nach Kommunikation, nach Schutz, nach Abgrenzung ernst nehmen und konstruktiv aufgreifen. In der Arbeit der Fan-Projekte ist vor allem immer wieder die Bedeutung der Bedürfnisse der Fans nach sozialen Kontakten, nach dem Verbringen der Freizeit in der Gruppe und nach stimmungsvollen Erlebnissen deutlich geworden. Gerade bezüglich des Abbaus der Vereinzelung und Isolierung, die die Jugendlichen erleben, kommt der Fan-Projektarbeit somit eine wichtige Rolle zu. Dies gilt auch für die gesellschaftliche Anerkennung der Fans. So fordern denn die Fans vermehrt auch Angebote, die den Kern des Lebens der Jugendlichen als Fans betreffen: der Fan-Club als Raum und Gemeinschaft, als Bereich der Geborgenheit und das Bestreben aus der Vereinzelung, Begrenzung auf den eigenen Fan-Club und in der eigenen Stadt herauszukommen und sich einen größeren Kreis von Freunden, Gleichgesinnten in anderen Räumen zu schaffen und damit den eigenen Lebensraum zu erweitern. Die sozialpädagogischen Maßnahmen müssen dabei den jungen Menschen eindeutige Orientierungen liefern, ihnen helfen, ihre realen Lebensbedrohungen konstruktiv zu verarbeiten, ihnen Halt, Anerkennung, Zuneigung geben und vor allem ihre Bedürfnisse nach Abenteuer, Spannung, Risiko, nach „Action" aufgreifen und ihnen Möglichkeiten eröffnen, sich selbst und ihren Körper intensiv zu erleben. Dabei wird es darum gehen müssen, stärker **erlebnispädagogische Ansätze** (sowohl im Sinne des Ernstnehmens des Bewegungsbedürfnisses, Spannungs- und Abenteuerbedürfnisses der Jugendlichen, als auch im Sinne von Beziehungsarbeit) zu erproben. Hier kommt der körper- und bewegungsbezogenen Jugendsozialarbeit eine große Bedeutung zu (siehe u. a. KÖSTERKE/STÖCKLE 1989; PILZ 1991; PILZ/PEIFFER 1998; SCHULZE-KRÜDENER 1999), der die Fan-Projekte wie die Sozialarbeit schlechthin künftig verstärkt gerecht werden müssen. Hier ist denn auch eine besonders enge Schnittstelle der Zusammenarbeit mit den Vereinen, den Übungsleitern und Fan-Betreuern der Vereine zu sehen. Zu fordern sind entsprechend sportartenübergreifende freizeitsportliche Angebote, die sich an den Körperverständnissen der jungen Menschen, deren Bewegungsbedürfnissen orientieren; sei es als eigenständige Angebote, sei es in enger Kooperation mit den Fußballvereinen oder anderen Trägern der freien Jugendarbeit. Angebote wie der Mitternachtssport (PILZ/PEIFFER 1998), Fan-Turniere, Fußballfan-Ligen im Sinne einer stärkeren Zusammenarbeit mit den Vereinen sind hier nicht nur wünschenswert, sondern auch dringend geboten.

Welche Schwerpunkte/Perspektiven ergeben sich für die Arbeit der Fan-Betreuer, was müssen Fan-Betreuer leisten?

Lassen Sie mich diese Fragen auf der Folie der Konzeption der Fan-Betreuung durch Hannover 96, die vom Fan-Projekt und dem damaligen Fan-Betreuer erarbeitet und vom Präsidium von Hannover 96 am 29.03.1990 verabschiedet wurden, beantworten.

Ausgehend von der Erkenntnis, dass durch das, was der Verein für seine Fans unternimmt oder unterlässt, er zur Art und Weise beiträgt, wie sich seine Fans (und zwar aller Schattierungen) im Umfeld der Bundesligaspiele verhalten, kam das Präsidium von Hannover 96 zu dem Beschluss, dass eine umfassende Fan-Betreuung und Fanarbeit für Hannover 96 wie für jeden Bundesligaverein einen unverzichtbaren Teil seiner Vereinsarbeit darstellt. Dies ist nicht nur im Interesse einer öffentlichkeitswirksamen PR-Maßnahme, sondern auch im Sinne und Interesse einer verantwortungsbewussten sportlichen wie überfachlichen Jugendarbeit.

Für die Fanarbeit und Fan-Betreuung des Vereins ergeben sich dabei schwerpunktmäßig drei Tätigkeitsfelder:

- direkter Kontakt zwischen Verein und Fans;
- Unterstützung der Arbeit des Fan-Projekts;
- sportliche und überfachliche Jugendarbeit.

1. Direkter Kontakt zwischen Verein und Fans

Der Schwerpunkt der direkten Fanarbeit des Vereins liegt auf der Verringerung und langfristig auf dem Abbauen der zurzeit bestehenden Distanz zwischen Verein und seinen (jugendlichen) Fans. Hierzu bedarf es der **Schaffung einer Anlaufstelle für Fans beim Verein und der Position eines Fan-Beauftragten mit klarer Kompetenz (Sachkompetenz und Entscheidungskompetenz), der für die Fanarbeit verantwortlich ist.** Für die notwendige Akzeptanz innerhalb der Fan-Szene und zur Erlangung von Sachkompetenz ist der direkte Kontakt des Fan-Beauftragten zu den Fans (bei Heimspielen Aufenthalt im Fan-Bereich; bei Auswärtsspielen Begleiten der Fans mit Bus oder Zug) erforderlich.

Entsprechend stellen sich dem Fan-Beauftragten des Vereins folgende zentralen Aufgaben:

- Organisation und Durchführung von Treffen der Spieler und/oder Vereinsführung mit den Fans
- Unterstützung der Fans bei der Organisation von Auswärts-Fahrten
- Initiierung von Patenschaften zwischen Spielern und Fanclubs, Fangruppen
- Öffnung der Vereins- bzw. Stadionzeitung zur Selbstdarstellung von Fans, Fangruppen und Fanclubs

- Herstellung und Aufrechterhaltung des Kontaktes zum Fan-Projekt
- Unterstützung der Fans bei der Organisation von Fanturnieren
- ausreichende Versorgung der Fans mit Fan-Artikeln
- Beantwortung von Fan-Post
- Ermäßigung von Eintrittskarten für sozial Benachteiligte
- Hilfestellung für arbeitslose Fans durch Sponsoren der Vereine; Stellengesuche/-angebote in der Stadionzeitung

2. Unterstützung der Arbeit des Fan-Projektes

Das Fan-Projekt ist eine eigenständige Jugendeinrichtung. Es ist als Mittler zwischen den jugendlichen Fans und der Erwachsenenwelt tätig. Ein wichtiges Aufgabenfeld des Fan-Projektes stellt dabei neben der konkreten sozialpädagogischen Arbeit die Publikums- und Öffentlichkeitsarbeit dar. Hierbei geht es vor allem darum, Barrieren zu beseitigen, die aufgrund von Unkenntnis, Fehleinschätzungen und Vorurteilen vorhanden sind. In diesem Zusammenhang ist der Verein im Interesse einer konstruktiven Zusammenarbeit zum Wohle der Jugendlichen wichtigster Ansprechpartner des Projektes.

Darüber hinaus vertritt das Fan-Projekt die Interessen und Anliegen der organisierten, wie vor allem auch der unorganisierten Fans (einschließlich der „Hooligans") gegenüber den Personen, Gruppen und Institutionen, mit denen sie in Berührung oder Konflikt kommen (z. B. Polizei, Justiz, Arbeitsstelle, -amt, Verein u. ä.). Der Schwerpunkt der Arbeit liegt im sozialen Bereich und reicht weit über die Vereinsinteressen hinaus.

Zur Unterstützung dieser Arbeit **anerkennt und stärkt** der Verein

- die Rolle des Fan-Projektes als Mittler zwischen den unterschiedlichen Fangruppierungen und zwischen Fans und Institutionen;

nutzt der Verein

- die Sachkompetenz des Projektes, die sich aus den Erkenntnissen dessen direkten Umgangs mit den Fans ergibt (Fan-Projekt als Ideengeber).

Dies bedeutet, dass der Verein in allen Entscheidungen, die die Fans betreffen, das Fan-Projekt konsultiert.

3. Sportliche und überfachliche Jugendarbeit

Aus den Erkenntnissen der bisherigen Fan-Projekt-Arbeit und der sie begleitenden wissenschaftlichen Arbeit, aber auch aus einschlägigen Untersuchungen der Jugendforschung, Sportwissenschaft und des Deutschen Sportbundes (besonders der Deutschen Sportjugend) ergibt sich die Bedeutung einer sportfachlichen wie überfachlichen Jugendarbeit im Sinne präventiver Fan- und Jugendarbeit. Mit der vom Deutschen Sportbund für seine Vereine bereits seit Jahren angekündigten und proklamierten ***„sozialen Offensive der Vereine"*** muss ernst gemacht werden (der Verein als Solidargemeinschaft und Auffangbecken gesellschaftlicher Problemlagen Jugendlicher). Die soziale Offensive der Sportvereine muss im Interesse einer präventiven Fan- und Jugendarbeit mit Leben gefüllt werden. Dies bedeutet zum Beispiel u. a.:

- Bereitstellen von freizeitsportlichen Angeboten als Alternative zum traditionellen Leistungssport (z. B. Fan-Liga)
- Schaffung von Angeboten im Sinne der Abenteuer- und Erlebnispädagogik (Abenteuerfreizeiten, -sportarten) um Defizite im Erlebnis- und Abenteuerbereich aufzufangen
- Kooperation mit anderen Jugendeinrichtungen, um deren Angebote im Sinne jugendschützerischer Tätigkeit für den Verein zu nutzen (z. B. Informations- und Diskussionsabende für jugendliche Vereinsmitglieder zur Drogenproblematik, zu AIDS, Videokonsum, zu aktuellen Jugendfragen, -problemen u. ä.; Nutzung von Jugendzentren für Vereinsdiscos)

Für eine klare Grenzziehung zwischen Fan- und Fansozialarbeit

Im Kinder- und Jugendhilfegesetz (§§ 11 und 13) wird sehr deutlich zwischen Jugendarbeit und Jugendsozialarbeit unterschieden, wobei zu den Schwerpunkten der Jugendarbeit u. a. ausdrücklich auch die „Jugendarbeit in Sport, Spiel und Geselligkeit" gezählt wird, während Jugendsozialarbeit sich speziell um junge Menschen kümmert, die „zum Ausgleich sozialer Benachteiligungen" oder „zur Überwindung individueller Beeinträchtigungen" in erhöhtem Maße auf Hilfe und Unterstützung angewiesen sind. Entsprechend ist auch eine klare Grenzziehung zwischen den Aufgaben und Kompetenzen der Fan-Betreuer der Fußballvereine einerseits und denen der Sozialarbeiterinnen und Sozialarbeiter, Sozialpädagoginnen und Sozialpädagogen der Fan-Projekte gerade auch im Interesse einer reibungslosen, konstruktiven und vor allem solidarischen Zusammenarbeit im Dienste der Gewaltprävention dringend geboten, ist ein klare Trennung der Aufgaben von Fan-Sozialarbeit und Fan-Arbeit/-Betreuung erforderlich.

Das Fan-Projekt kann und darf nicht die Außenstelle der Fan-Betreuung des Vereins sein und umgekehrt: Fan-Betreuer leisten keine Sozialarbeit, auch wenn natürlich hier eine sehr enge Zusammenarbeit geboten ist. Im Interesse einer fruchtbaren Zusammenarbeit ist hier eine klare Abgrenzung vorzunehmen zwischen den Aufgabenbereichen der Fan-Projekte, deren Unabhängigkeit vom Verein ja im Nationalen Konzept Sport und Sicherheit bewusst hervorgehoben und gefordert wird, und denen der Fan-Betreuer, die im Dienst der Vereine stehend und damit auch die Interessen der Vereine wahrnehmend für die Fans tätig sind.

Die Herausarbeitung eines klaren Profils für Fan-Betreuer und Fan-Pädagogen, eines klar abgegrenzten Aufgabenkataloges für Fan-Betreuer der Vereine und Fan-Projektmitarbeiter/-innen muss vordringliche Aufgabe der Kooperation von DFB, KOS und Fan-Projekten sein.

Auch wenn Repression sein muss, sie bedarf der Flankierung durch vielfältige präventive Maßnahmen. Im Nationalen Konzept Sport und Sicherheit werden deshalb auch zu Recht repressive wie präventive Maßnahmen gefordert und gefördert. Dabei ist die Arbeit der Fan-Betreuer ausschließlich, die der Fan-Projekte vornehmlich im präventiven Bereich anzusiedeln. Die Unterscheidung zwischen primärer, sekundärer und tertiärer Gewaltprävention nach KEUPP mag eine Hilfe für die hier geforderte Herausarbeitung unterschiedlicher Profile für Fan-Betreuer und Fan-Pädagogen sein.

Primäre Prävention setzt vor dem Auftreten von Gewalt an, um gewaltförmige Einstellungen und Verhaltensweisen erst gar nicht entstehen zu lassen.

Sekundäre Prävention setzt an, wenn sich erste Gewalttendenzen zeigen, und zielt sowohl auf einen strukturellen und interaktionellen Kontext als auch auf eine Einstellungs- und Verhaltensänderung (z. B. kontextbezogene [präventiv-soziale] als auch individuumsbezogene [präventiv-personale] Maßnahmen der Früherkennung und Behandlung von Problemen und Gefährdungen wie z. B. Verhaltenstraining, Erarbeitung und Einhalten von Verhaltensregeln, Jungenarbeit zur Kultivierung von Aggressionen, auf Gewaltfilme orientierte Medienarbeit).

Tertiäre Gewaltprävention setzt an, wenn verfestigte Gewaltformen auftreten, und zielt vornehmlich mit korrektiv-personalen Interventionen vor allem auf die Verhaltensmodifikation.

Hier wird bereits deutlich, dass der Schwerpunkt der Arbeit der Fan-Betreuer eindeutig im Bereich der primären Gewaltprävention anzusiedeln ist.

Im Bereich der sekundären Gewaltprävention geht es vor allem um
- Anleitung zu Selbstdisziplin und Selbstkontrolle
- Stärkung des Selbstwertgefühls
- Aggressions- und Frustrationsabbau; Lernen, Überschuss an physischer Energie auf angemessene Weise durch strukturierte Aktivität umzusetzen
- Akzeptieren von gesteckten Rahmenbedingungen (Erarbeiten und Einhalten von Verhaltensregeln)
- Stärken der eigenen Verhaltenskontrollmechanismen
- Ermöglichen von erlebnispädagogischen Erfahrungen im Sinne der Entwicklung von sozialer Kompetenz
- Mediatorenausbildung zur Konfliktschlichtung

Dies setzt eine sozialpädagogische Kompetenz und Professionalität voraus, über die in der Regel nur die sozialpädagogisch ausgebildeten Mitarbeiter der Fan-Projekte verfügen. Mit ehrenamtlicher Arbeit kommt man hier schon gar nicht weiter.

Darüber hinaus erfordern die vielen Schnittstellen der gemeinsamen Arbeit mit Fans eigene Kooperationen, feste Netzwerke: „In diesen Netzwerken können Vertreterinnen und Vertreter unterschiedlichster Institutionen kooperieren, die sich ihrer Vorbildfunktion und ihrer spezifischen Aufträge (Jugendarbeit, sportliche Jugendarbeit, Jugendsozialarbeit, erzieherischer und präventiver Kinder- und Jugendschutz, Jugendpolitik, Schule usw.) bewusst sind. Hier lassen sie ihr fachliches Know-how einfließen bzw. können sie die Netzwerkarbeit für ihre eigene Praxis nutzen" (SPORTJUGEND NIEDERSACHSEN 2002).

Allerdings bewirken Vernetzung und Zusammenarbeit allein noch keine effektive Sucht- und Gewaltprävention. Entscheidend ist:
- unterschiedliche Interessen müssen offengelegt,
- Gemeinsamkeiten herausgearbeitet,
- Kompetenzen geklärt

und zum Inhalt der Zusammenarbeit gemacht werden.

Die Entwicklung fachlich fundierter Konzepte für eine umfassende präventive Fanarbeit sollte u. a. Ergebnis einer solchen Zusammenarbeit sein.

Aus diesen Ausführungen ergeben sich an den DFB und seine Vereine folgende Forderungen:

(1) Schaffung einer Stelle für einen hauptamtlichen Fan-Beauftragten beim DFB;
(2) Versetzung der KOS in die Lage, die Qualität der Arbeit der Fan-Projekte zu sichern und zu kontrollieren;

(3) Versetzung der Fan-Projekte in die Lage, dass sie den im Nationalen Konzept Sport und Sicherheit geforderten Aufgaben gerecht zu werden vermögen im Sinne der im Nationalen Konzept Sport und Sicherheit vorgesehenen Mindestausstattung;
(4) Eindeutige Profilbildung der Fan-Betreuer und Fan-Pädagogen
  (4.1) Änderungen/Anpassung des § 30 der Richtlinien zur Verbesserung der Sicherheit bei Bundesligaspielen an betreuerische, präventive Anforderungen
  (4.2) Änderung/Anpassung der Aufgabenfelder der Fan-Projekt-Mitarbeiter/-innen im Nationalen Konzept Sport und Sicherheit (Konzeption zur Errichtung von Fan-Projekten auf örtliche Ebene, Punkt 3.2.2) an die primären Präventions- und Interventionsanforderungen.

Literatur

Behn, S. /Heitmann, H./Voss, S. (Hrsg.): Jungen, Mädchen und Gewalt. Ein Thema für die geschlechtsspezifische Jugendarbeit?! IFFJ-Schriften 8, Berlin 1995.

Deiters, F.-W./Pilz, G. A. (Hrsg): Aufsuchende, akzeptierende, abenteuer- und bewegungsorientierte, subjektbezogene Sozialarbeit mit rechten, gewaltbereiten jungen Menschen. Aufbruch aus einer Kontroverse. Münster 1998.

Dembowski, G.: Zum Fußball als Männersache. In: deutsche jugend 2000, S. 251–255.

Deutsche jugend. Stichwort: Jungenarbeit. 1993, S. 4.

Kösterke, A./Stöckle, G.: Neue Bewegungskultur als Anregung für die Jugendarbeit? Konzepte und Vorschläge des Sportprojektes „Traumfabrik“ in: deutsche jugend 1989, S. 477–484.

Pilz, G. A.: Plädoyer für eine sportbezogene Jugendsozialarbeit. In: deutsche jugend 1991, S. 334–343.

Pilz, G. A./Peiffer, L.: Offener Mitternachtssport. Erfahrungen aus praktischer Arbeit und wissenschaftlicher Begleitung in: deutsche jugend 1998, S. 513–520.

Scheidle, J.: Streetwork mit Hooligans nach Lens. Eine persönliche Reflektion. In: deutsche jugend 2000, S. 256–261.

Scheidle, J.: „Für jedes Bild hätte ich in der Schule ne Fünf gekriegt“. Bildnerisches Gestalten mit Hooligans. In: deutsche jugend 2000, S. 331–337.

Schnack, D./Neutzling, R.: Kleine Helden in Not. Reinbek 1991.

Schulze-Krüdener, J.: Its body time! Sport als Herausforderung für die Jugendarbeit. In: Homfeldt, H. G. (Hrsg.): „Sozialer Brennpunkt“ Körper. Hohengehren 1999, S. 204–216.

Überarbeitete Fassung des Vortrags bei der 4. Fan-Projekte-Werkstatt „Fanarbeit“ vom 6.–7. Oktober 2003 in Wolfsburg.

IV Sport und Rechtsextremismus

Rechtsextremismus, Rassismus und Diskriminierung im Fußballumfeld – Herausforderungen für die Prävention

Fremdenfeindlichkeit und Rassismus sind und bleiben eine Gefahr für die Demokratie und die politische Kultur Deutschlands.

Die wachsende Perspektivlosigkeit junger Menschen, die in der Fußballszene schon seit jeher zumindest vorhandene rechte Gesinnung, die Verherrlichung und Faszination der Gewalt sowie die bei Nationalmannschafts- und Europacupspielen sich anbietende nationalistische Bühne haben die Fans, Hooligans, Ultras und den organisierten Rechtsextremismus näher zusammengebracht und in manchen Fällen zu einer gefährlichen Symbiose geführt. Die rechtsradikalen, antisemitischen Äußerungen z. B. durch das Transparent „Wir grüßen Schindlers Juden" deutscher Hooligans, Fans und Skinheads anlässlich des Fußball-Länderspiels zwischen Polen und Deutschland Anfang September 1996 in Zabrze waren der Beginn einer Welle rassistischer Entgleisungen im Fußballumfeld. In jüngster Zeit riefen Fans von Dynamo Dresden während eines Spiels gegen Hertha BSC II in der Regionalliga immer wieder „Juden Berlin". In der Oberliga in Leipzig wurde der Spieler Adebowale Ogungbure erneut von Zuschauern des Halleschen FC rassistisch beleidigt. Und im Kreisliga-Spiel bei Altglienicke (Berlin) verließen Spieler des TuS Makkabi II wegen antisemitischer Pöbeleien das Feld, während ausgerechnet der Schiedsrichter nach Spielabbruch behauptete, er habe davon nichts mitbekommen. Das Sommermärchen WM 2006 ist vorbei – die Realität holt uns wieder ein. Zwar stehen wir in der Sache nicht vor neuen Fragen. Das Rassismusproblem im Fußball hat nach wissenschaftlichen Erkenntnissen auch nach der WM nicht zugenommen. Aber dieses Problem infiltriert nun die unteren Ligen, und der latente Rassismus eines Teils der Gesellschaft manifestiert sich im Fußballumfeld.

„Rassismus, Fremdenfeindlichkeit und Rechtsextremismus im Zuschauerverhalten"[1]

Die Entwicklung rassistischer, fremdenfeindlicher Handlungen im Fußball verläuft in scheinbar sich widersprechenden Richtungen. So weisen unsere Untersuchungen darauf hin, dass offenes rassistisches, fremdenfeindliches und rechtsextremistisches Verhalten in den vergangenen Jahren in den alten Bundesländern zurückgegangen ist. Das bedeutet allerdings nicht, dass ein solches Verhalten nicht mehr beobachtbar ist. An den einzelnen Standorten gibt es sowohl einen Rückgang auf unterschiedlichem Niveau als auch unterschiedliche Problemlagen. Während es an den meisten Standorten eher Einzelpersonen oder kleinere Gruppen sind, die sich an entsprechenden Äußerungen beteiligen, hat sich an manchen Standorten abhängig vom Spielgeschehen ein ganzer Block von mehreren hundert bis tausend Fans an fremdenfeindlichen Diskriminierungen beteiligt.

Ein weiterer Trend ist, dass offen inszenierte Fremdenfeindlichkeit und Rechtsextremismus eher vom Stadion weg auf die An- und Abfahrtswege und in untere – sozial und ordnungspolitisch weniger kontrollierte – Spielklassen verlagert werden.

1 Ich beziehe mich hier auf die Studie „Wandlungen des Zuschauerverhaltens im Profifußball" Pilz u. a. (2006) und hier im besonderen auf die Teilstudie „Rassismus, Fremdenfeindlichkeit und Rechtsextremismus im Zuschauerverhalten und Entwicklung von Gegenstrategien" (Behn/Schwenzer 2006, 320–435).

Der Rückgang von rassistischen, rechtsextremen Verhaltensweisen in den Spielklassen der Ersten und Zweiten Bundesliga bedeutet nun aber auch nicht unbedingt einen Rückgang von problematischen Einstellungsmustern, wir haben vielmehr eine Diskrepanz zwischen Einstellungen und Verhaltensweisen festgestellt. Der Rassismus, die Fremdenfeindlichkeit und der Rechtsextremismus werden – wo die sozialen und ordnungspolitischen Kontrollen greifen – verdeckter und subtiler. Damit wird auch schon deutlich, dass allein Kontrolle und Strafen das Problem nicht lösen, sondern zunächst einmal nur verdrängen. Mit Strafen und Kontrollen bekommen wir rassistische, fremdenfeindliche Gedanken noch nicht aus den Köpfen heraus. Problematische Einstellungsmuster sind unsichtbarer geworden. Dies gilt in besonderem Maße für den Bereich des Rechtsextremismus. Die rechtsextreme Szene hat ihre Strategie gewandelt und kommuniziert mittels versteckter Codierungen von rechtsextremen Einstellungen und einem entsprechenden Symbolsystem, das oft nur für Insider erkennbar ist. Dies stellt sehr hohe Anforderungen an Fan-Projektmitarbeiter/-innen, Ordner/-innen und Fan-Betreuer/-innen, weil sie sich dieses Expertenwissen, das in der Regel nicht vorhanden ist, erst aneignen müssen.

Subtiler Rassismus zeigt sich darin, dass schwarze und auch osteuropäische Spieler von Fans schneller kritisiert werden bzw. etwas mehr leisten müssen als deutsche oder westeuropäische Spieler. Stehen schwarze Spieler in der Kritik, dann werden diese eher entpersonalisiert, werden also vom Spieler als Individuum zum Schwarzen.

Hinzu kommt der Einzug von rechtem Lifestyle in die Popkultur: Rechts konnotierte Kleidungsmarken und Symbole finden sich als modischer Mainstream in den Kurven. Dies knüpft auch an einen subkulturellen Trend an, wie er auf der Berliner NPD-Demonstration zum 1. Mai deutlich wurde: die tendenzielle Abkehr vom Bild des martialischen Skins, das ironische Spiel mit den Zeichen und die Adaption von linker Symbolik und linken Dresscodes. Wichtig ist allerdings, zwischen rassistischem/fremdenfeindlichem Zuschauerverhalten (wie z. B. Affenrufe, fremdenfeindliche Fangesänge etc.) und rechtsextremem Verhalten (wie z. B. Verteilen von NPD-Aufklebern in der Fankurve) zu differenzieren, da es sich um unterschiedliche Akteure handeln kann, die aus unterschiedlichen Beweggründen agieren können.

Einem rassistischen Verhalten muss keine gefestigte rechtsextreme Einstellung zu Grunde liegen; auf der anderen Seite gibt es Fans, die deutlich im Stadion als Rechtsextreme in Erscheinung traten, sich nicht an rassistischen Äußerungen beteiligten.

Festzustellen ist, dass Handlungen und Einstellungen nicht übereinstimmen müssen. Wie oben bereits dargelegt, bedeutet der Rückgang von offenem rassistischen/fremdenfeindlichen und rechtsextremen Verhalten nicht unbedingt einen Rückgang der jeweiligen Einstellungsmuster. Anders herum lässt sich nicht zwangsläufig – zumindest was rechtsextreme Handlungen betrifft – von rechtsextremem Zuschauerverhalten auf die entsprechenden Einstellungsmuster schließen. Es gibt Handlungen, die aufgrund ihrer semantischen Struktur als rechtsextrem zu bezeichnen sind (wie z. B. das in der Fan-Szene verbreitete U-Bahn-Lied), weil sie nach außen hin rechtsextreme Bilder transportieren. Dieser rechtsextreme Inhalt wird unter Umständen von jugendlichen Fans bewusst eingesetzt, um Erwachsene, die Polizei oder gegnerische Fans zu provozieren, Tabus zu überschreiten und sich selbst außerhalb des gesamtgesellschaftlichen Mainstreams in Szene zu setzen. Andere rechts- bzw. fremdenfeindliche/rassistische kulturelle Praktiken sind weitgehend ihrer ursprünglichen Bedeutung beraubt; die rechte Konnotation hat sich „abgeschliffen". So wird beispielsweise bei Liedern, in denen die „Reichshauptstadt" vorkommt, nicht unbedingt ein Bezug zum „Dritten Reich" hergestellt.

Außerdem ist eine Vermischung von rechter Symbolik und Fußballsymbolik festzustellen, die zum Teil an einen Wertekanon anknüpft, in dem sich Fußballkultur und rechte Ideologie treffen (Stichworte: Kampfkraft, Ehre, Treue). Dies betrifft vereinzelt auch strafrechtlich verbotene Symbole und Losungen im Rahmen von Merchandising-Artikeln, die sowohl vor dem Stadion verkauft als auch im Stadion getragen werden.

Zu beobachten ist auch ein Ost-West-Gefälle in dem Sinne, dass der offene Rassismus in den Stadien der Neuen Bundesländer ausgeprägter ist. Die Ergebnisse unserer qualitativen Interviews haben jedenfalls gezeigt, dass es in den neuen Bundesländern Szenen gibt, die ihre rechten Einstellungen sehr viel offener und direkter zeigen, es aber auch durchaus Gruppen gibt, die sich antirassistisch engagieren. Dies ist Folge der ungleichen Problemlagen und gesellschaftlichen Entwicklungen, denen Menschen in den Alten und Neuen Bundesländern ausgesetzt sind.

Fakt ist, dass sich die Lebensbedingungen der Jugendlichen aus den alten und aus den neuen Bundesländern 15 Jahre nach dem Vollzug der politischen Einheit immer noch unterscheiden.

Ein zunehmender Teil vor allem der ostdeutschen Bevölkerung ist davon bedroht, in eine (dauerhafte) Armutsposition abgedrängt zu werden. Während in früheren Armutsstudien häufig die „Altersarmut", insbesondere die Armut älterer Frauen, Gegenstand der Forschung war, wird zukünftig mehr und mehr von der Armut junger Menschen die Rede sein, Stichwort: „abgehängtes Prekariat", dem 20 % der Menschen der Neuen, aber nur 7 % der Menschen der Alten Bundesländer angehören soll, so eine Studie der Friedrich Ebert Stiftung.

Enttäuschungen, Zukunftsangst und Systemunzufriedenheit nehmen zu. Die alten Vorbilder sind verblichen, die Glaubwürdigkeit Erwachsener erschüttert. In dieser diffusen, ängstlichen und suchenden Emotionalität greifen politisch extremere Parteien (wie z. B. die NPD auf der einen, die PDS auf der anderen Seite) mit möglichst einfachen, eindeutigen und klaren Lösungsvorschlägen schneller.

Auf der Suche nach Identität und Angrenzung können politische Einstellungen dabei durchaus von ganz rechts nach ganz links – und umgekehrt – schwanken.

Jenseits des pauschal formulierten Rückgangs von rechtsextremem und rassistischem/fremdenfeindlichem Zuschauerverhalten kann festgestellt werden, dass sowohl der Grad dieses Zuschauerverhaltens als auch der Umgang bzw. die Form der Auseinandersetzung damit von Verein zu Verein variiert.

Dabei zeigt sich, dass der Verein, der sich rechtzeitig eindeutig positioniert und rassistisches Verhalten öffentlich zur Diskussion stellt bzw. sanktioniert, auch kaum oder erheblich weniger Probleme mit Rassismus und Fremdfeindlichkeit hat. Wenn dies nicht passiert, kann es zu einer Sogwirkung kommen – rechte Fans werden von einem bestimmten Verein angezogen, politisch Andersdenkende werden eher abgestoßen und bleiben fern, was das Problem noch verschärft.

Mit ein Grund für diese Entwicklung ist die Erkenntnis, dass fremdenfeindliche Gewalt oft einer gefährlichen Mischung aus Ideologie und Erlebnishunger entspringt. Wippermann (2001, 7) macht entsprechend zu Recht darauf aufmerksam, dass in „Situationen rechtsradikaler Eskalation ein Motiv der Täter auch ihre spezifische Erlebnisorientierung im Sinne von starken Reizen („Thrill and Action")" ist. „Dies erklärt auch, warum die Gewalttäter in der Regel Jugendliche sind und sich vor Hetzjagden und Brandanschlägen zu Gruppen zusammenrotten. Ein Brandanschlag hat für sie – unbewusst – den Charakter eines Events, wird begriffen als eine Veranstaltung mit einer besonderen Ästhetik, emotionalen Aufladung und Gemeinschaftserleben (und ist darin motivationspsychologisch anderen Events ähnlich). Rechtsradikale Gewalt hat also heute diese Doppelstruktur von Ideologie und Erlebnissehnsucht" (Wippermann 2001, 7). Diese Erlebnissehnsucht macht das Fußballstadion für die Rassisten so attraktiv und deren Aktionen für manche Fans, Ultras und Hooligans im Sinne des „Sensationseeking" so verlockend.

Eine politisch heterogen zusammengesetzte Fan-Szene, die von innen heraus fremdenfeindliches und rechtsextremes Verhalten nicht duldet bzw. sanktioniert, ist deshalb enorm wichtig, um eine interne Auseinandersetzung zu fördern. Diese „Selbsterziehung" innerhalb der Fan-Szene funktioniert in manchen Vereinen; in anderen wird die antirassistische Arbeit eher in antirassistischen Faninitiativen „ausgelagert", die kontinuierlich dafür sorgen, dass die Problematik in der Fan-Szene diskutiert wird.

Ergänzend kann noch eine weitere kulturelle Logik der Fan-Szene beschrieben werden. Die kollektive Fanidentität nivelliert politische Differenzen; der gemeinsame Bezug zu einer imaginären und realen Fangemeinschaft lässt unterschiedliche politische Anschauungen in den Hintergrund treten. Für viele Fans gehört Fußball nicht zum Privatleben – das Privatleben findet im Gegenteil jenseits des Fußballs statt. Langjährige Fußballbekanntschaften wissen oft wenig voneinander: Der soziale und berufliche Kontext und die politische Weltanschauung bleiben weitgehend ausgeklammert. Dies mag ein Grund dafür sein, dass politische Äußerungen tendenziell erst dann sanktioniert werden, wenn sie allzu offensichtlich ins Stadion getragen werden und dem Image des Vereins schaden.

In der medialen Informationsgesellschaft wird das Image eines Vereins immer wichtiger und entscheidet unter Umständen auch über Sponsorengelder. Der rechte Ruf eines Vereins kann Image schädigend wirken; wenn Fans diesen Imagefaktor reflektieren, verhalten sie sich entsprechend den Erwartungen, die von außen an sie gestellt werden – auch um Repressionen seitens des Vereins oder der Polizei zu vermeiden. Dies kann in manchen Vereinen dazu führen, dass Fans sich nach außen hin *political correct* verhalten, ohne dass sich zwangsläufig die Einstellungen rechts orientierter Fans verändert haben müssen.

In der jüngsten Sinus-Studie wird schließlich darauf verwiesen, dass die Ultraszene quasi als Auffangbecken für Aussteiger aus dem organisierten Rechtsradikalismus dient. Dabei hat sich ihr Verhalten und ihr Lebensstil gewandelt, das heißt rechte Gewalt wird verpönt, die Aussteiger sind nicht mehr im rechtsradikalen Spektrum aktiv und haben sich auch davon losgesagt, bewahren sich aber ihr rechtes Gedankengut, d. h. im Denken und Fühlen haben sie sich (noch) nicht von rechten Ideen verabschiedet. *„Das fanatisch-exzentrische Interesse für den Verein ist das neue Band der Solidarität. Die rechten Jugendlichen ... basteln Fahnen und entwickeln und proben Choreografien, die sie während eines Spiels im Stadion aufführen. Der primäre Gegner sind für die rechten Jugendlichen nicht mehr ‚die Ausländer', sondern extreme Fans anderer Vereine. Durch den anderen thematischen Fokus der Szene werden ausländerfeindliche Attitüden bei den rechten Jugendlichen zwar nicht vollständig abgebaut, aber die Ausländerfeindlichkeit rückt in den Hintergrund und ist nicht mehr die treibende Kraft. Diese Jugendlichen sind damit aber nicht in der Mitte der Gesellschaft angekommen. Sie leben bewusst im Grenzbereich von Erlaubtem und Verbotenem. In der Gewalt gegen extreme Fanclubs gegnerischer Mannschaften erfahren sie weiterhin Lust. Dabei ist es ihnen wichtig, sich nicht strafbar zu machen. Sie haben Angst, bei der Polizei registriert zu werden und dadurch auf Verdacht schnell verhaftet zu werden."* (Wippermann/Zarcos-Lamolda/Krafeld 2002, 156).

Wippermann/Zarcos-Lamolda/Krafeld (2002, 157) weisen entsprechend zu Recht darauf hin, dass es fahrlässig wäre, *„einfach darauf zu vertrauen, dass die rechte Orientierung bei den ‚Abgewanderten' durch die Distanz zur rechten Organisation und die Dominanz anderer Themen (Fußball) automatisch abgebaut wird. Abgewanderte tragen ihre rechte Haltung in diese Gruppen auch hinein. Fazit:*

Diese Gruppen (die Ultras und Hooligans, G.A.P.) *dienen für einige Aussteiger sicher als Brücke zum Ausstieg aus der rechten Szene. Aber sie sind auch Multiplikatoren von rechten Haltungen, rezipieren und reproduzieren neo-nationalistische Einstellungen und Gewaltmotive.“* Diese Annahmen werden belegt durch Artikel in *Fanzines*, Musikvorlieben (Störkraft, Landser etc.) oder durch Einträge in Gästebücher. Rechtes Gedankengut wird hier nicht, wie beispielsweise von rechten Parteien, plump und plakativ verbreitet, sondern viel subtiler und auch cleverer in die Szene getragen (siehe Pilz/Wölki 2003; Wölki 2003).

Was bei den Ultras sowohl aus den neuen als auch aus den alten Bundesländern zu beobachten ist, ist, dass ihre kollektive Ultra-Identität scheinbar politische Differenzen nivelliert. Denn solange die Ultras ihre „privaten“ politischen Einstellungen im Stadion außen vor lassen, ist sie der Mehrheit der Ultras egal. Rund 47 % aller von uns befragten Ultras kreuzten an, dass sie auch rechtsorientierte Mitglieder in den eigenen Gruppen hätten. Allerdings fällt auf, dass sich Ultras im Stadion zumindest optisch in letzter Zeit eher mit linken Symboliken präsentieren und sich offen auch eher zu ihrer „linken bzw. antirassistischen“ Einstellung bekennen als zu der vermeintlich rechten, die eher auf subtilere Art gezeigt wird und angeblich nur der Provokation dienen soll. Dies mag aber auch damit zusammenhängen, dass rechte Botschaften im Stadion stärker tabuisiert werden und dem Verein eher schaden, so dass man sich bezüglich der offenen Bekundung rechter Gesinnungen z. B. bewusst zurückhält, ohne dass sich die Einstellung deshalb verändert. Außerdem heißt es in den Ultrakreisen häufig noch, dass die traditionell links besetzten Symbole wie z. B. Ché Guevara, der gerne auf Doppelhaltern gezeigt wird, für sie nicht einer politisch linken Einstellung entspringt, sondern viel mehr „entpolitisiert“ als Zeichen für Rebellion und Widerstand verstanden wird. Viele politische und ideologische Verweise verkörpern entsprechend das, was der italienische Soziologe Alessandro Dal Lago den *„bricolage“* Effekt nennt: Symbole und Namen tragen oft zur Identität einer Gruppe bei, aber meist nur in Opposition zu anderen Gruppen und beziehen sich nicht notwendigerweise auf echten Inhalt oder Treue zu den jeweiligen politischen Namensrichtungen.

Was zu denken gibt, ist, dass zwischen dem Bekenntnis des weitaus größten Teils der Ultras zur politischen Neutralität und der Bereitschaft, sich aktiv gegen politische Äußerungen im Stadion zur Wehr zu setzen, offensichtlich ein Bruch besteht. Während sich die Mehrzahl der Ultras gegen Politik im Stadion und gegen Rassismus und Fremdenfeindlichkeit ausspricht, hält sich doch ein beträchtlicher Teil der Ultras zurück, wenn es darum geht, auch aktiv gegen rassistische, rechtsextreme Äußerungen vorzugehen bzw. sich dafür auszusprechen, dass für rassistische, rechtsextreme Äußerungen im Stadion Stadionverbote ausgesprochen werden. Dies ist besonders bedenklich, wenn wir uns vor Augen führen, dass im Sinne einer Sogwirkung Vereine, die sich nicht eindeutig gegen rechtsextremistische, rassistische Tendenzen positionieren, die Rechten geradezu anziehen und sie sich ermuntert fühlen, dort ihre politischen Gesinnung auch offen auszudrücken. Nur 11,8 % der Ultras der Neuen Bundesländer und gerade einmal ein Drittel der Ultras der Alten Bundesländer bejahen die Aussage, dass rassistische und rechtsextreme Ultras bei ihnen im Stadion niedergebrüllt bzw. rausgeschmissen werden, wenn sie sich laut äußern. Wenn ein Mitglied der eigenen Ultragruppe sich rassistisch äußert, sagen 26,5 % der Ultras der Neuen und 42,1 % der Ultras der Alten Bundesländer etwas dagegen.“ Dass Fans, die sich rassistisch äußern, dafür ein Stadionverbot bekommen, finden gerade einmal 25 % der Ultras der Neuen und 27,9 % der Ultras der Alten Bundesländer gut.

Dennoch muss hervorgehoben werden, dass sich innerhalb der Ultraszene verstärkt aktive Bündnisse gegen Rassismus und Fremdenfeindlichkeit, Arbeitsgruppen und Initiativen bilden, die im

Sinne der Selbstregulierung aktiv und überaus engagiert und erfolgreich gegen rassistische und fremdenfeindliche Tendenzen in ihren Reihen vorgehen.

Festzustellen ist darüber hinaus, dass problematische Verhaltensweisen nicht auf die Fan- und Ultraszene oder den Stehplatzbereich beschränkt sind, sondern auch im Sitzplatzbereich zu finden sind. Der Rassismus und die Fremdenfeindlichkeit sind – wie in der Gesellschaft schlechthin – kein Problem der Ränder der Gesellschaft, sondern hat die Mitte erreicht, kommt aus der Mitte der Gesellschaft[2].

So weist Freise (2001, 10) daraufhin, dass sich im Nachwuchsführungspersonal von Wirtschaft, Politik und Verwaltung eine selbstbezogene, überhebliche und elitäre Einstellung breit macht, die nur Verachtung für Schwächere und andere Lebensweisen übrig hat und in einem Autoaufkleber so ausgedrückt wird: „Euere Armut kotzt mich an". Hier wird deutlich, dass Fremdenfeindlichkeit und Rechtsradikalismus einen tieferen Grund in unserer Gesellschaft haben. „Die marktorientierte Gesellschaft verstärkt Werthaltungen, wie soziale Ungleichheit und Konkurrenzorientierung, die Affinitäten zu rechtsextremen und fremdenfeindlichen Orientierungen aufweisen" (Rippl u. a. 1998, 772). Möller (2000, 52) kommt deshalb zu dem Schluss, dass die Gesellschaft selber ausländerfeindliche Orientierungen produziert, die inzwischen tiefer in allen gesellschaftlichen Schichten und Altersgruppen verwurzelt sind, als wir es wahrhaben wollen. In dem Leistungsfähigkeit, Stärke, Durchsetzung, soziale Ungerechtigkeit und Konkurrenz auf die Spitze getrieben werden, erleben wir einen innergesellschaftlichen Zivilisationsverlust, der im Nachhinein ethnisiert wird. Heitmeyer (2005) hat in seinen Untersuchungen zur Entwicklung gruppenbezogener Menschenfeindlichkeit entsprechend auch eine enge Verzahnung von Rassismus und Fremdenfeindlichkeit mit der Demonstration und Verteidigung von Etabliertenrechten nachgewiesen.

Während Rassismus und Rechtsextremismus unter Umständen aber als nicht *political correct* reflektiert werden, werden Sexismus und Schwulenfeindlichkeit unseren Erkenntnissen nach nicht in Frage gestellt. Auffällig ist gerade dieses Spannungsverhältnis zwischen offen artikulierter, oft in ihrer Bedeutung schon abgeschliffener Homophobie und der emotionalen, ritualisierten Körperlichkeit unter (männlichen) Zuschauern auf den Rängen. Es hat sich somit eine Hierarchie von Diskriminierungen entwickelt – obwohl Schwulenfeindlichkeit und Sexismus in den Stadien weitaus verbreiteter sind als Fremdenfeindlichkeit und Rechtsextremismus. Besonders homophobe Fangesänge gehören zum Standardrepertoire in vielen Fußballstadien, die nicht weiter in Frage gestellt werden. Gleichzeitig gehört Fußball zu einer der letzten gesellschaftlichen Bastionen, in denen Homosexualität weitgehend ein Tabu ist. Sexistische Merchandising-Artikel sind weit verbreitet und gelten als „normaler" Bestandteil der Fußballkultur. Auch dies darf angesichts der Forschungen von Heitmeyer (2005) nicht unterschätzt werden, in dessen Konstrukt der gruppenbezogenen Menschenfeindlichkeit auch die enge Verzahnung von Rassismus und Fremdenfeindlichkeit mit Abwertung von Homosexuellen und Sexismus nachgewiesen hat

Fußballfans im Internet

Neben dem im Umfeld von Fußballstadien und -spielen geäußerten Rassismus ist das Internet, sind die Webseiten der Fans häufig Orte für das Ausleben von fremdenfeindlichen, rassistischen, rechtsextremen und sexistischen sowie homophoben Einstellungen (vgl. Pilz/Wölki 2003, Wölki 2003).

2 Siehe hierzu Kreutzberger u. a.: Aus der Mitte der Gesellschaft – Rechtsradikalismus in der Bundesrepublik. Frankfurt 1993.

Das Internet ist für die FußballFan-Szene zu einem wichtigen, unverzichtbaren Medium der Selbstdarstellung, aber auch der kritischen Auseinandersetzung mit Erscheinungen rund um den Fußballsport, den Verein, den Verband, die Bundesliga ganz allgemein geworden. Es erweitert, wie Schwier/Fritsch (2003, 1) treffend schreiben, die „Handlungsspielräume des Fantums. Die eigene Leidenschaft für einen Verein und die Wahrnehmung bestimmter Ereignisse oder Prozesse im kommerzialisierten Fußballsport kann nun prinzipiell mit hoher Verbreitungs- und Veränderungsgeschwindigkeit mit einer weltweiten Gemeinschaft geteilt werden". Ja mehr noch: Die Vernetzung von den verschiedenen Fußballfangruppierungen kann „als Symptom und Motor für Wandlungstendenzen der Fankultur" interpretiert werden. Dies alles macht die Internetseiten zu einem wichtigen, ja wertvollen und unverzichtbaren Informationsmedium für Sozialarbeiter und Fan-Beauftragte von Fußballvereinen. Nicht zuletzt auch deshalb, weil nicht wenige Fangruppierungen mit ihren Internetseiten den Entfremdungstendenzen zwischen Anhängern und Vereinen bzw. Spielern entgegentreten, und „die aktuell gegebene Kräftekonstellation im professionellen Fußball" herausfordern und „über den Aufbau einer eigenen „Pressure Group" zumindest einen Teil des verloren gegangenen Einflusses der Fans" wieder zurückgewinnen wollen (Schwier/Fritsch 2003, 2). Neben diesen durchaus positiv zu bewertenden Aspekten der Internetpräsentationen von Fangruppierungen gibt es aber auch negative Begleiterscheinungen, die nicht einfach übergangen werden dürfen, sondern denen sich die Vereine, die Verbände, aber auch die Fans, Ultras selbst stellen und denen sie aktiv gegenwirken müssen. Die größte Problematik geht von den Foren und Gästebüchern aus, in die offensichtlich unkontrolliert zum Teil höchst problematisches und auch verbotenes Material eingespeist werden kann und wird. Die Bandbreite von Pornografie, Sexismus, Rassismus und Gewaltverherrlichung, die wir bei unserer Auswertung gefunden haben, ist beachtlich. Das Internet dient den Fußballfans offensichtlich als ideale Plattform zu zeigen, wer sie sind, was sie wollen, worüber sie sich ärgern, wen sie mögen und wen eher nicht. Die Selbstverständlichkeit, mit der die Fans rechtsextreme Bilder und Links auf ihren Seiten platzieren, muss jedenfalls nachdenklich stimmen. Das Netz liefert jedenfalls auch im Hinblick auf ihre Einstellung zu Gewalt mögliche Einblicke in die Fan-Kultur der Ultras, denn viele Homepages bieten Downloads oder zumindest Links zu Bands mit äußerst brutalen Songtexten wie „Skrupellos und abgestumpft, spalt ich sie an ihrem Rumpf" oder „Ich schlag dich tot" an.

Die Bandbreite zum Thema **„Rassismus bzw. rechte Tendenzen"** im Netz der Fußballfans reicht von der patriotischen Homepage-Gestaltung, die auf die Vermeidung von Anglizismen und der Benutzung der altdeutschen Schrift viel Wert legt, über die szenetypische konsequente Großschreibung von jedem doppelten „SS"-Laut oder der Verwendung von Zahlencodes zum Umschreiben von rechten Namen oder Grußformeln; über das Benutzen der Verneinung der Gleichwertigkeit aller Menschen, indem Ausländer, Linke und verfeindete Fangruppen pauschal als „Zecken", „Zigeuner", „Schwule" oder „Behinderte" bezeichnet werden, Werbungen und Aufrufe zu rechten Demonstrationen in Gästebüchern und Foren, über Collagen mit rechten Parolen, die unter den Straftatbestand des § 86a fallen; extrem diskriminierende Äußerungen; bis hin zu Links zu rechtsextremen Seiten und indizierter Musik.

Darüber hinaus zeichnet sich die Gesamtheit aller gesichteten Fanseiten im Web durch eine intensive Vernetzung aus. Genau diese Vernetzung stellt in unseren Augen die besondere Problematik des Internets in der Fußballfan-Szene dar.

Klar zu erkennen ist auf jeden Fall, dass die „Kontakthöfe" der offenen Bereiche einer Webseite nicht nur von Fußballfans genutzt werden, sondern auch von außen stehenden Rechtsextremen,

Musikern oder Sexanbietern, die versuchen, die Szene zu unterwandern und dort neue Mitglieder und Interessenten für eigene Zwecke zu finden.

In der Arbeit mit Fußballfans muss das Thema Internet eine wichtigere Rolle spielen. Kontinuierlich müssen die Seiten der Fans beobachtet und öfter mal muss in die gesetzten Links geschaut werden, um zu verhindern, dass sie in indizierte Bereiche führen. Die hohen Zugriffszahlen, stark frequentierte Gästebücher und Foren sowie Homepages, auf denen man sich zum Beispiel auch Videos, Musik oder Spiele herunterladen kann, deuten an, dass einige Websites einen großen Stellenwert für die jungen Fußballfans haben. Gerade diese offenen Strukturen, in denen man sich interaktiv miteinander austauschen und für seine eigene Internetseite Werbung machen kann, sind meist auch die „Orte" einer Fanpage, in denen es zu verstecktem oder gar offen geäußertem Rassismus, Sexismus oder Gewaltandrohung kommt.

Ganze Seiten oder nur bestimmte Rubriken einer Homepage deshalb sperren zu lassen, kann allerdings auch nicht die einzige Lösung sein, denn zum einen ist die Technik mittlerweile so weit entwickelt, dass solche Sperrungen einfach umgangen werden können. Zum anderen sind die Inhalte einer Seite oft schon auf Server von ausländischen Anbietern gespiegelt worden, wobei sich in der Adresse häufig nur die Endung von „.de" in „.com" zum Beispiel ändert, der Name ansonsten gleich bleibt, und sie so auch immer noch für jeden User gleich erreichbar und frei zugängig ist. Außerdem steht zu befürchten, dass verbotene Gruppen im Netz eher noch interessanter werden.

Was aber nicht bedeuten soll, dass uns im Umgang mit dem neuen Medium die Hände gebunden sind. Präsentationen, die gegen die Gesetze verstoßen, müssen verfolgt und beseitigt werden. Wenn in öffentlichen Chats oder Foren Nutzer mit rechtsextremen Nicknames wie „Dr. Mengele", „Landser" oder „Türkenkiller" auftreten, sind die Moderatoren sofort zu informieren, damit sie diese Namen sperren und deren Benutzer „verbannen" können.[3]

Zweifelhafte Angebote sollten immer den zuständigen Behörden wie dem Verfassungsschutz, Szenekontaktbeamten oder anti-rassistischen Hotlines gemeldet werden, damit dort geprüft werden kann, ob eine Strafverfolgung möglich ist oder andere Maßnahmen eingeleitet werden können.

Was allerdings auch nicht immer gleich umgesetzt werden kann: Angesichts der Dynamik und der grenzüberschreitenden Struktur des Internets gibt es Schwierigkeiten bei der Strafverfolgung, solange keine einheitlichen, länderübergreifenden Internet-Gesetze existieren, denn was bei uns verboten ist, muss in Amerika noch lange nicht unter einen Straftatbestand fallen.

Es gibt aber auch im Netz vielfältige Möglichkeiten, Zivilcourage zu zeigen, und das sollte sich verstärken. Vor allem Gästebücher und Foren liefern zwar auf der einen Seite Rechtsextremen die Chance, eine Fußballfan-Szene mit ihrer Propaganda zu unterwandern und neue Mitglieder für ihre Zwecke zu werben, auf der anderen Seite machen gerade diese offenen Strukturen problematische Websites „verletzlich". Zur Vernetzung der Szene eingerichtet, stehen sie jedem Internetnutzer auch für anti-rassistische, anti-sexistische und anti-gewaltbereite Beiträgen offen. Regelmäßige Einträge, die sich kritisch mit den geschriebenen Hass-Tiraden auseinandersetzen, wirken nicht nur störend, sondern können auch die Propaganda-Funktion der Gästebücher und Foren angreifen.

Weiterhin kann man im Internet auch kritisch Stellung beziehen und eine argumentative Auseinandersetzung im Netz vorantreiben. Jugendliche Nutzer haben in vielen Fällen dem einfachen und in sich geschlossenen Weltbild der rechtsextremen und gewaltbereiten Überzeugungstäter nichts entgegen zu setzen und lassen Propaganda auch nicht zuletzt aus Unbeholfenheit unwider-

3 Vgl. Bundeszentrale für politische Bildung: Rechtsextremismus im Internet. CD-ROM. Bonn 2002.

sprochen. An dieser Stelle müssten medienpädagogische Konzepte entwickelt und in der Praxis erprobt werden, die Jugendliche auf die Konfrontation mit derartigen Angeboten vorbereitet und ihnen aufzeigen, wie man auch im Netz Flagge dagegen zeigen kann.[4] Hier stellt sich vor allem den Fan-Projekten eine wichtige Aufgabe und eröffnet sich den Sozialpädagogen und -pädagoginnen eine große Chance sozialpädagogischer, medienpädagogischer Intervention, die es künftig stärker zu nutzen gilt.

Erste Anzeichen für kritische Auseinandersetzungen und einer Art Selbstregulierung konnten wir im Internet der Fans schon beobachten. So gibt es zum Beispiel einige Fan-Webseiten, auf denen im Gästebuch Beiträge erst dann online gestellt werden, sobald sie vom Webmaster kontrolliert worden sind. Wenn die Webmaster gewissenhaft arbeiten, gelangen problematische Inhalte gar nicht erst auf eine Webseite. Einträge können aber auch permanent gelöscht werden mit dem Hinweis, dass man derartig rassistische oder sexistische Äußerungen auf ihren Homepages nicht haben will.

Von Seiten der Vereine oder den Fan-Projekten aus könnten zusätzlich diese interaktiven Möglichkeiten des Austausches auch positiv als Diskussions-Plattform mit ihren Anhängern genutzt werden.

Folgerungen, Herausforderungen für die Prävention

Ich habe bereits darauf hingewiesen, dass – so wichtig es auch ist, Nulltoleranz gegenüber fremdenfeindlichen, rechtsextremistischen, rassistischen Äußerungen und Handlungen zu zeigen – die Lösung des Problems nicht allein in Verboten und Strafen liegen kann und darf. Die Gegenstrategien lassen sich nach Akteuren und nach Art der Strategie unterscheiden. Als wichtige Akteure sind Fan-Projekte, Polizei, Vereine, Verbände, Faninitiativen und Fans zu nennen. Dabei geht es um pädagogische Arbeit, Kampagnenarbeit, Förderung von Selbstregulierungsmechanismen, Festlegen von Regelwerken und Sanktionierungen sowie Vernetzungsarbeit. Für die Arbeit gegen Rechtsextremismus, Rassismus und Fremdenfeindlichkeit gibt es keine Patentrezepte; vielmehr ist eine kontinuierliche Arbeit mit unterschiedlichen Ansätzen und eine konstruktive, vernetzende Zusammenarbeit der verschiedenen Akteure notwendig.

Zunächst einmal gilt es, die Selbstregulierungsmechanismen aus der Fan-Szene nachhaltig zu unterstützen. „Politik gehört nicht ins Stadion" ist die Argumentation vieler Fans, um rassistische und rechtsextreme Äußerungen zu unterbinden. Allerdings wird dieses Argument häufig auch dazu benutzt, um antirassistische Aktivitäten zu verhindern. Fans reflektieren mitunter, dass rassistisches und rechtsextremes Verhalten dem Verein negative Schlagzeilen bringt. Wenn es sich um vereinsidentifizierte Fans bzw. Zuschauer/innen handelt, dann achten sie darauf, dem Image des Vereins nicht zu schaden, und verhalten sich entsprechend, ohne sich aber inhaltlich unbedingt mit einer antirassistischen Haltung zu identifizieren. Deutlich wird aber auch, dass Teile der Fans bei rassistischem und rechtsextremem Verhalten couragiert einschreiten, weil sie solche Diskriminierungen und Äußerungen nicht tolerieren wollen. Dieser Teil der Fans muss von Verein und Fan-Projekt unterstützt werden.

Für die Arbeit gegen Rassismus, Fremdenfeindlichkeit und Rechtsextremismus lassen sich Rahmenbedingungen und Leitlinien formulieren, damit diese Arbeit nachhaltig wirksam wird. So ist es bezogen auf den Verein wichtig, dass dieser sich eindeutig und rechtzeitig gegen Rassismus und Rechtsextremismus positioniert, um Sogwirkungen in der Fan-Szene zu vermeiden. Ein Verein ist

4 Vgl. Bundeszentrale für politische Bildung: Rechtsextremismus im Internet. CD-ROM. Bonn 2002.

in seinem Engagement gegen Fremdenfeindlichkeit und Rechtsextremismus nur dann glaubwürdig, wenn er auch respektvoll und demokratisch mit den eigenen Fans umgeht und kontinuierlich an dem Thema Rassismus arbeitet, anstatt nur zu reagieren, sobald es ein Problem gibt, das medial nach außen vermittelt wird. Ein nachahmungswertes Beispiel liefert hierfür die Hausordnung von Hannover 96, die erlassen wurde, um dem zunehmenden subtilen und verdeckten Rassismus im Stadion wirkungsvoll zu begegnen. Nach dieser Hausordnung sind neben den unter das Strafrecht fallenden Symbolen (z. B. Hakenkreuz) und Gesten (z. B. Hitlergruß) im Stadion auch Symbole, Zeichen, Aufnäher, Aufdrucke, Schriftzüge, Abbildungen und Parolen verboten, die den Eindruck einer rassistischen, fremdenfeindlichen oder extremistischen Einstellung hervorrufen könnten.

Entscheidender Unterschied zur bisherigen Stadionordnung ist entsprechend, dass fortan bereits der Eindruck, es könnte sich um extremistische, rassistische, fremdenfeindliche Symbole, Zeichen, Parolen usw. handeln, ausreicht, um ein Stadionverbot zu erwirken. Damit hatte man erstmals auch die Möglichkeit in der Grauzone aktiv zu werden. Es war dabei nicht – wie auf den ersten Blick zu vermuten ist – das Ziel und Bestreben, rechtsorientierte Jugendliche aus dem Stadion zu verbannen, da das Problem damit lediglich verlagert würde. Vielmehr ging es uns um eine Signalwirkung, deutlich zu machen, dass wir keinen Rassismus, keine Diskriminierung im Stadion haben wollen, sondern einstehen für Toleranz und Akzeptanz! Dies konnte jedoch nur gelingen, wenn dieses Signal durch sozialpädagogische Maßnahmen des Fan-Projekts aufgegriffen und ‚fanverträglich' weiter transportiert wird. „Denn weder nützt es [...] alle Menschen, die sich irgendwie rechts gerieren, ausgrenzen zu wollen, noch ist die Maxime ‚Hauptsache weg von der Straße', was meint, auch mit jungen Rechtsextremisten ohne jegliche Intervention arbeiten zu wollen, der Weisheit letzter Schluss" (Kuhlmann 2000, 217).

Die neue Hausordnung fand in großen Teilen der Fan-Szene positiven Anklang. Beispielhafte Äußerungen waren: „Das wurde ja auch mal Zeit!"; „Endlich wird das Problem mal angegangen!" Über die neue Hausordnung wurden auch qualitativ hochwertige Gespräche und Diskussionen insbesondere mit Fans aus der Ultra-Szene in Gang gesetzt, was ja auch beabsichtigt war. Im Gespräch mit den betreffenden Jugendlichen wurde auf die Problematik einiger ihrer Parolen, Transparente, Fahnen usw. aufmerksam gemacht und erreicht, dass zweideutige Transparente seither aus dem Stadion verschwunden sind, zum größten Teil auch durch Überzeugungsarbeit, zum geringeren Teil aber auch unter Druck. Im Internet entbrannten in verschiedenen Foren und in Gästebüchern sehr aufschlussreiche Auseinandersetzungen, in denen Fans deutlich Stellung bezogen. Auseinandersetzungen, die eindrucksvoll belegen, dass das Ziel, die Fan-Szene selbst zur einer intensiven Auseinandersetzung mit den rechtsextremistischen Tendenzen im Stadion zu animieren, erreicht wurde. Es war genau das, was mit der neuen Hausordnung erreicht werden sollte: keine neue Verbotspädagogik, sondern eine Diskurspädagogik: Es ging darum, einen Diskussionsprozess einzuleiten, der sich mit den problematischen rechten Entwicklungen im Stadion und Stadionumfeld kritisch auseinandersetzt. Ein weiteres nachahmenswertes Beispiel ist der Hinweis auf der Rückseite der Eintrittskarten des SV Babelsberg: „Der SV Babelsberg 03 versteht sich als weltoffen, tolerant und völkerverständigend. Diffamierungen Dritter aufgrund ihrer Herkunft, Religion, sexueller Orientierung sowie ihres Geschlechts sind zu unterlassen und führen zum Ausschluss von der Veranstaltung."

Von großer Bedeutung ist die funktionierende Kommunikation zwischen den verschiedenen Akteuren rund um das Stadion. Praxisbeispiele zeigen, wie Kommunikationsstörungen z. B. zwischen Verein und Fan-Projekt die Wirksamkeit der Arbeit schmälern oder gar Aktivitäten verhindern. Die Festlegung von Verantwortlichkeiten und die Vernetzung der Akteure sind in diesem Zusammenhang sehr wichtig. Für alle Akteure gilt, dass Antirassismus als Querschnittsaufgabe und nicht als Pflichtprogramm verstanden werden muss. Gerade Kampagnenarbeit darf nicht einmalig sein, sondern muss von weiteren Maßnahmen begleitet sein. Kampagnen sind nur dann glaubwürdig, wenn sie Teil eines kontinuierlichen Konzeptes sind. Generell gilt, dass die soziale Verankerung von Maßnahmen ihre Wirksamkeit erhöht. Das heißt, dass Maßnahmen dann besonders wirksam sind, wenn sie mit den Fans zusammen entwickelt oder zumindest von den Fans getragen werden.

Antirassistische Arbeit bedeutet darüber hinaus auch, die eigene Institution zu öffnen – beispielsweise hinsichtlich der Partizipation von Migrant/innen.

Folgende Handlungsempfehlungen gegen Rassismus, Fremdenfeindlichkeit und Rechtsextremismus ergeben sich aus unseren Erkenntnissen:

- Entwicklung eines Fortbildungskonzeptes „Arbeit für Respekt und Toleranz“ für die Fan-Projekte und regelmäßige Durchführung von Fortbildungen und Workshops für Fan-Projektmitarbeiter/innen,
- Trainings mit Multiplikatoren bzw. Schlüsselpersonen aus der Fan-Szene durch die Fan-Projekte,
- Regelmäßige Schulungen von Ordner/innen, Sicherheitsbeauftragten und Fan-Betreuer/innen speziell zu neueren Entwicklungen im Rechtsextremismus und Trainings zu Handlungsinterventionen im Stadion,
- Durchführung eines Aktionstages für Respekt und Toleranz gegen Fremdenfeindlichkeit, Sexismus und Homophobie in der Bundesliga,
- Entwicklung einer Wanderausstellung zum Thema „Frauen, Fußball und Sexismus“,
- Einrichtung eines Aktionsfonds zur Unterstützung von konkreten Aktivitäten für Respekt und Toleranz aus der Fan-Szene,
- Einrichtung eines/r Referent/in zum Thema „Fremdenfeindlichkeit und Rechtsextremismus“ bei der Koordinationsstelle Fan-Projekte (KOS),
- Einrichtung eines ehrenamtlichen Referenten/Ansprechpartners für die Arbeit für Respekt und Toleranz beim Verein,
- Implementierung einer interdisziplinären Arbeitsgruppe für Respekt und Toleranz auf Bundesebene.

Dabei muss man sich aber auch darüber im Klaren sein, dass – da sich hinter Fremdenfeindlichkeit und Gewalt eigene Unsicherheiten, Ängste, Bedrohungsgefühle verbergen – Feindbilder und Gewalt ein Schutzschild sind gegen Angst, von anderen vereinnahmt zu werden. Dann wird klar, dass wir mit Argumenten alleine herzlich wenig erreichen: „Wenn man Gegenargumente ins Feld führt, wird die Angst nur noch größer und die Fronten verhärten sich. Es geht also darum, die Angst des anderen, (die in seinen Handlungen zum Ausdruck kommt) aufzunehmen und selbst keine Angst vor der anderen Ideologie zu haben. Wenn man sich im Gegenteil für die andere Ideologie interessiert und für die sie tragendenden Gefühle, dann – so zeigt die Erfahrung – kommen Gespräche in Gang“ (Bauriedl 1993, 35f.). Bezogen auf den Umgang mit rechten und gewaltbereiten Jugendlichen bedeutet dies, dass es klar werden muss, dass es nicht mehr genügt, sich in der eigenen Gruppierung wohl zu fühlen, weil man weiß, dass die Schläger und Brandschätzer die anderen sind (vgl. Bauriedl 1993, 36).

Überwindung von Gewalt, Fremdenfeindlichkeit und Rassismus ist dabei eine dauerhafte Aufgabe. Gewaltbereite, fremdenfeindliche Szenen im Fußballumfeld verändern sich ständig, sind ständig im Fluss. Es gibt regionale, nationale Eigenheiten, aber auch internationale Gemeinsamkeiten und vor allem Verflechtungen. Nur durch den steten Austausch von Erkenntnissen über Ursachen, Erscheinungsformen sowie Erfahrungen mit präventiven wie ordnungspolitischen Maßnahmen können wir deshalb langfristig dem Ziel der Verhinderung von Gewalt und Rassismus im Fußball näher kommen. Es geht dabei um einen kontinuierlichen Erfahrungsaustausch, Wissens- und Praxistransfer. Dass gerade die Anwesenheit der Spieler und deren Bereitschaft, sich in die Diskussionen aktiv einzuschalten, bei den Fans Wirkungen zeigt, haben wir am Beispiel eines vom Fan-Projekt vor ein paar Jahren initiierten gemeinsamen Besuchs der Wehrmachtsausstellung von Fans und Mitgliedern der Mannschaft von Hannover 96 (damals waren mit Otto Addo, Gerald Asamoah und Carsten Linke drei der beliebtesten Spieler mit dabei) eindrucksvoll erfahren. Nahezu zwei Stunden – und es waren durchaus nicht nur unproblematische Fans dabei – wurde intensiv über Inhalt der Wehrmachtsausstellung, aber und vor allem auch über die zunehmenden rechtsextremistischen, fremdenfeindlichen, rassistischen Tendenzen im Stadion diskutiert. Noch Wochen später waren die Inhalte der Diskussion Gesprächsthema unter den Fans im Stadion und im Fan-Projekt. Halten wir fest:

Die Überwindung von Rassismus im Fußball wie in der Gesellschaft schlechthin ist kein einmaliger Akt und kein Event, sondern kann nur ein dauerhaftes Anliegen, ein kontinuierlicher Prozess sein. Es kann und darf – gerade weil sich immer mehr junge und durchaus auch gebildete Menschen dem Rassismus nicht mehr verschließen – auch nicht nur darum gehen, Verbote auszusprechen, Gesetze zu verschärfen. Repression muss sein, bedarf aber der Flankierung durch vielfältige präventive Maßnahmen. Wir müssen kommunikationsbereit sein, die jungen Menschen nicht ausgrenzen, sondern mit ihnen ins Gespräch kommen. Ausgrenzung und ordnungspolitische Maßnahmen bergen die Gefahr in sich, dass sich Einstellungsmuster verfestigen und rechtsradikal organisierbar werden. Wir müssen in der Lage sein, auf diese Menschen zuzugehen. Hier können neben Sozialarbeitern die Verbände und vor allem die Fußballvereine mit ihren ausländischen Spielern eine wichtige Rolle übernehmen. Dabei zeigen die Beispiele von Gerald Asamoah, der sich öffentlich zu Wort meldete und laut darüber nachdachte, nicht mehr für die Nationalmannschaft zu spielen, nachdem er immer wieder massiv von einigen Fans der sogenannten Fans der Deutschen Fußball-Nationalmannschaft und der gegnerischen Vereine rassistisch beleidigt wurde, wie auch das Beispiel des Leipziger Spielers Adebowale Ogungbure, dass es nicht ausreicht, wenn allein betroffene Spieler sich zur Wehr setzen. „Hier wünschte ich mir mehr Unterstützung durch die eigenen Mannschaftskameraden. Es macht jedenfalls sicherlich mehr Eindruck auf die Fangemeinde, wenn sich ein weißer Spieler und der Mannschaftskapitän erst recht, nicht nur vor dem Spiel plakativ hinter das Banner ‚Zeigt dem Rassismus die Rote Karte' stellt, sondern auch couragiert sich ans Mikrophon begibt und den Fans sofort signalisiert, wie sehr ihn das betroffen macht und wie sehr ihn das ankotzt, wenn Fans seiner Mannschaft einen Spieler rassistisch beleidigen." (Spieler)

Darüber hinaus wären Diskussionsrunden aller Spieler den mit den Fans über Rassismus im Fußball, gemeinsame Besuche von Flüchtlingsheimen, Asylbewerberunterkünften mit Spielern und Fans, verstärkte Fan-Nachwuchsarbeit im Sinne der Immunisierung gegen Verführungen von rechts, interne Diskussionsrunden mit den rechten und gewaltorientierten Fans zu initiieren.

Im Forschungsbericht „Berliner Projekte gegen Rechtsextremismus" an die Landeskommission Berlin gegen Gewalt wird schließlich beklagt, dass fast alle Projekte im Bereich der primären Prävention angesiedelt sind, Projekte im Bereich der sekundären und erst Recht der tertiären Prävention Mangelware sind und entsprechend viel gefordert, dass die Arbeit mit problemauffälligen und bereits straffällig gewordenen Personen stärker gefördert werden soll (vgl. Kohlstruck/Krüger/Münch 2007, 77).

Primäre Prävention zielt dabei auf alle Personen und Gruppen ohne Auffälligkeiten ab, die man in einem allgemeinen Sinn stärken möchte und denen man Rahmenbedingungen schafft, um möglichem rechtsextremem, rassistischem, diskriminierendem Verhalten vorzubeugen. Hierzu zählen auf der personellen Ebene soziales Lernen, Stärkung interkultureller Kompetenzen, Bildungsarbeit zum historischen Nationalismus; auf der strukturellen Ebene Satzungsänderungen der Vereine und Verbände (Anti-Rassismus-, Anti-Diskriminierungsparagraf), Stadionordnungen, die jede Form von Rassismus und Diskriminierung untersagen, Schulung von Ordnungsdiensten zur Sensibilisierung gegenüber diskriminierendem Verhalten.

Sekundäre Prävention setzt ein, wenn es nicht gelingt, günstige Rahmenbedingungen für alle zu schaffen, und man entsprechend versucht, die Entwicklung sozialer Probleme bei besonders gefährdeten Gruppen und in gefährdeten lokalen Milieus zu verhindern. Hier geht es dann um konkrete Arbeit mit Risikogruppen, also mit rechtsextrem orientierten, gewaltaffinen jungen Menschen mit dem Ziel, den Zustrom weiterer junger Menschen in rechtsextrem orientierten Szenen zu verringern durch sozialräumlich (hier Fußballumfeld) angelegte Maßnahmen im Sinne der offenen, aufsuchenden Jugendarbeit (Stichwort: „akzeptierende", besser: „sozialräumliche" Jugendabreit mit rechtsextrem orientierten Jugendcliquen, z. B. „Verunsicherungspädagogik" historisch-politische Bildungsarbeit, vor und nachbereiteter Besuch mit Gruppen junger Menschen in ehemaligen NS-Lagern). Dahinter steht die Erkenntnis, dass wir – wenn wir etwas ändern wollen – mit diesen jungen Menschen arbeiten müssen und nicht gegen sie.

Tertiäre Prävention ist gefordert, wenn es nicht gelingt, die Entstehung sozialer Probleme bei allen Individuen dieser Risikogruppen zu verhindern. Dann muss man versuchen, die existierenden sozialen Probleme am Wachsen bzw. Chronischwerden zu hindern. Diese Präventionsarbeit zielt auf Arbeit mit Menschen, die bereits mit einschlägigen Straftaten aufgefallen sind und bei denen es um eine Vermeidung von Rückfälligkeiten geht. Das ist Arbeit mit Verurteilten mit dem Ziel, bei den Tätern Einsicht in ihre Verantwortung und in die Dynamiken des Zustandekommens von rechtsextremistischen Straftaten zu erreichen und so die Rückfallquote zu reduzieren (z. B. die Aussteigerprogramme für Menschen, die sich vom organisierten Rechtsextremismus lösen wollen).

Das Gros der Projekte gegen Rassismus zielt auch im Fußballbereich auf Arbeitsansätze, die sich der primären Prävention zuordnen lassen. Hier hat der Fußball, haben die Vereine und Verbände aber auch ihre größten Potenziale und können entsprechende Signale aussenden und Zeichen setzen. Hier können und müssen Vereine und Verbände auch ohne Bündnis-/Vernetzungspartner handeln.

Dennoch: Der Fußball muss sich auch seiner Verantwortung vor allem im Bereich der sekundären Prävention bewusst werden, wobei hier vor allem auch die vielen durch DFNB und DFL finanzierten sozialpädagogischen Fan-Projekte gefordert sind, aber auch die Fan-Beauftragen der Vereine. Im Bereich der tertiären Prävention hingegen können Vereine und Verbände sich – wenn überhaupt – nur in Form der Zuarbeit zu, der Mitarbeit in und Unterstützung von Netzwerken zivilgesellschaftlicher antirassistischer antidiskriminierender Arbeit einbringen. Dies ist ein Aufgabenfeld für speziell geschulte Sozialpädagogen und Therapeuten.

Uns allen muss aber auch klar sein, dass der Rassismus im Fußballumfeld – genauso wie in der Gesellschaft schlechthin – immer eine latente Gefahr bleiben wird und wir deshalb nie in unseren

Bemühungen nachlassen dürfen, etwas dagegen zu unternehmen. Es geht vor allem darum, durch Wachsamkeit und offene Auseinandersetzung, durch Gespräche Fremdenfeindlichkeit, Rassismus und Extremismus einzudämmen. Eine Forderung, die angesichts der aktuellen Diskussion über Armut und das „abgehängte Prekariat" umso wichtiger ist. Wir wären jedenfalls nicht gut beraten, würden wir die fremdenfeindlichen, rassistischen Äußerungen junger Menschen in der Fußballfan-, Ultra- und Hooliganszene nur als Protest-, Imponier-, Macht- oder gar „Happening"-gehabe bewerten und damit herunterspielen. So problematisch und wenig hilfreich im alltäglichen Bemühen gegen Fremdenfeindlichkeit, Rassismus und Rechtsextremismus Überzeichnungen, Dramatisierungen der Gefahr des Rechtsextremismus sind, so problematisch und schädlich sind aber auch Verharmlosungen der Gefahr von Rechts- und der Fremdenfeindlichkeit. Nicht ausgrenzen kann und darf die Antwort sein, sondern sensible Wahrnehmung und Bekämpfung von Rassismus und Fremdenfeindlichkeit gepaart mit Gesprächsbereitschaft und dem Transport von Botschaften für Toleranz und Respekt. Ausgrenzungen und Stigmatisierungen drohen die jungen Menschen erst in die Arme der Rechtsextremisten zu treiben. Wir müssen einerseits zur Kommunikation bereit sein, andererseits aber auch da, wo es erforderlich ist, deutliche Grenzen setzen. Ein Weg, den m. E. Krafeld (1998, 2001) mit seinen Projekten in Bremen konsequent beschritten hat und – allen Anfeindungen zum Trotz – zu Recht unbeirrt fortsetzt. Wie sagte doch der der Anführer der „M.-dorfer Skinhead Front", nachdem ich mich nach einer über zwei Stunden dauernden Diskussion mit ca. 60 rechten Jugendlichen in der Nähe von Dresden über deren Einstellungen und deren Hintergründe verabschiedete: „Ich bedanke mich im Namen meiner Kameraden. Das war das erste Mal, dass sich ein Erwachsener Zeit für uns genommen hat und mit uns gesprochen hat, versucht hat, uns zu verstehen".

Literatur

Bauriedl, Thea (1993): Verstehen – und trotzdem nicht einverstanden sein. In: Psychologie heute 1993, 2, S. 30–37.

Behn, Sabine/Klose, Andreas/Pilz, Gunter A./Schwenzer, Victoria/Wölki, Franciska (2005): Wandlungen des Zuschauerverhaltens im Profifußball – Notwendigkeiten, Möglichkeiten und Grenzen gesellschaftlicher Reaktionen. In: Bundesinstitut für Sportwissenschaft (Hrsg.): BISp Jahrbuch 2004. Rheinbreitbach, S. 289–296.

Behn, Sabine/Schwenzer, Victoria (2006): Rassismus, Fremdenfeindlichkeit und Rechtsextremismus im Zuschauerverhalten und Entwicklung von Gegenstrategien. In: Pilz, Gunter A. u. a., Wandlungen des Zuschauerverhaltens im Profifußball. Schorndorf, S. 320–435.

Freise, Josef (2001): Fremdenfeindlichkeit und Rechtsextremismus bei deutschen Jugendlichen. In: Jugend & Gesellschaft 1, S. 8–10.

Heitmeyer, Wilhelm (2005): Gruppenbezogene Menschenfeindlichkeit. Die theoretische Konzeption und empirische Ergebnisse aus den Jahren 2002, 2003 und 2004. In: Heitmeyer, Wilhelm: Deutsche Zustände, Bd. 3. Frankfurt/M.

Kohlstruck, Michael/Krüger, Daniel/Münch, Anna Verena (2007): Berliner Projekte gegen Rechtsextremismus. Forschungsbericht an die Landeskommission Berlin gegen Gewalt. Berliner Forum Gewaltprävention Nr. 30, Berlin S. 8–97.

Kolleck, Bernd, u. a. (1994): Jugendgewalt und Lebensverhältnisse – Endbericht einer offenen Befragung Jugendlicher, herausgegeben von der Unabhängigen Kommission zur Verhinderung und Bekämpfung von Gewalt in Berlin. Berlin.

Krafeld, Franz Josef (1998): Plädoyer für eine „akzeptierende“ und „cliquenorientierte“ Jugendarbeit. In: Deiters, Friedrich-Wilhelm/Pilz, Gunter A. (Hrsg.): Aufsuchende, akzeptierende, abenteuer- und bewegungsorientierte, subjektbezogene Sozialarbeit mit rechten, gewaltbereiten jungen Menschen – Aufbruch aus einer Kontroverse. Münster, S. 41–51.

Krafeld, Franz Josef (2001): Gerechtigkeitsorientierung als Alternative zur Attraktivität rechtsextremistischer Orientierungsmuster, in: Deutsche Jugend, H. 7–8, S. 322–332.

Kreutzberger, Wolfgang, u. a. (1993): Aus der Mitte der Gesellschaft – Rechtsradikalismus in der Bundesrepublik. Frankfurt.

Kuhlmann, Andreas (2000): Verstehen darf nicht zum Einverständnis werden! – Zur Kritik an der akzeptierenden Jugendarbeit. In: Butterwegge, Christoph/Lohmann, Georg (Hrsg.): Jugend, Rechtsextremismus und Gewalt. Opladen, S. 217–224.

Möller, Kurt (2000): Rechte Kids. Weinheim und München.

Pilz, Gunter A. (1994): Jugend, Gewalt und Rechtsextremismus. Möglichkeiten und Notwendigkeiten politischen, polizeilichen, (sozial-)pädagogischen und individuellen Handelns. Münster.

Pilz, Gunter A./Deiters, Friedrich-Wilhelm (Hrsg.) (1998): Aufsuchende, akzeptierende, abenteuer- und bewegungsorientierte, subjektbezogene Sozialarbeit mit rechten, gewaltbereiten jungen Menschen – Aufbruch aus einer Kontroverse. Münster.

Pilz, Gunter A., u. a. (2006): Wandlungen des Zuschauerverhaltens im Profifußball. Schorndorf.

Pilz, Gunter A./Wölki, Franciska (2003): Fußballfans im Internet – eine Untersuchung der Webseiten von Fußballanhängern der 1. und 3. Liga im Hinblick auf Rassismus, Sexismus, Pornografie und Gewaltverherrlichung. Hannover (vervielf. Forschungsbericht).

Rippl, Susanne, u. a. (1998): Sind Männer eher rechtsextrem und wenn ja warum? In: Politische Vierteljahreszeitschrift 39, 4, S. 758–774.

Schwier, Jürgen/Fritsch, Oliver (2003): Fußball, Fans und das Internet. Baltmannsweiler.

Wippermann, Carsten (2001): Die kulturellen Quellen und Motive rechtsradikaler Gewalt – Aktuelle Ergebnisse des sozialwissenschaftlichen Instituts Sinus Sociovision. In: Jugend & Gesellschaft 1, S.4–7.

Wippermann, Carsten/Zarcos-Lamolda, Astrid/Krafeld, Franz Josef (2002): Auf der Suche nach Thrill und Geborgenheit. Ergebnisse einer Studie von Sinus Sociovision zu Lebenswelten rechtsradikaler Jugendlicher und neue pädagogische Perspektiven. Opladen.

Wölki, Franciska (2003): Ultras – friedlich, sympathisch und unproblematisch? Zur Bedeutung und Problematik der Nutzung des Internets durch eine neue Fußballfangruppierung. Eine kritische Auseinandersetzung der Internetseite www.ultrabrutale.de, unveröffentl. Magisterarbeit Hannover.

Erstmals erschienen in: Michaela Glaser & Gabi Elverich (Hrsg.): Rechtsextremismus, Fremdenfeindlichkeit und Rassismus im Fußball – Erfahrungen und Perspektiven der Prävention. Halle: Deutsches Jugendinstitut 2008, S. 16–23.

Sportvereine für Demokratie und Anerkennung!?

„Der Sport hat einen hohen Bildungswert, integriert problemlos Randgruppen der Gesellschaft. Vereinsmitglieder sind keine Radaubrüder und keine Extremisten, Sportler werfen keine Brandsätze auf Flüchtlingsheime, gehören auch keiner Drogenszene an" (Wolf-Rüdiger Umbach, Präsident des Landessportbundes Niedersachsen).

„Sportvereine sind in unserer Gesellschaft Integrationsfaktor Nummer eins. Sporttreiben in der Gemeinschaft und im Verein vermittelt Toleranz, Streitanstand und Regelakzeptanz" (Manfred von Richthofen, ehemaliger Präsident des Deutschen Sportbundes).

„Gerade der Sport kann über die persönlichen und aktiven Begegnungen der Jugendlichen dazu beitragen, vorhandene Vorurteile und Angst vor Fremden abzubauen" (Otto Schily, ehemaliger Bundesinnenminister).

Wenn wir uns die Sportvereinswirklichkeit ansehen, dann scheinen zwischen diesen Lobgesängen auf den Sport(-verein) und dem Sportalltag Welten zu liegen. Zu häufig bestimmen Unfairness, Gewalt, Ausgrenzungen, aber eben auch rassistische, diskriminierende Verhaltensweisen den sportlichen Alltag.

Aufgrund der in unserer vom Bundesministerium des Innern in Auftrag gegebenen Expertise „Rechtsextremismus im Sport in Deutschland und im internationalen Vergleich" (Pilz u. a. 2009) zusammengetragenen Daten kann zum gegenwärtigen Zeitpunkt festgestellt werden, dass in den vergangenen Jahren zwar Fälle öffentlich wurden, in denen rechtsextreme Personen und/oder Gruppen im Sport in der Form aufgefallen sind, dass sie aktiv Sportvereine, Sportveranstaltungen und Wettbewerbe als Plattform für ihre politische Gesinnung und zur Agitation zu nutzen suchten. Allerdings können keine Aussagen darüber getroffen werden, wie intensiv sich die tatsächliche Einflussnahme rechtsextremistischer Gruppen oder Personen im Sport darstellt bzw. wie gefährlich die Tendenzen eingeschätzt werden müssen.

Rechtsextreme Vorfälle lassen sich dabei in folgenden Bereichen beobachten:
- eigene – neue – Vereinsgründungen durch Rechtsextremisten/Zusammenspiel von Funktionären und Sportlern,
- ehrenamtliche Tätigkeiten innerhalb von Vereinen durch Rechtsextremisten – als Trainer, Betreuer, Vereinsfunktionäre etc.,
- Tätigkeiten von Sponsoren und anderen Unterstützern,
- gezielte – schleichende – Infiltration von aktiven Sportlern in bestehende Vereine bzw. Versuch aktiver Teilnahme an Wettbewerben,
- von Rechtsextremisten organisierte Turniere mit Wirkung über diese Szene hinaus.

Ganz zu schweigen von den vielen Vorfällen rassistischer und diskriminierender Äußerungen und Handlungen von Zuschauern und Fans.

Wie kommt es dann zu diesen positiven Aussagen und Einschätzungen? Und: Was ist zu tun, damit der Sport(-verein) seine sozialen, erzieherischen, präventiven und integrativen Funktionen erfüllen kann? Auf diese Fragen möchte ich im Folgenden thesenartig näher eingehen.

Für Christian Graf von Krockow besitzen Sportvereine als Solidar- und Wertegemeinschaft eine wichtige soziale Integrationsfunktion: In Vereinen kommen Mitglieder unterschiedlichen Alters, Geschlechts, verschiedener Berufsgruppen, ethnischer Zugehörigkeit usw. zusammen, um gemeinsam zielgerichtet zu handeln. Sie bilden eine „Mittelstruktur" sowohl gegenüber familiärer Privatheit als auch gegenüber dem formal organisierten Bereich von Wirtschaft, Politik und Verwaltung. Sie bilden einen eigenständigen Lebensraum, in dem der Zweck mit dem Zwecklosen, die Verpflichtung mit der Freiwilligkeit, der Ernst mit der Ausgelassenheit, die Distanzierung mit der Annäherung, die Offenheit mit der Privatheit verbunden werden.

Nach David Sills können Sportvereine dazu beitragen, Mitglieder in die Gesellschaft zu integrieren, in dem sie die für eine Gesellschaft zentralen Werte, Normen und Ideologien vermitteln. Hier kann dann das kleine Einmaleins der Demokratie gelernt, auf eigentliche politische Tätigkeiten vorbereitet, ein vorpolitisches Forum der Meinungsbildung geschaffen, der Einzelne von der Notwendigkeit eines ehrenamtlichen und damit staatsbürgerlichen Engagements überzeugt, demokratische Verhaltensmuster erfahren und praktiziert werden.

Und für Robert D. Putnam kann in Vereinen soziales Vertrauen aufgebaut werden und die Vereine können einen wesentlichen Beitrag zur politisch-demokratischen Kultur leisten, weil dort Organisationsfähigkeit, Toleranz, Vertrauen und egalitäre Einstellungen erworben werden können.

Andererseits gründet man einen Verein, wird man Mitglied in einem Verein, nicht nur, weil man einen bestimmten Sport gemeinsam mit anderen ausüben möchte, vielmehr will man dies auch unter seinesgleichen tun können. Damit besteht auch die Gefahr der Segregation und Schließung von Personenkreisen und weniger eine Öffnung und soziale Integration. Dies gilt bereits für deutsche Vereine, umso mehr muss diese Abgrenzung gegenüber Mitgliedern anderer Kulturen wirken. Die kulturellen Verschiedenheiten führen vermutlich oftmals zu einem verdeckten sozialen Ausschluss von Migranten.

Die Geschichte lehrt uns, man denke nur an die Rolle der Sportvereine und Sportverbände im Nationalsozialismus, dass der Sport keine Insel der Seligen ist und auch kein gesellschaftlicher Freiraum, sondern ein Spiegelbild, ja – Heitmeyer macht darauf aufmerksam – in mancher Beziehung sogar ein Brennglas oder Parabolspiegel, der gesellschaftliche Probleme und Phänomene auf Grund seiner hohen gesellschaftlichen Akzeptanz und medialen Aufmerksamkeit bündelt.

Bestimmte Strukturen des Sports z. B. die Motivationsstruktur (Durchsetzung, Aggression als gesellschaftlich prämierter Wert), die männerdominierte Milieustruktur (Wert der Körperlichkeit), die sportspezifischen homogenen Kollektive, die verdichteten Orte (Stadion, Sporthalle), patriarchale Strukturen und die Verfügbarkeit von Feindbildern (klare Wir – Sie – Dichotomie, Ab- und Aufwertungsprozesse) lassen den Sport, lassen bestimmte Sportarten zum Brennglas gesellschaftlicher Problemfelder werden.

Die Hochgesänge auf die bildende, erzieherische, präventive Bedeutung des Sports verdecken die auch dem Sport immanenten Problemfelder. Sie machen vergessen, worauf Ommo Grupe offensichtlich hinweisen möchte, wenn er zwischen Sportkultur und „Kultur des Sports" unterscheidet: dass es immer zwei Seiten einer Medaille gibt. Sportkultur meint die Wirklichkeit des Sports, wie er ist, in seinen positiven wie negativen, in seinen kulturellen wie kultischen Ausformungen. Kultur des Sports hingegen meint Werte und Ideen des Sports, die bewahrt, befolgt und realisiert werden sollten (z. B. Fairness, Ritterlichkeit, Solidarität usw.).

Kultur des Sports ist als Aufgabe, als Leitmotiv, als normative Setzung zu verstehen. Sporttreiben ist nicht per se erzieherisches, soziales, faires, demokratisches Handeln. Vielmehr ist es Aufgabe des Sports, darauf hinzuwirken, dass diese im Sport angelegten Werte und Ideale realisiert, befolgt, bewahrt und geschützt werden, dass die kulturellen Werte des Sports gelebt werden.

Sportvereine sind nicht per se demokratische Räume, vielmehr ist es Aufgabe der Sportvereine auf der Basis der im Sport verankerten Werte, Sportvereine als demokratische Räume zu gestalten und zu einer Stärkung der Kultur der Anerkennung, der Partizipation, der sozialen und kulturellen Öffnung beizutragen und Demokratie zu leben.

So falsch es ist, den Sport als Insel der Seligen in den Himmel zu loben, so falsch wäre es, seine durchaus vorhandenen sozialen und präventiven Funktionen in Frage zu stellen. Aber: Der Sportverein darf nicht darauf vertrauen, dass diese positiven Funktionen sich von selbst einstellen, vielmehr müssen die im Sport angelegten Werte gelebt und die Vereins- und Verbandsstrukturen so gestaltet werden, dass sich die sozialen, präventiven, erzieherischen, integrativen und politischen Funktionen des Sports entfalten können.

In unseren Studien haben wir festgestellt, dass Vereine, die sich engagiert gegen rassistische, rechtsextremistische, diskriminierende Tendenzen in ihrem Umfeld stellen, die sich rechtzeitig eindeutig positionieren und rassistisches Verhalten öffentlich zur Diskussion stellen bzw. sanktionieren, kaum oder erheblich weniger Probleme mit Rassismus und Diskriminierung haben. Umgekehrt ziehen Vereine, die so gut wie nichts dagegen tun, wie in einer Art Sogwirkung Rassisten sowie Rechtsextremisten an und laden zu Diskriminierungen geradezu ein. Politisch Andersdenkende werden eher abgestoßen und bleiben fern, was das Problem noch verschärft.

Dennoch tun sich Sportverbände wie Sportvereine schwer, den Rechtsextremismus auch als Thema des Sports zu sehen.

Sowohl die Sportfachverbände als auch die Landessportbünde weisen vielfach darauf hin, dass innerhalb ihrer Sportverbände bisher keine oder wenig Vorfälle mit rechtsextremistischem Hintergrund stattgefunden haben bzw. dass dieses Thema innerhalb ihres Verbandes keine Rolle spielt. Hierbei drängt sich der Eindruck auf, dass die Sensibilisierung für das Thema weder das Gros der Vereine noch der Verbände als übergeordnete Instanzen erreicht hat. Als zusätzliches Problem ergibt sich, dass viele Vereine bei Vorfällen mit rechtsextremem Hintergrund nicht an übergeordnete oder externe Stellen mit Hilfegesuchen herantreten, sondern interne Lösungen suchen, die ein Publikmachen verhindern. Letztlich kann festgehalten werden, dass die meisten Sportvereine für ihre Arbeit keine Veranlassung sehen, sich mit Rechtsextremismus zu beschäftigen. Die Gründe dafür sind vielfältig: Sie haben aufgrund ihres Personalstandes Schwierigkeiten, ihren Trainings- und Wettbewerbsablauf zu garantieren, fühlen sich mit der „eigentlichen" Arbeit schon am Rande ihrer Möglichkeiten; sie nehmen das Problem Rechtsextremismus im Sport als solches nicht wahr, „verniedlichen" Vorfälle als Ausrutscher oder ähnliches, finden die Thematisierung übertrieben – schließlich ist die NPD ja eine wählbare Partei – und sicherlich gibt es auch welche, die mit den Positionen von rechtsextremen Gruppierungen sympathisieren. Weiterhin ist längst nicht durchgehend die Kompetenz vorhanden, rechtsextremistische Äußerungen in der entwickelten codierten Sprache als solche wahrnehmen zu können.

Vor diesem Hintergrund verwundert es nicht, dass auch bezogen auf die Umsetzung von Präventionskonzepten von einer strukturellen Verankerung des Themenkomplexes Rechtsextremismus und dessen kontinuierlicher Bearbeitung durch hauptamtliche ExpertInnen im Sport zum gegenwärtigen Zeitpunkt nicht gesprochen werden kann. Von daher ist vieles von dem, was in hervorzuhebender Weise erfolgreich an Sensibilisierung, Prävention, Beratung und Intervention gegenwärtig stattfindet, vom guten Willen Einzelner abhängig.

Die wenigen innerhalb der Sportstrukturen angesiedelten Stellen für Expert/innen, zu deren Arbeitsfeldern u. a. auch der Themenkomplex Rechtsextremismus gehört, lassen darauf schließen, dass der dringende Bedarf einer strukturellen Verankerung noch nicht als solcher erkannt und entsprechend umgesetzt worden ist. Kontakte zu den Vereinen werden überwiegend bei Bedarf bzw. auf Anfrage hergestellt. Und solange ein Verein innerhalb seiner Strukturen keine Gefahr durch Rechtsextremismus sieht oder benennt, wird er auch keinen Bedarf für mögliche Schulungen usw. anmelden. Verbindliche Verabredungen zu Teilnahmen an Sensibilisierungs- oder Präventionsmaßnahmen existieren weder auf den Kreis- oder Regionalebenen noch auf der Landes- oder Bundesebene.

Dabei ist auch zu berücksichtigen, dass in der medialen Informationsgesellschaft das Image eines Vereins immer wichtiger wird und unter Umständen auch über Sponsorengelder entscheidet. Der rechte Ruf eines Vereins kann Image schädigend wirken: Wenn Vereinsmitglieder diesen Imagefaktor reflektieren, verhalten sie sich entsprechend den Erwartungen, die von außen an sie gestellt werden – auch um Repressionen seitens des Vereins oder der Polizei zu vermeiden. Dies kann in manchen Vereinen dazu führen, dass Vereinsmitglieder sich nach außen hin *political correct* verhalten, ohne dass sich zwangsläufig die Einstellungen rechtsorientierter Vereinsmitglieder verändert haben müssen.

Während Rassismus und Rechtsextremismus unter Umständen entsprechend als nicht *political correct* reflektiert werden, werden Sexismus und Schwulenfeindlichkeit unseren Erkenntnissen nach nicht in Frage gestellt. Es hat sich somit eine Hierarchie von Diskriminierungen entwikkelt – obwohl Schwulenfeindlichkeit und Sexismus in den Vereinen weitaus verbreiteter sind als Fremdenfeindlichkeit und Rechtsextremismus. Dies darf angesichts der Forschungen von Wilhelm Heitmeyer von der Universität Bielefeld nicht unterschätzt werden. In dessen Konstrukt der gruppenbezogenen Menschenfeindlichkeit wird die enge Verzahnung von Rassismus und Fremdenfeindlichkeit mit der Abwertung von Homosexuellen und Sexismus nachgewiesen. Dies darf auch angesichts der Tatsache, dass Rechtsextremisten gezielt nunmehr an den weniger sozial geächteten Formen gruppenbezogener Menschenfeindlichkeit, dem Sexismus und der Homophobie andokken, nicht verkannt werden.

Was folgt daraus?

Im Rahmen unserer Expertise ist deutlich geworden, dass der Sport mit seinen Grundgedanken von Fair Play, Partizipation und Anerkennung demokratische Grundwerte vermitteln und wichtige soziale Integrationsfunktionen übernehmen *kann.* Vor diesem Hintergrund sollen die folgenden Handlungsempfehlungen Wege aufzeigen, wie sich die dem Sport innewohnenden Potenziale entfalten können und wie Vereins- und Verbandsstrukturen dementsprechend gestaltet werden sollten.

Sensibilisierungs- und Aufklärungsarbeit

In erster Linie gilt es, in umfassendem Maße Sensibilisierungs- und Aufklärungsarbeit zu leisten, mit dem Ziel, den Blick für Erscheinungsformen des Rechtsextremismus zu schärfen und deutlich zu machen, dass die Auseinandersetzung mit Rechtsextremismus im Sport selbstverständlich sein sollte. Dazu gehören auch Fortbildungen und Schulungen von Vereinsfunktionären und Übungsleitern im Rahmen eines flächendeckenden Vor-Ort-Angebots, die Etablierung einer Unterstützungs- und Beratungsinfrastruktur, zum Beispiel durch Einrichtung von Beratungsstellen, an die sich Vereine im Konfliktfall wenden können, sowie die Einrichtung einer Good-practice-Datenbank mit beispielhaften Projekten, die interessierten Vereinen zur Verfügung steht und Anregungen für die Arbeit vermittelt.

Positionierung der Vereine und der Landesverbände

In Bezug auf Handlungsempfehlungen für Vereine ist in erster Linie eine deutliche Positionierung des Vereins zu fordern. Diese kann auf unterschiedlichen Ebenen sichtbar und wirksam werden, zum Beispiel indem die aktuellen Satzungen oder Ordnungen überprüft werden, insbesondere im Hinblick auf die Ziel- und Zweckformulierungen sowie Ausschlussmöglichkeiten für Mitglieder. Ist Bedarf für Änderungen/Konkretisierungen gegeben, sollte die Diskussion darüber auf allen vereinsstrukturellen Ebenen angeschoben werden, bevor ein Änderungsantrag in die Mitgliederversammlung eingebracht wird. Gegebenenfalls sollten Sportanlagennutzungsvorschriften unter Verwendung von Musternutzungsverträgen geändert werden. Weiterhin sind die Vereine aufgefordert, einen (hauptamtlichen) Beauftragten zu bestimmen, der Ansprechpartner bei auftretenden Problemen im Bereich Rechtsextremismus, Rassismus und Diskriminierung ist.

Hilfe bei der Umsetzung dieser genannten Maßnahmen können Internetportale oder Broschüren leisten, wie zum Beispiel „Vereine stark machen. 11 Fragen nach 90 Minuten", „Was tun gegen Rassismus und Diskriminierung im Fußball?" oder „Rechtsextremismus im Sport – Nicht mit uns!". Diese Broschüren sollten zur obligatorischen Grundausstattung jeder Vereinsgeschäftsstelle gehören.

Die oben genannten Punkte sind überwiegend Bestandteile des Gütesiegels „Verein für Anerkennung und Toleranz, gegen Rassismus und Diskriminierung", welches Teil des DFB-Pilotprojektes „Verein für Anerkennung und Toleranz" ist. Zu empfehlen ist der Ausbau der Vergabe dieses Gütesiegels und die Ausweitung auf Vereine anderer Sportarten. Das Gütesiegel sollte in diesem Rahmen an gesellschaftlicher und politischer Anerkennung gewinnen.

Wichtige Unterstützung für eine solche Positionierung von Sportvereinen ist, dass sich auch die Landesverbände zu dem Thema Rechtsextremismus eindeutig positionieren. Dies kann zum Beispiel durch entsprechende Satzungen geschehen, die sich eindeutig von Rechtsextremismus und Rassismus distanzieren und durch die Aufforderung an Vereine, bei der Aufnahme in den Landessportbund zu erklären, dass sie sich von Rechtsextremismus und Rassismus distanzieren.

Auch ist es Aufgabe der Landessportbünde, die entsprechende Unterstützung für Vereine bereitzustellen, zum Beispiel durch die Vermittlung von Beratungs- und Schulungsangeboten sowie durch die Verbreitung von Mustersatzungen oder Nutzungsverträgen, die beispielsweise im Rahmen eines Online-Portals bereit gestellt werden.

Fan- und Zuschauerverhalten

Auch in Bezug auf Rechtsextremismus im Fan- und Zuschauerverhalten stellt die eindeutige und kontinuierliche Positionierung der Vereine und Verbände gegen Rechtsextremismus und Rassismus ein entscheidendes Element dar. Das kann erreicht werden durch initiierte Kampagnen gegen Rechtsextremismus und Rassismus, wie zum Beispiel Rote-Karte-Aktionen, die regelmäßige Durchführung von Aktionstagen gegen Rechtsextremismus und für Respekt und Toleranz, inhaltliche Veranstaltungen wie Ausstellungen oder Diskussionsveranstaltungen und die Änderung der Stadionordnung (in Anlehnung an die Musterstadionordnung des DFB).

Wichtig ist allerdings, dass in Ergänzung zu Maßnahmen, die von den Fans als repressiv empfunden werden können, sozialpädagogische Maßnahmen umgesetzt werden. Diese Aktionen können/

sollten in Zusammenarbeit mit dem Fan-Projekt durchgeführt werden, falls vorhanden. Wichtig ist weiterhin, dass parallel zu eher repressiven Maßnahmen, die sich gegen rechtsextreme Verhaltensweisen und Erscheinungsformen richten, antirassistische bzw. nicht rechts oder rassistisch eingestellte Gruppierungen gestärkt und unterstützt werden, so dass es zu Verschiebungen von Hegemonien an der Basis kommen kann.

Eine solche Unterstützung von Fankultur und von Fan-Aktivitäten gegen Rechtsextremismus und Rassismus kann dazu führen, das Bewusstsein der Fan-Szene zu schärfen, ohne sie zu instrumentalisieren und die vorhandenen Selbstregulierungsmechanismen weiterzuentwickeln und zu stabilisieren – mit der Folge, dass Fans deutlich und offensiv bei rechtsextremen Vorfällen einschreiten.

Schulungen von Ordnern und Fan-Betreuern

Ergänzend zu den oben skizzierten Maßnahmen sind Schulungen von Ordnern und Fan-Betreuern zum Umgang mit Rechtsextremismus und zu neuen Entwicklungen in der Szene sowie Trainings zu Handlungsinterventionen im Stadion ein weiterer wichtiger Baustein in der Auseinandersetzung mit Rechtextremismus. Auch Trainings mit Schlüsselpersonen und Multiplikatoren aus der Fan-Szene können sinnvoll sein, um diese für die Problematik zu sensibilisieren und zu befähigen, in Konfliktsituationen zu intervenieren.

Evaluation

Generell gilt, dass die bereits existierenden und die zu entwickelnden Projekte evaluiert und bezüglich der Einlösung ihrer präventiven Ansprüche kritisch überprüft werden sollten. Wir halten es für erforderlich, Evaluationen bei Sportprojekten, die sich die Prävention von und Intervention bei Vorfällen mit rechtsextremistischem Hintergrund zum Ziel setzen, durchzuführen. So könnten auch frühzeitig Qualitätsstandards für entsprechende Projekte entwickelt werden. Wichtig wäre, so bald wie möglich mit Evaluationen zu beginnen, da das Feld zurzeit stark in Bewegung ist und andere Projekte von den Ergebnissen profitieren können.

Vernetzung

Angesichts wachsender Problemlagen, aber auch und vor allem der geforderten unterschiedlichen Kompetenzen des an seine Grenzen stoßenden Ehrenamtes muss der Vernetzung im Kampf um diskriminierungsfreie, demokratische Räume eine zentrale Rolle zugewiesen werden. Für die Zukunft wird es sehr darauf ankommen, dass sich die Vereine und Verbände mit zivilgesellschaftlichen Initiativen vernetzen.

Aber: So einfach ist Vernetzung nicht zu haben. Die unterschiedlichsten Institutionen und in der Praxis arbeitenden Menschen auf einen gemeinsamen Nenner zu bringen, eigene Eitelkeiten und Interessen, hierarchisches Denken und unterschiedliche strukturelle, rechtliche Rahmenbedingungen der Vernetzungspartner in den Dienst der schnell ausgemachten gemeinsamen Sache zu stellen, bedarf, wenn erfolgreich gearbeitet werden soll, einer Offenlegung und notfalls auch des Aushaltens der unterschiedlichen Interessen der Vernetzungspartner, der Herausarbeitung von Gemeinsamkeiten, der Klärung von Kompetenzen, die dann zum Inhalt der Zusammenarbeit gemacht werden.

Angesichts der Vielzahl von zivilgesellschaftlichen Initiativen, zum Teil konkurrierenden Projekten ist darüber hinaus eine bessere Absprache der Netzwerke und Initiativen im Sinne der Vermeidung von Doppel- und Dreifachmaßnahmen und der Schaffung von Synergieeffekten untereinander dringend geboten. Hier wäre eine bessere Abstimmung der Landesverbände einerseits und der Sportvereine andererseits, aber auch zivilgesellschaftlicher Initiativen untereinander dringend geboten.

Abschließende Gedanken

Abschließend sei noch einmal auf die Untersuchung von Julia Becker, Ulrich Wagner und Oliver Christ zu Nationalismus und Patriotismus als Ursache von Menschenfeindlichkeit hingewiesen, die – wie oben bereits erwähnt – aufzeigt, dass der „Party-Patriotismus" während der WM 2006 in Deutschland langfristig keine Verringerung von Fremdenfeindlichkeit, sondern eher einen Anstieg des Nationalismus bewirkt hat. Die positiven und bereichernden Begegnungen von Menschen unterschiedlicher Herkunft und Nationalität während der WM erwiesen sich nicht als nachhaltig genug und nicht als dauerhafte und tragfähige Grundlage für eine von Akzeptanz und Demokratie geprägte Haltung.

Damit soll keinesfalls die insgesamt gesehen positive Grundstimmung während der Fußballweltmeisterschaft 2006 in Deutschland in Frage gestellt oder das „Sommermärchen" schlecht geredet werden. Für Maßnahmen zum Abbau von Fremdenfeindlichkeit und Rassismus erscheint es aber sinnvoller, die Wertschätzung demokratischer Prinzipien zu fördern. Dies belegt auch die kleine Studie von Klaus Ahlheim und Bardo Heger. Nach Auffassung der Autoren geht Nationalismus grundsätzlich Rassismus voraus, die Identifikation mit nationalen Elementen und Nationalstolz fördert die Abwertung anderer Nationen und Völker, während die Identifikation mit sozialen Errungenschaften und der demokratischen Verfasstheit des Staates Toleranz fördert.

Deshalb sollte der Sport seine demokratische Verfasstheit in der eigenen Arbeit transparent machen und als Identifikationselement stärken, aber seine warnende Stimme erheben statt mitzumachen, wo nationale Stimmungen (oder regionale Gruppenidentifikationen) sich äußern, auch wenn man sich davon möglicherweise eine bessere Positionierung in der Förderlandschaft verspricht.

Daraus würde folgen, dass der Abbau von Fremdenfeindlichkeit einer breit angelegten Erziehung zur Demokratie bedarf, gepaart mit der Erfahrung von effektiver politischer Partizipation insbesondere für junge Menschen. Die beste Prävention gegen Rassismus und Diskriminierung ist das Schaffen einer Atmosphäre von Anerkennung und Geborgenheit, die Entwicklung einer positiven Identität sowie das Stärken junger Menschen und da hat der Sport seine größten Potenziale. Durch die im Sport angelegten Werte (Fair Play, Chancengleichheit, Achtung des Gegners als sportlichen Partner) kann der Sport eine wichtige Schule zur Demokratie sein.

Wir müssen uns darüber im Klaren sein, dass – da sich hinter Rechtsextremismus und Diskriminierung eigene Unsicherheiten, Ängste, Bedrohungsgefühle verbergen – Feindbilder und Gewalt ein Schutzschild sind gegen die Angst, von anderen vereinnahmt zu werden. Mit Argumenten alleine erreichen wir somit herzlich wenig. „Wenn man Gegenargumente ins Feld führt, wird die Angst nur noch größer und die Fronten verhärten sich. Es geht also darum, die Angst des anderen (die in seinen Handlungen zum Ausdruck kommt) aufzunehmen und selbst keine Angst vor der anderen Ideologie zu haben. Wenn man sich im Gegenteil für die andere Ideologie interessiert und für die sie tragendenden Gefühle, dann – so zeigt die Erfahrung – kommen Gespräche in Gang" (Bauriedl 1993, 35 f.). Bezogen auf den Umgang mit Rechtsextremisten bedeutet dies, dass es klar werden muss, dass es nicht mehr genügt, sich in der eigenen Gruppierung wohl zu fühlen, weil man weiß, dass die Schläger und Brandschatzer die anderen sind. Überwindung von Gewalt, Fremdenfeindlichkeit und Rassismus ist dabei eine dauerhafte Aufgabe.

Es kann und darf – gerade weil sich immer mehr junge und durchaus auch gebildete Menschen dem Rassismus nicht mehr verschließen – auch nicht nur darum gehen, Verbote auszusprechen, Gesetze zu verschärfen. Repression muss sein, bedarf aber der Flankierung durch vielfältige präventive Maßnahmen. Wir müssen kommunikationsbereit sein, die Menschen nicht ausgrenzen, sondern mit ihnen ins Gespräch kommen. Ausgrenzung und ordnungspolitische Maßnahmen bergen die Gefahr in sich, dass sich Einstellungsmuster verfestigen und rechtsradikal organisierbar werden. Wir müssen in der Lage sein, auf diese Menschen zuzugehen.

Uns allen muss aber auch klar sein, dass Rassismus und Diskriminierung im Sport – genauso wie in der Gesellschaft schlechthin – immer eine latente Gefahr bleiben werden und wir deshalb nie in unseren Bemühungen nachlassen dürfen, etwas dagegen zu unternehmen. Es geht vor allem darum, durch Wachsamkeit und offene Auseinandersetzung, durch Gespräche Rassismus und Diskriminierung einzudämmen. Eine Forderung, die angesichts der aktuellen Diskussion über Armut und das „abgehängte Prekariat“ umso wichtiger ist.

Nicht ausgrenzen kann und darf die Antwort sein, sondern sensible Wahrnehmung und Bekämpfung von Rassismus und Diskriminierung gepaart mit Gesprächsbereitschaft und dem Transport von Botschaften für Toleranz und Anerkennung. Wie sagte doch der der Anführer der „M.-dorfer Skinhead Front“, nachdem ich mich nach einer über zwei Stunden dauernden Diskussion mit ca. 60 rechten Jugendlichen in der Nähe von Dresden über deren Einstellungen und deren Hintergründe verabschiedete: „Ich bedanke mich im Namen meiner Kameraden. Das war das erste Mal, dass sich ein Erwachsener Zeit für uns genommen hat und mit uns gesprochen hat, versucht hat, uns zu verstehen“.

Da sich Sport bestens auch zu einmaligen, öffentlichkeitswirksamen Events eignet, lassen Sie mich zum Schluss aber auch sehr deutlich anmerken: Der Kampf gegen Rassismus und Diskriminierung, für Anerkennung und Toleranz kann, darf nicht zu einem Event verkommen, ist kein einmaliger Akt, sondern ein kontinuierlicher Prozess, eine dauerhafte Aufgabe, bei der es um Nachhaltigkeit geht. Und: Wir sind – wie in einem Positionspapier der Sportjugend Niedersachsen einmal treffend formuliert wurde – „nicht nur verantwortlich für das, was wir tun, sondern auch für das, was wir nicht tun“.

Literatur

Ahlheim, Klaus und Bardo Heger (2008): Nation und Exklusion: Der Stolz der Deutschen und seine Nebenwirkungen. Wochenschau-Verlag. Schwalbach/Taunus.

Bauriedl, Thea (1993): Verstehen – und trotzdem nicht einverstanden sein. In: *Psychologie Heute*, Vol. 2, S. 30–37.

Becker, Julia, Wagner, Ulrich und Oliver Christ (2007): Nationalismus und Patriotismus als Ursache von Fremdenfeindlichkeit, in: Wilhelm Heitmeyer (Hrsg.): Deutsche Zustände, Folge 5. Edition Suhrkamp. Frankfurt/Main.

Grupe, Ommo (2000): Vom Sinn des Sports. Kulturelle, pädagogische und ethische Aspekte. Hofmann Verlag. Schorndorf.

Krokow, Christian, Graf von (1980): Sport Gesellschaft Politik. Eine Einführung. Piper Verlag GmbH. München.

Putnam, Robert D (2000): Bowling alone. The collapse and revival of American community. New York.

Pilz, Gunter A., u. a. (2009): Rechtsextremismus im Sport in Deutschland und im internationalen Vergleich. Bundesinstitut für Sportwissenschaft. Bonn.
Sills, David L. (1968): Voluntary associations: Sociologic aspects, in: David L. Sills, (Ed.): International encyclopedia of the social sciences. Vol. 16, S. 362–379.

Überarbeitete Fassung des Vortrags bei der Fachtagung „Mehr als Sport! Für Demokratie und Zivilcourage in Thüringen" in Gera am 14.8.2009.

V Schule, Sport und Gewaltprävention

Schule in Bewegung – ein Beitrag zur Gewaltprävention an Schulen?

„In der Einschätzung, dass Gewalt unter Kindern und Jugendlichen eine multiple Ursachenstruktur hat, sind sich alle Wissenschaftler und Verantwortlichen sehr schnell einig, auch darin, wo Ansatzpunkte für Prävention und Intervention liegen: in der Bereichen der Familie, Schule, Justiz, Medien, Jugendkultur, politische Kultur etc. Wenn es aber um konkrete Verantwortlichkeiten und Verbesserungsmaßnahmen geht, wird gern auf die anderen verwiesen: etwa von Politikern auf die Medien oder von Lehrern auf das Elternhaus", so fassen MELZER/EHNINGER (2002, 38) die Art und Weise, wie häufig von Verantwortlichen mit dem Problem von Jugendgewalt umgegangen wird, zusammen. Entsprechend wird das Problem von Schule und Gewalt in der Regel überwiegend in der Weise diskutiert, dass man sich Gedanken macht über die wachsende Gewalt in der Schule, die steigende Gewaltbereitschaft und Bewaffnung der meist männlichen Schüler, die Brutalisierung der Auseinandersetzungen. In der Gewalt wird eher ein von außen in die Schule hineinwirkendes Problem gesehen, so dass sich Gegenmaßnahmen meist in einem Appell an die Erziehungsaufgabe des Elternhauses, Warnung vor der Gewalt in den Medien, im Ruf nach der Polizei, der Sozialpädagogik oder in der Aufarbeitung der Problematik in Projektwochen und Vortragsabenden erschöpfen. Zu wenig in das Blickfeld gerät hingegen die Tatsache, dass die Schule selbst Gewalt erzeugt und vieles von dem, was wir an Gewalt innerhalb, ja ich meine oft auch außerhalb der Schule beklagen, durchaus auch hausgemacht ist, in der und durch die Schule, durch schulische Strukturen erzeugt wird und entsprechend auch schulintern behoben werden kann und muss. Entsprechend möchte ich mit meinen Ausführungen das Augenmerk auf die Gewalt richten, die in der Schule, vor allem durch die Schule erzeugt wird. Dabei liegt entsprechend meinem Thema der Schwerpunkt auf der Frage nach der Bedeutung von Bewegung, Bewegungsmöglichkeiten und Bewegungsanlässen, ganz allgemein und übergreifend des Konzeptes der Bewegten Schule für die Verringerung schulischer Gewalt und Gewalterfahrungen. Die folgenden beiden Zitate mögen diesen Blickwinkel illustrieren.

Im Jahre 1954 sagte Erich Kästner in einer Ansprache zum Schulbeginn:

„Der Mensch soll lernen, nur die Ochsen büffeln. Der Kopf ist nicht der einzige Körperteil. Man muss nämlich auch springen, turnen, tanzen und singen können, sonst ist man, mit seinem Wasserkopf voller Wissen, ein Krüppel und nichts mehr" (siehe PZ 101, März 2000, 20); und der Pädagoge HINTE warnte 1993 in der Deutschen Lehrerzeitung:

„Wer Menschen in 45-Minuten-Rhythmen presst und sie in kognitive, affektive und motorische Lernbereiche zerlegt, darf sich nicht wundern, wenn diese Menschen bisweilen das Klassenzimmer zerlegen;

wer körperlose Umgangs- und Lehrformen praktiziert, wird früher oder später damit konfrontiert, dass sich die vernachlässigten Körper nachhaltig in Erinnerung bringen;

und eine Schulpädagogik, die schon den zweimal jährlich stattfindenden Ausflug zum nahe gelegenen Baggersee zur didaktischen Großtat hochstilisiert, produziert – wenn sie Glück hat – ein müdes Lächeln bei den Kindern oder – wenn es gerade ohnehin im Trend ist – einige körperbetontere Interaktionen.

Durchaus gesunde Reaktionen von Menschen, die nicht damit zufrieden sind, aufs Leben vorbereitet zu werden, sondern auch gleich ein Stück Leben(-digkeit) in die Schulen hineinholen."

Mit diesen Aussagen machen uns KÄSTNER und HINTE ebenso eindrucksvoll wie provokativ auf schulische Ursachen und Bedingungen von Gewalt aufmerksam.

Bevor ich diesen Strang zur Beantwortung der Frage „Schule in Bewegung – ein Beitrag zur Gewaltprävention an Schulen?“ weiter verfolge und zum besseren Verständnis meiner weiteren Ausführungen ist eine Bestimmung des Gewaltbegriffes erforderlich.

Zum Begriff der Gewalt – schulische Beispiele

Mit THEUNERT (1987, 40f.) verstehe ich unter Gewalt „die **Manifestation von Macht und/oder Herrschaft,** mit der **Folge und/oder dem Ziel der Schädigung von einzelnen oder Gruppen von Menschen**“ (siehe Abbildung).

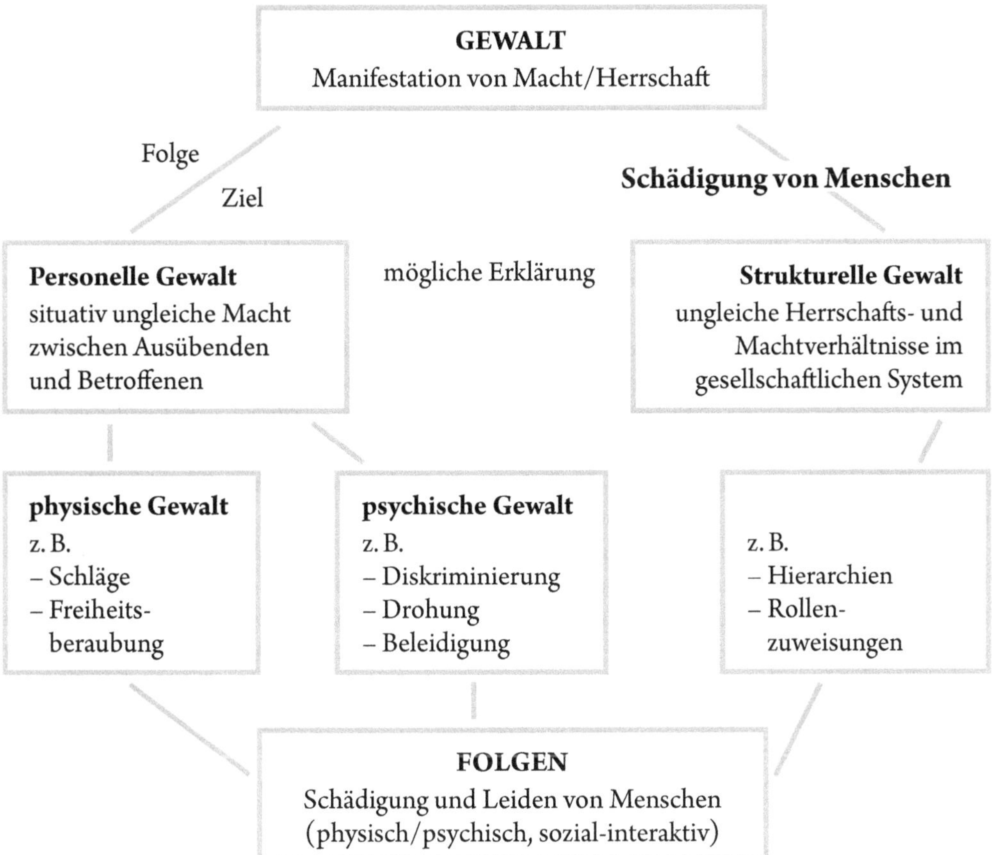

Gewalt liegt nach dieser Definition immer dann vor, wenn als Folge der Ausübung von Macht oder Herrschaft oder von beidem oder als Folge von Macht- und Herrschaftsverhältnissen Menschen geschädigt werden. **Erstes Bestimmungskriterium für Gewalt** ist demnach „die bei dem oder der Betroffenen feststellbare **Folge,** die durch Gewalt bewirkte Schädigung. Das **Ziel der Gewaltausübung** tritt gegenüber der Folge in den Hintergrund, es ist sekundäres Bestimmungskriterium.“ Damit wird aber auch deutlich, dass ohne von den jeweils Handelnden beabsichtigt, in vielen zwischenmenschlichen Beziehungen Gewalt ausgeübt wird. Ein vor allem im Interaktions- und Kommunikationsprozess von Lehrer/-innen und Schüler/-innen nicht zu unterschätzendes Problem, denken wir nur an das zwangsverordnete Stillsitzen „sitz endlich still"; „setz dich ordentlich hin!", die unbewussten erniedrigenden Bemerkungen und ironischen Entmutigungen „stell dich nicht so an", „ich geb's auf"; „du brauchst dich gar nicht erst anstrengen, es hat eh, keinen Zweck", oder die Motivationskiller „wie oft habe ich dir schon gesagt, dass …"; „wann hörst du endlich?"; „was soll der Unsinn?"; „du hast schon wieder angefangen!"; „das ist mir unbegreiflich"; „immer du!"

Zweites Bestimmungskriterium für Gewalt ist, dass sie an die ***„Ausübung oder Existenz von Macht und Herrschaft"*** *gebunden ist. Macht und Herrschaft gründen auf die Verfügung über Machtmittel, die die Voraussetzungen zur Gewaltanwendung schaffen".* Zu unterscheiden ist dabei je nach Art der Machtmittel zwischen **situativen** und **generellen Machtverhältnissen:** *„In situativen Machtverhältnissen ist die Ungleichverteilung von Machtmitteln primär situationsspezifisch geprägt, in generellen Machtverhältnissen dagegen langfristig und eindeutig zugunsten eines Parts geregelt und meist gesellschaftlich sanktioniert";* in der Schule beispielsweise eindeutig zu Gunsten der Lehrer/-innen. Die dahinter stehende Problematik wird am Beispiel der folgenden Aussagen von Schüler/-innen deutlich.[1]

„Lehrer fühlen sich über die Schüler erhaben und meinen, diese ‚Macht' die Schüler spüren lassen zu müssen. Schüler erhalten pädagogische Maßnahmen (Strafarbeiten) für schlechtes Verhalten, Lehrer können Fehler ohne Folgen machen. Lehrer gestehen den Schülern gegenüber ihre Fehler nicht ein. Lehrer kommandieren und dies, ohne sich selbst anzustrengen (z. B. im Sportunterricht). Als Schüler hat man keine andere Wahl, als klein beizugeben. Aber bald haben die Schüler keine Lust mehr nachzugeben und dann werden sie gewalttätig".

„Lehrer (manche) versuchen den Lehrstoff zu schnell zu vermitteln, können sich nicht (wenn es darauf ankommt) auf einzelne Schüler (kurzfristig) konzentrieren. Manche kümmern sich zu wenig darum, ob man es verstanden hat oder nicht, lassen uns richtig merken, dass wir wirklich nur die Schüler sind, dass wir alles müssen. Man fühlt sich nicht ernst genommen, im Unterricht, bei Fragen. Das ist alles so selbstverständlich, sie gehen nie richtig auf die SchülerInnen ein. Sie kommen durch die Tür, ziehen ihren Stoff durch und am Ende der Stunde sind sie wieder verschwunden".

Mit dieser Unterscheidung zwischen situativen und generellen Machtverhältnissen wird der enge Blick auf Gewalt in interpersonellen Beziehungen überwunden und auf Gewaltverhältnisse erweitert, die in den gesellschaftlichen Strukturen verankert und nicht an konkrete handelnde Individuen gebunden sind. Damit wird aber auch gleich auf die **beiden zentralen Dimensionen der Gewalt** verwiesen: die **personale** und die **strukturelle Gewalt**, wobei *„personale Gewalt die Dimension bezeichnet, in der Gewalt von Personen, strukturelle Gewalt die Dimension, in der Gewalt von den Strukturen eines Gesellschaftssystems oder in unserem Falle von der Schule ausgeht".*

Auch hier mögen einige Aussagen von Schülerinnen und Schülern deren subjektiv empfundenen strukturellen Gewalterfahrungen verdeutlichen:

„Von außen sieht unsere Schule wie ein Gefängnis aus, graue geschmacklose Betonklötze. Da muss man doch gar nicht großartig Geld ausgeben, es gibt garantiert Schüler, die freiwillig an der Schulgestaltung teilnehmen würden."

„Ich wünsche mir eine schönere Atmosphäre: die Schule ist so kalt und abstoßend, es müssen sich mehr Schüler für eine gute Schule einsetzen, mehr Möglichkeiten der Schüler, Schule selbst zu gestalten, gegeben werden. Schulgestaltung als gemeinsame Aktivität."

---

1 Diese und die folgenden Schüleraussagen stammen aus von mir zusammengetragenen Antworten von Schülerinnen und Schülern von Grund-, Haupt- und Realschulen, Orientierungsstufen, berufsbildenden Schulen und Gymnasien Niedersachsens zu den offenen Fragen: „Was gefällt dir an deiner Schule, was nicht, was sollte geändert werden, was stört dich am Schüler-Schüler, bzw. Schüler-Lehrer-Verhältnis?"

„An unserer Schule gefällt mir, dass es noch einige Personen gibt, die an eine Abwechslung im Schul-Alltag denken. Diese Abwechslung ist enorm wichtig, da ansonsten der Schüler resigniert und unmotiviert an seiner Arbeitsstätte die Zeit totschlägt. Das Angebot eines Musikbunkers und eines Basketballkorbes sowie Tischtennisplatten gibt den Schülern die Möglichkeit, sich an einem achtstündigen Schulalltag einmal zu entspannen und aggressive Stauung abzubauen."

Mit diesen Aussagen werden auch bereits die meines Erachtens zentralen Problemfelder der Gewalt und Gewaltprävention in der und durch die Schule im Kontext der Bewegten Schule deutlich: die mangelnden Möglichkeiten zur Bewegung (für Aggressionsabbau) und zur Entfaltung im Sinne der Herausbildung einer positiven Identität (zur Vorbeugung gegen Gewalt). Mit KRAFELD (1992, 500) bin ich dabei der festen Überzeugung, dass *„das Verhalten von Jugendlichen, auch von gewalttätig agierenden, durchweg aus ihren Lebenserfahrungen und ihren Versuchen resultiert, mit diesen ihren Erfahrungen und Eindrücken umzugehen."* Das heißt aber auch, dass sich Änderungen im Verhalten der Schüler/-innen kaum erzielen lassen, wenn ich wir uns ausrichten auf die Probleme, die Schüler/-innen ***machen***. Erst wenn es letztlich um die Probleme geht, die Schüler/-innen ***haben***, werden sie auch offen werden für neue Auseinandersetzungen mit der Frage, welche Probleme sie anderen machen.

Schule als Bewegungsraum oder der stillgelegte Körper – Aggressionen abbauen

„Die Körper der Lehrenden und Lernenden sind ... in den meisten für wichtig gehaltenen Stunden damit befasst, zu sitzen, Bücher, Hefte, Stifte zu berühren und zu bewegen, sprachliche und mathematische Symbole über Mundbewegungen akustisch verlauten zu lassen – insgesamt bietet die Schule allen Auflockerungen zum Trotz ihrer Idee nach ein Bild starker Unterentwicklung, was die Kultivierung sinngebundener Tätigkeit angeht. ... Ein beherrschter und funktionsgehorsamer, kalkulierbarer Körper, wer kann zweifeln – dass auch er ein mehr oder weniger heimliches Lernziel der alltäglichen Schule ist?" (RUMPF 1996, 8).

„Manche mögen nur den Kopf in die Schule schicken, aber immer kommt das ganze Kind" (FORSTER 1995; zit. nach KÜCK/PILZ-ADEN/KLEINE-HUSTER 1999).

Die statistischen Fakten sprechen für sich: Unter den Heranwachsenden haben 40–60 % Haltungsschwächen; 20–30 % ein leistungsschwaches Herz-Kreislauf-Atmungssystem; 30–40 % Koordinationsschwächen; 20–30 % Übergewicht; ca. 15 % ein auffälliges psycho-soziales Verhalten, Tendenz steigend! (Bundesarbeitsgemeinschaft zur Förderung haltungs- und bewegungsauffälliger Kinder und Jugendlicher e. V. 1992). Je nach Statistik haben 30–50 % Grundschüler bei Schuleintritt Haltungsschwächen. Am Ende des zweiten Schuljahres werden – infolge schulischen Sitzzwanges (was passiert eigentlich im Sportunterricht?) – bereits bei 70 % der Grundschüler Haltungsschwächen diagnostiziert. Auf der anderen Seite „stören hyperaktive Kinder", werden zunehmend Gewaltbereitschaft und Vandalismus in den Schulen beklagt. Auch in aktuellen Untersuchungen über Ursachen und Motive von Gewalt wird immer wieder auf das Phänomen der Suche nach Action, Spannung, Ausleben von Körperlichkeit hingewiesen. Dahinter verbirgt sich das immer gravierender werdende Problem des zivilisations- und gesellschaftsbedingten erlebnis-, spannungs- und abenteuerarmen Alltags. Die Menschen moderner Industriegesellschaften sehen sich zunehmend einem zivilisatorischen Druck ausgesetzt, sich und ihr Verhalten ständig und stetig unter Kontrolle zu halten, ihre Affekte und Emotionen zurückzudrängen, zu unterdrücken. Auch schulisches Lernen bedarf, wie ELIAS (1977) es nennt, der steten Kontrolle unseres Trieb- und Affekthaushaltes. Wir müssen uns im wahrsten Sinne des Wortes „in der Gewalt" haben, nur so ist Unterrichten möglich. Dies führt zu einem verstärkten Bedürfnis nach Bewegung und affektiven

Erlebnissen, das zusätzlich verstärkt wird durch eine verwaltete, verrechtlichte Schule, die immer weniger Raum und Möglichkeiten zur Befriedigung affektiver Bedürfnisse lässt. Die schulische Lebenswelt gibt den Schüler/-innen kaum oder gar keine Chancen, „ihre Umgebung nach eigenen Fantasien, Entwürfen und Plänen zu be- und ergreifen" (BECKER/SCHIRP 1986). So wundert es auch nicht, dass bei einer Befragung von Lehrkräften und Schulleitungen unter anderem Aggressionsstau durch zu langes Sitzen (78,9 % der Lehrkräfte, 65,8 % der Schulleitungen), Langeweile in den Pausen (sprich fehlende Anregungen für die Pausenzeit) (68,3 %/65,4 %) schlecht gestaltete Schulhöfe (57,1 %/61 %) als wichtige Ursachen für Gewaltreaktionen der Schüler genannt werden (BAGUV 1997). Auch in unseren Befragungen von Schüler-/innen, was ihnen an ihrer Schule gefällt, was sie an ihrer Schule stört, was sie vermissen, bzw. was anders sein sollte, beziehen sich gut 50 % der Antworten auf die wohnliche und lebendige Schule. Dabei geht es in erster Linie um entsprechende Ruhe- und Bewegungsräume, Bewegungs- und Entspannungsangebote in der Schule, um vielfältige Freizeitangebote und Pausengestaltungen, um abwechslungsreichen, „bewegten" Unterricht. Lassen wir wieder Schülerinnen und Schüler zu Wort kommen:

„Die Farbe der Klassenräume und des Schulgebäudes, die Farbe gelb, grün und braun ist irgendwie abstoßend, zum Kotzen, hässlich, ekelig. Man kommt sich vor wie in einer Klapsmühle, wie im Krankenhaus pissgelb und popelgrün. In anderen Schulen dürfen Schüler ihre Klassenräume selbst bemalen, die grüne Farbe macht aggressiv, weil sie so sticht, die scheiß gelbe Farbe geht mir total auf die Nerven".

„Da es um die Lebendigkeit der Schule geht, ist es meiner Meinung nach auch notwendig, dass die Schule von außen lebendig wirkt, d. h. weniger Beton, mehr Grünflächen. Zwar wird ein Dachgarten eingerichtet, er ist jedoch für Schüler unzugänglich, es sei denn mit Kurslehrer als Nutzen für den Unterricht."

„Ich vermisse gar nichts, außer eben ich finde, dass man mehr Sportstunden haben sollte. Denn wir sitzen den ganzen Morgen auf den Stühlen und haben nicht sehr viel Bewegung."

„Man sollte den Schülern nahe bringen, dass Schule auch schön sein kann, das heißt im Klartext, dass die Schüler durchaus auch mal an den Nachmittagen hier bleiben."

Lehrer/-innen nehmen dieses Problem ganz offensichtlich zu wenig ernst bzw. wahr. Vielleicht auch deshalb, weil sie ja das schulische Bewegungsmonopol innehaben, während des Unterrichts durch die Klasse wandern, an die Tafel gehen dürfen, somit stets in Bewegung sind. Das von RUMPF beschriebene „heimliche Lernziel" des „beherrschten, kalkulierbaren Körpers" mag auch hierin seine Ursache haben. So wundert es sicherlich auch nicht, dass bei der Beantwortung der Frage, welche Schulfächer mehr unterrichtet werden sollten, der Sport mit ganz oben steht.

In einer Vergleichsstudie zweier Grundschulen über Chancen und Auswirkungen des Sports konnte BÖS (2002) entsprechend herausfinden, dass von insgesamt 394 in sieben Stunden beobachteten Aggressionen auf dem Pausenhof nur 31,7 % auf die Grundschule entfielen, in der die Schülerinnen und Schüler täglich eine Sportstunde haben, während 269 Aggressionen (= 68,3 %) aller beobachteten Pausenhofaggressionen auf Schülerinnen und Schüler der Grundschule entfielen, die nur zwei Sportstunden pro Wochen anbietet. Noch deutlicher fällt die gewaltpräventive Funktion der täglichen Sportstunde auf, wenn wir zwischen leichten und mittleren bis starken Aggressionen unterscheiden. In der Grundschule mit der täglichen Sportstunde fielen nur 16 % der beobachteten Aggressionen in die Kategorie mittlere/starke Aggression gegenüber 53 % in der Grundschule, die nur zwei Sportstunden pro Woche für die Schülerinnen und Schüler anbietet.

Vergleich der Aggressionen auf dem Pausenhof in Modellschule und Kontrollschule

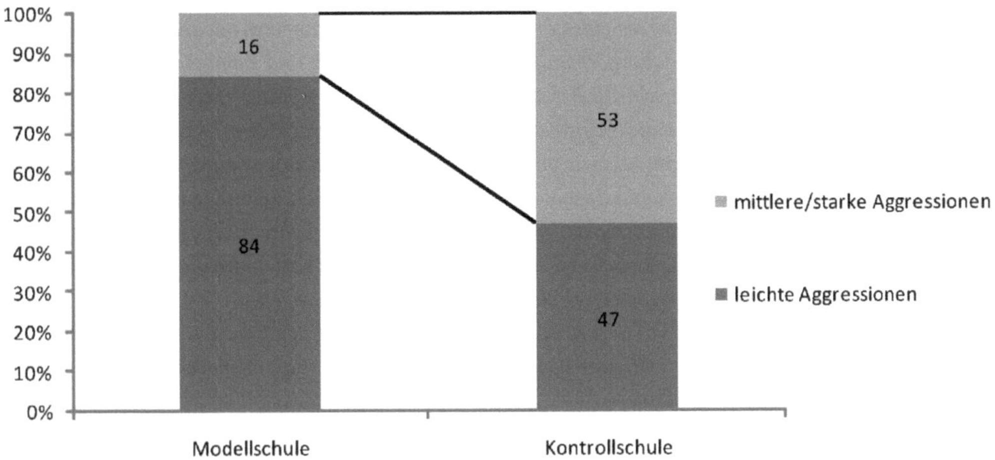

Entsprechend stufen die Lehrerinnen und Lehrer der Modellschule nach Projektende das Aggressionsniveau der Kinder erheblich weniger aggressiv ein als vor Beginn des Projektes als zu der Zeit, als die Schülerinnen und Schüler noch nicht die tägliche Sportstunde hatten. Demgegenüber veränderte sich das Aggressionsniveau der Schülerinnen und Schüler der Kontrollschule mit den zwei Sportstunden pro Woche kaum während der vierjährigen Projektphase. Auch bezüglich der Schulklimata konnten im Verlauf der vierjährigen Projektphase die Lehrer und Lehrerinnen ein erheblich positiveres Schulklima nach Ende der Projektphase in der Modellschule feststellen, während das Schulklima der Kontrollschule in den vier Jahren gleich blieb (Vgl. BÖS 2002).

Suche nach Sinn und Möglichkeiten der Identitätsentwicklung – Gewalt vorbeugen

„Wer Menschen mit fragwürdigen Zensurenskalen, in Bürokratien entwickelten Lehrplänen und Eintragungen ins Klassenbuch gegenübertritt, muss davon ausgehen, dass diese Menschen in nicht berechenbaren Abständen zum Erhalt ihres emotionalen Gleichgewichts zurücktreten." (HINTE 1993)

Das Jugendalter gilt als Lebensphase, in der Heranwachsende eine psychosoziale Identität aufbauen müssen. Diese Suche nach persönlicher Identität ist heute erschwert. Dies ist eine der zentralen Ursachen der Gewaltbereitschaft Jugendlicher. Junge Menschen wollen nicht nur passiv Lernende in Institutionen sein, sie brauchen auch Bestätigung, Engagement und sinnvolle Aufgaben. Herausbildung einer positiven Identität, die im Jugendalter geleistet werden muss, heißt, positive Antworten auf die drängenden Fragen geben: „Wer bin ich"; „was kann ich"; „wozu bin ich da"; „wohin gehöre ich"; „was wird aus mir"?

In unserer Gesellschaft, in der Schule, in der man nur danach bewertet wird, was man hat, und weniger, wer man ist, erfahren junge Menschen aber sehr früh, *„dass sie ‚etwas' aus sich machen sollen, damit einmal etwas aus ihnen wird. … Gleichzeitig aber erfahren Jugendliche, dass es höchst spezielle Fähigkeiten sind, die zum Beispiel in der Schule oder in der Lehre prämiert werden. Und sie erfahren soziale Ungleichheit nicht als Schicksal ihres Standes, sondern als Prozess, der sich vor ihren Augen, im Klassenzimmer, als Erfolg oder Misserfolg vollzieht.*

Die Ausweitung der Chancengleichheit ermöglicht nicht nur Aufstieg für Individuen, denen früher jeder Weg versperrt war, sondern verursacht gleichzeitig auch Abstiege, Erfahrungen des Versagens und der Erfolgslosigkeit. Die Positivkarrieren der einen entsprechen den Negativkarrieren der anderen. Bildungssystem und Arbeitsmarkt beinhalten also höchst unterschiedliche Chancen und Zumutungen, die aber Einzelne treffen, die dann höchst unterschiedliche Lösungen finden müssen. Eine der Lösungen ist die Bildung abweichender Gruppen, in denen neues Selbstbewusstsein aufgebaut werden kann". (ECKERT 1992)

Hierin scheint mir nach all dem, was wir bisher über die Hintergründe wissen, eine der zentralen Ursachen des Erfurter Amoklaufes zu liegen. Auch hierzu ein paar Schüleräußerungen: *„Meist herrscht ein eher distanziertes Verhältnis zwischen Schüler und Lehrer. Viele Lehrer haben für die Anliegen der Schüler kein richtiges Verständnis. Auch wenn es um die Notenvergabe geht, kann man kaum Einwände kundgeben. Mir fällt es schwer, mit meinen Problemen zu den Lehrern zu gehen".*

„Mich stört am Lehrer-Schüler-Verhältnis, dass, wenn man eine Arbeit verhauen hat, Lehrer gleich fragen, ob man Straßenfeger werden will, oder der Lehrer von vornherein sagt, dass, wenn man es in der 1. Stunde nicht kapiert, man es nie lernt".

„In der Klasse werden immer die Schlechten nicht nett behandelt und immer nur die Guten. Man muss immer auch zu den Schlechten mal nett sein, vielleicht ändern sie sich irgendwann."

Entsprechend weist NEGT (1998) sehr deutlich auf den Zusammenhang von mangelhaft erfahrener Anerkennung, Sinnkrise und Gewaltbereitschaft hin. Der Kampf vieler Jugendlicher geht nur noch um die Frage: Was bin ich überhaupt? Wer nimmt mich wahr? *„Die Lehrer (die meisten) behandeln uns wie Gegenstände. Frei nach dem Motto: Alles schon Routine. Jedes Jahr dasselbe."*

„Die Lehrer zeigen meist ein abschreckendes Verhalten den Schülern gegenüber. Sie stellen sich in eine Position über den Schüler und somit können sie ganze Themenkreise nicht vermitteln. Sie geben durchaus den Schülern das Gefühl, nur für die Lehrer zu lernen, und schlechte Noten sind meist Anzeichen einer Revolution."

„Viele Lehrer achten nur auf die Leistung eines Schülers und nicht auf die privaten Umstände. Es gibt aber auch Lehrer zu denen man mit Problemen gehen kann. Ganz wichtig".

Daraus ergeben sich kulturelle Suchbewegungen, mit denen die jungen Menschen diese Probleme zu lösen versuchen. Wenn ich gar nichts mehr habe, dann ist doch sichtbar, dass ich einen Körper habe. Das ist mein letzter Besitz, den können sie mir nicht nehmen, und ich kann sogar beweisen, dass ich existiere. Bieten sich Jugendlichen keine oder kaum Möglichkeiten, sich durch etwas hervorzutun, bleibt ihnen oft nur noch der Körper als Kapital, den sie entsprechend ausbilden (modellieren) und gewinnbringend einsetzen. So ist Kämpfen innerhalb und zwischen Gruppen ein unverzichtbares Mittel zur Erlangung und Aufrechterhaltung von Ansehen. 60 % dieser Jugendlichen sind der Meinung, dass man besten darstellen kann, wer man ist, wenn man zeigt, wie man sich gegen andere durchsetzen kann. Über 50 % sind der Meinung, dass jeder Tag Kampf sei und der Stärkere sich durchsetzen müsse, bzw. dass man sich in unseren heutigen Verhältnissen nur mit Gewalt wehren könne, um nicht untergebuttert zu werden.

Hier wird die Bedeutung der Schaffung/Ermöglichung von Bewegungs-, Spiel- und Sportanlässen in der Schule deutlich. Bewegung, Spiel und Sport sind Medien für junge Menschen, sich vor anderen zu präsentieren. Junge Menschen erfahren ihren gesellschaftlichen Wert oft über ihre Körperpräsentationen. Sport, Spiel, Bewegung sind – und dies darf zusätzlich nicht unterschätzt werden – für viele Jugendlichen und gerade auch für auffällige junge Männer oft das einzig übrig gebliebene Erfahrungsfeld, auf welchem sie Erfolg, Selbstbestätigung, positives Gruppenerlebnis mit Anerkennung und Gruppenerfolg erfahren können.

Es ist interessant, dass elf Jahre, nachdem im Gewaltgutachten der Bundesregierung (SCHWIND/BAUMANN 1990) beklagt wurde, dass junge Menschen vor allem in der Schule heute fast nur noch erfahren, was sie **nicht** können, nicht aber das, was sie können, dies nunmehr auch im Beschluss der Kultusministerkonferenz vom 23./24. Mai 2002 zur Gewaltprävention an Schulen (www.kmk.org) in Reaktion auf die Morde am Erfurter Gutenberg Gymnasium verstärkt gefordert wird: „Unterricht und Schulleben müssen so angelegt sein, dass sie Erfolgserlebnisse und Anerkennung ermöglichen und produktive Leistung zum verinnerlichten Bedürfnis von Kindern und Jugendlichen machen" und dabei hinzugefügt wird: „Die Projekte ‚Sport gegen Gewalt' entfalten große präventive Wirkung".

Aber: So einfach geht dies nicht doch nicht. Sporttreiben ist nicht per se erzieherisch, integrativ, präventiv, sozial, wie auch SCHNACK/NEUTZLING (1991, 185f.) mit dem folgenden Zitat schön verdeutlichen: *„Sport bietet Jungen und Männern eine der wenigen Möglichkeiten, ihren Körper zu spüren, Größe und Stärke auszuspielen. Dabei geht es um Ehre, Anerkennung und Erfolg. Sport ist zweischneidig: Sport verschafft Zugang zum Körper, aber der muss gestählt werden. Jungen sollen ihren Körper weniger entdecken, als ihn durch Leistungen unter Beweis stellen. Sport fordert und fördert Leistungsdenken und in nicht wenigen Disziplinen auch die Gewaltbereitschaft, aber Sport trägt auch dazu bei, Gewaltpotentiale zu kanalisieren und Aggressionen unter Kontrolle zu bringen."* Die amerikanische Sportpsychologin BUTT (1974) meint gar: *„Die Welt des Sports verstärkt viel öfter, als viele annehmen, destruktives Verhalten wie z.B. Betrügen, Doping usw. Wenn Spiel und Sport bedeutungsvolle Mittel zur Vorbereitung auf das Erwachsenenverhalten sind, (...) dann müssen wir uns genauso vor dem Boxen, Stierkampf und Fußball fürchten, wie wir uns vor dem Krieg fürchten."*

In der Studie „Gestaltung und Kritik – Zum Verhältnis von Protestantismus und Kultur im neuen Jahrhundert" (EKD/VEF 1999, 55f., HUBER 2000) werden drei Dimensionen des Sports, die auf eine ganzheitliche Erfahrung menschlichen Handelns gerichtet sind und die für die Frage der Bedeutung sportbezogener Gewaltprävention wichtig sind, herausgestellt: die naturale, die personale und die soziale Dimension des Sports:

Die **naturale Dimension** bezieht sich auf die Tatsache, dass sich im sportlich-spielerischen Tun Menschen in Form eines Bewegungshandelns in Raum und Zeit ihrem eigenen Körper begegnen. Wichtiger Maßstab und wichtiges Ziel dieses Bewegungshandelns sind Gesundheit und Unversehrtheit.

In der **personalen Dimension** wird auf die Erkenntnis verwiesen, dass Sport der Entfaltung der persönlichen Würde dient und Ausdruck menschlicher Kreativität und Gestaltungskraft ist. Hier begegnet der Mensch sich selbst in der Einheit von Körper, Seele und Geist.

In der **sozialen Dimension** wird zum Ausdruck gebracht, dass sich im Sport Menschen einander begegnen, Zusammenspiel und Wettkampf, Kooperation und Konkurrenz in ihm zusammen gehören.

In diesen drei Dimensionen tritt der Sport in den Dienst menschlicher Würde und damit auch der primären und z. T. auch sekundären Gewaltprävention, aber und darauf haben die einführenden Zitate schon hingewiesen, in diesen drei Dimensionen kann Sport diese Würde auch bedrohen und gefährden. So wird auch in der EKD-Studie vor dem Misslingen der kulturellen Gestaltung des Sports gewarnt, wenn diese sich zum „Kult des Körpers" verkehrt, in dem die Steigerung der körperlichen Leistungsfähigkeit als höchster Wert gilt, wie am Beispiel des Dopings oder gesundheitsgefährdenden Kinder- und Jugendsports.[2] In der personalen Dimension misslingt die kultu-

2 Siehe hierzu u. a. SINGLER/TREUTLEIN 2000 und bezogen auf den Schulsport/Sportunterricht: THÖNNESSEN 2000.

relle Gestaltung des Sports, wenn diese in einen „Kult des Siegens" verkehrt wird, in dem nur noch die Überlegenheit über den anderen zählt, Sieg und Erfolg zum Maß aller Dinge werden[3]. Schließlich misslingt die kulturelle Gestaltung des Sports, wenn diese in einen „Kult der Gewalt" verkehrt wird, sei es in Form von Angriffen auf die körperliche Integrität des sportlichen Gegners oder der Entladung von Gewalt auf den Rängen und nach dem Spiel auf den Straßen, „Sport als Beispiel für zweckfreies Spiel also zum Anlass brutaler Gewalt wird".[4] Die unreflektierten Hochgesänge auf die bildende, erzieherische, präventive Bedeutung des Sports verdecken – dies wird hier deutlich – die auch dem Sport immanenten Problemfelder der Gewalt, rücksichtslosen Interessendurchsetzung und Gesundheitsgefährdung (ausführlich siehe PILZ 1994). Sie macht vergessen, worauf GRUPE (2000) offensichtlich hinweisen möchte, wenn er zwischen Sportkultur und „Kultur des Sports" unterscheidet: dass es auch im Sport zwei Seiten der Medaille gibt. Sportkultur meint die Wirklichkeit des Sports, wie er ist, in seinen positiven wie negativen, in seinen kulturellen wie kultischen Ausformungen. Kultur des Sports hingegen meint Werte und Ideen des Sports die bewahrt, befolgt, realisiert werden sollten (z. B. Fairness, Ritterlichkeit, Solidarität usw.). Hier wird Kultur als Aufgabe, als Leitmotiv, als normative Setzung verstanden. Sporttreiben ist nicht per se erzieherisch, soziales, faires, kameradschaftliches Handeln, vielmehr ist es Aufgabe des Sports, darauf hinzuwirken, dass diese im Sport angelegten Werte und Ideale realisiert, befolgt, bewahrt und geschützt werden, dass die kulturellen Werte des Sports gelebt werden. Anders ausgedrückt: Statt davon zu sprechen, dass Sport verbinde, erziehe und – wie problemlos auch immer – integriere, müsste es besser und korrekter heißen: Sport muss, Sport kann verbinden, erziehen und integrieren. Dies gilt für den Vereins- wie den Schulsport gleichermaßen.

Folgerungen für den Sportunterricht und Schulsport

Wenn man auffällige, vor allem gewaltbereite Schüler, junge Menschen nach ihren Erfahrungen im Sportunterricht befragt, bekommt man oft zur Antwort, dass der Schulsport und Sportunterricht, den sie erfahren (haben), ihnen die Freude an der Bewegung eher nimmt, genommen, als fördert bzw. gefördert hat. Zu oft und zu sehr wird an tradierten Sportarten bzw. leistungssportlichen Orientierungen festgehalten.

Ich habe bereits darauf hingewiesen: ein wichtiger, wenn nicht gar der wichtigste Ansatzpunkt zur Gewaltprävention, zum Umgang mit gewaltbereiten jungen Menschen ist die Stärkung ihrer Identität. Stärkung der Identität bedeutet dabei aber auch, Räume für positive Körpererfahrungen und -präsentationen zu geben, Akzeptieren jugendkultureller Identitäten, hier im Besonderen jugendlicher Bewegungskulturen. Machen wir uns bewusst, dass Jugendkulturen fast ausnahmslos auch Bewegungskulturen sind. Dies heißt, wenn die Sport- und Bewegungsangebote von den jungen Menschen auch angenommen werden sollen, müssen sie an deren Lebenswelten, Bedürfnissen, Interessen und Lebensstilen ansetzen, und hier eröffnen sich dem Sportunterricht und Schulsport gerade auch über das dialogische Bewegungskonzept (TREBELS 1995) und die „Neue Sportkultur" (PAWELKE 1995) hervorragende Möglichkeiten. Es geht somit nicht nur darum, dass möglichst viel Schulsport und Sportunterricht angeboten werden, sondern es stellt sich auch die Frage nach dem Wie des Sportunterrichts und Schulsports im Kontext der Gewaltprävention und des

3 Siehe hierzu: LENK/PILZ1989; PILZ 1994, 1999 und bezogen auf Schulsport/Sportunterricht/Sportlehrerausbildung: BÖTTCHER u. a. 1991; KLINGE 1998.

4 Siehe hierzu u. a. DEMBOWSKI/SCHEIDLE 2002; GEHRMANN/SCHNEIDER 1998; PILZ 1998 und bezogen auf Sportunterricht/Sozialarbeit DEITERS/PILZ 1998; PILZ 2001; SCHIPPERT 1998; SIEKMANN/SILBERSTEIN 1989.

Abbaus von Aggressionen. Der Sport, den wir in der Gewaltprävention propagieren müssen, ist mehr als nur ein Abbild des leistungsorientierten, sich an tradierten Sportarten orientierenden Sports. So beantwortet denn auch der Bielefelder Sportpädagoge KURZ (1986, 3) die Frage: „Was suchen wir im Sport?" durchaus selbstkritisch: „Spannung, Abenteuer, Geschwindigkeit, Expressivität, Improvisation – das sind einige Stichworte, die an Bedeutung zu gewinnen scheinen." Und weiter: „Vielleicht müssen wir dies aus den Suchbewegungen der Jugendlichen lernen, dass ihnen der Sport, den wir veranstalten, dieses Spielerische oft verloren zu haben scheint ... Der Sport, den sie suchen, ist kaum im Rahmen einer Sportart zu halten, Differenzierung des Sports nach Lebenssituationen bedeutet: viele Bewegungsgründe zugleich anzusprechen, also ein Sportangebot, das gesellig, spannend, belebend und fordernd zugleich empfunden werden kann." KÖSTERKE/STÖCKLE (1989, 479f.) stellen entsprechend an bewegungsorientierte Angebote in der Gewaltprävention folgende durchaus auch auf einen gewaltpräventiven Schulsport und Sportunterricht übertragbare Anforderungen:

- Ausrichtung des Angebots an den jugendlichen Bedürfnissen
- Geringe sportmotorische Anforderungen
- Eingehen auf jugendkulturelle Bewegungen
- Flexibilität hinsichtlich: Raum, Zeit und Inhalt der Angebote
- Problemlose Übertragbarkeit der Angebote auf alle sonstigen Lebensbereiche
- Vermeiden von Blamagesituationen
- Angstfreie, animierende Lern- und Spielatmosphäre
- Förderung kooperativer Handlungsweise
- Bereitstellung geschlechtsspezifischer Angebote (körper- und bewegungsbezogene Mädchen- und Jugendarbeit)

Die Angebote dürfen sich dabei nicht nur an die „angepassten" Jugendlichen richten oder Jugendliche in bürgerliche „Tugendpanzer" zwängen. Wir müssen uns auch auf unbequeme Jugendliche einlassen, deren fremdartige, unbequemen, sozial oft nicht tolerierte Bedürfnisse akzeptieren und in die Angebotspalette der Jugendarbeit einfließen lassen. Das heißt auch, sich u. U. auf die manchmal Angst einflößenden, bedrohlich erscheinenden Körper- und Lebensstile der Jugendlichen (z. B. die auf Kraft, aggressive Männlichkeit, Härte ausgerichteten Stile) einzulassen und sie durch entsprechende Angebote zu kanalisieren, aufzufangen (vgl. BECKER/HARTMANN 1989). Es stellt sich somit für die Pädagogik das schwerwiegende Problem, einerseits die Sozialisationsfunktion dieser Gruppierungen zu achten, den Jugendlichen also die notwendigen Freiräume zu belassen, andererseits gegen gravierende Normverletzungen einzuschreiten. Wir dürfen jedenfalls nicht übersehen, dass es gerade die Suche nach Grenzerfahrungen ist, die körperbetonte Jugendkulturen für junge Menschen so attraktiv machen. Dies gilt auch für die musikalischen Jugendkulturen wie die Hip-Hop-, Techno- oder Skinheadkultur. Man denke nur an die akrobatischen Einlagen beim Breakdance, an das stundenlange extensive Tanzen bei Technopartys oder den aggressiven, körperbetonten „Springtanz", Pogo genannt, der Skinheads (siehe auch MÜLLER 1996, 15f.). Dabei macht MÜLLER (1996, 16) auf einen sehr wichtigen Aspekt aufmerksam, wenn sie darauf hinweist, dass „ein Großteil der pädagogischen Probleme mit der heutigen Jugend darauf zurückführen ist, dass die Kulturen von Kindern und Jugendlichen aus den Kulturvermittelnden Institutionen, vor allem aus der Schule, (...) ausgegrenzt werden. Ein negatives Selbstbild und Intoleranz gegenüber anderen Kulturen werden dadurch gefördert, dass die Schüler in der Institution Schule die Erfahrung machen, dass ihre Kultur hier unerwünscht ist, oft sogar diffamiert wird" (MÜLLER 1996, 15f.).

Hier tut sich ein interessantes Feld fächerübergreifenden Unterrichts auf, das zu wenig Berücksichtigung im schulischen Alltag findet.

Da Kämpfen vor allem im Kindes- und Jugendalter eine wichtige Rolle im Verhaltensrepertoire und in der Identitätsfindung junger (nicht nur männlicher) Menschen spielt (siehe hierzu das Schwerpunktheft „Zweikämpfen" der Zeitschrift „Sportpädagogik" 1998, Neumann u. a. 2004), erlauben Sie mir ein paar Anmerkungen zur Bedeutung von Ringen und Raufen im Kanon schulischer, schulsportlicher Angebote.

Folgt man KÜHN (1994, 492), kristallisieren sich folgende Vorteile von Ringen und Raufen in der Jugendarbeit, im Schulsport und damit auch in der Schule heraus:

- Ringen und Raufen setzen an den Stärken von Jugendlichen, ihrem Erlebniswunsch und Bewegungsdrang an
- bieten einen ganzheitlichen Zugang im Sinne von Körper-Seele-Geist-Einheit
- bieten einen geschützten Erfahrungsraum zum Erleben verdeckter Gefühle und Erproben neuer Verhaltensweisen, insbesondere mit Gefühlen wie Angst, Unsicherheit, Wut, Aggression
- geben durch den klaren sozialen und äußeren Rahmen klare Wertvorstellungen, Orientierungs-, und Verhaltenssicherheit
- ermöglichen die Erfahrung körperlicher Sinnlichkeit und fördern die Körperwahrnehmung
- ermöglichen direkte Erfolgserlebnisse über Körper- und Technikbeherrschung
- Jugendliche lernen am Modell, am Vorbild des Lehrers, der Lehrerin
- fördern soziales Lernen, insbesondere Rücksichtnahme, Respekt, Verantwortung für sich und andere
- Jugendliche werden nicht funktionalisiert, nicht zu Objekten der Pädagogik, sondern als Personen angesprochen
- ermöglichen ein positives Verhältnis zu Autorität im Sinne der ursprünglichen Wortbedeutung von „vermehren, fördern und entwickeln"

NEGT (1998, 119f.) macht in diesem Kontext auf einen weiteren wichtigen Sachverhalt bezüglich des Zusammenhanges von Selbstregulierung und Aggressionen aufmerksam. In ihren Untersuchungen des gewalttätigen Verhaltens von Schülern im Rahmen ihres alternativen Schulprojektes, der Glocksee-Schule in Hannover, haben NEGT und Mitarbeiter festgestellt, dass vielfach hinter solchem Aggressionspotenzialen, insbesondere wenn sie diffus verlaufen, Verengung, Ängste, tiefe Ängste, auch Lebensängste, auch Verlusterfahrungen stehen, so dass Aggressionen in diesem Fall häufig ein Versuch sind, Kontakt aufzunehmen. Dabei scheint es wichtig zu sein, so etwas wie ein Differenzierungsvermögen für solche Gewaltanfälligkeiten zu entwickeln. Lassen wir NEGT (1998, 120) selbst zu Wort kommen:

„Wenn ein Kind einen Stein in der Hand hält, soll der Lehrer eingreifen? Soll er nicht eingreifen? Es besteht Verletzungsgefahr! Wir haben festgestellt, dass in dem Maße, wie fortwährend solche Drohgebärden unterbrochen werden, keine Erfahrungen der Kinder untereinander stattfinden können. Das heißt, der Wiederholungszwang wird gesetzt. Die machen es in unbeobachteten Situationen wieder. Das heißt, es wird nicht Aggression aufgearbeitet, verarbeitet in den Erfahrungen mit den anderen, auch modifiziert oder man kann sagen zivilisiert, sondern es wird durch pädagogische Einwirkungsformen unterbrochen. Es ist eine pädagogische Einwirkung, die ich nicht für richtig halte, gleichsam Selbsterfahrungsprozesse fortwährend zu unterbrechen. Diese Gewaltformen sind für mich sehr häufig Ausdrucksformen der letzten Not, Kontaktkommunikation herzustellen und zwar in einem sehr weitgehenden Sinne." Damit macht NEGT deutlich, dass junge Menschen Gewalterfahrungen machen müssen, lernen müssen mit

Aggressionen umzugehen, dass sie Gelegenheiten brauchen zum Raufen und Kämpfen. Ein Grund für die Brutalisierung der gewaltförmigen Auseinandersetzungen unter Schülern scheint mir in der Tat darin zu liegen, dass sie zu wenige Erfahrungen im Umgang mit körperlicher Gewalt machen. Das Verhalten von manchen ErzieherInnen und LehrerInnen ist – wie Erfahrungen zeigen – im diesem Kontext geradezu kontraproduktiv. Auf Grund der zunehmenden gesellschaftlichen Tabuisierung von körperlicher Gewalt, der erhöhten Sensibilität gegenüber körperlicher Gewalt werden in Kindergarten und Schule viel zu oft spielerische Balgereien und Raufereien von Aufsichtspersonen unterbunden, den Kindern und Jugendlichern somit Erfahrungen im Umgang mit körperlicher Gewalt genommen, und viel zu oft bei ernsthaften Schlägereien weggeschaut, weil man Angst hat, dazwischen zu gehen, und somit den Tätern indirekt vermittelt, dass ihr Handeln so schlimm ja nicht sein kann, schließlich greift ja niemand ein. Nicht zu Unrecht hat DIEM (in GAMBER 1979, 50) darauf hingewiesen, dass man destruktives Verhalten vielmehr dort antrifft, „wo die Möglichkeiten einer natürlichen Verhaltensentwicklung – und dazu gehört nun einmal das Ringen und Raufen – drastisch eingeschränkt werden" – dies nicht zuletzt auch deshalb, weil über diese ritualisierten Aggressionsformen destruktive Impulse kanalisiert werden können. Wo aber sind die Grenzen? Zu Recht weißt ROGGE (1998) darauf hin, dass Aggression „eine Kraft ist, die durch Verleugnung und Verdrängung nicht aus der Welt, schon gar nicht aus der Entwicklung von Kindern auszugrenzen ist". Es gelte vielmehr Aggressionen in die Welt der Kinder einzubeziehen, ohne dabei das Wohlergehen anderer zu beeinträchtigen. Dies kann nur gelingen, wenn Kinder lernen, kontrolliert mit ihrem eigenen und respektvoll mit dem Körper anderer umzugehen. Raufen und Ringen auch Judo scheinen mir – um es pointiert zu sagen – der „sanfte Weg zur Gewalterfahrung" zu sein und drängen sich für den Schulsport geradezu auf. Nicht zuletzt auch wegen der Wichtigkeit der Erfahrung von Distanz und Nähe, der Erfahrung, wo Grenzen zu setzen sind, also der Ausbildung von Selbstregulierungsmechanismen. Besonders im Ringen steht zwischenmenschliches, zwischenleibliches Beziehungsgeschehen im Zentrum. Kämpfen „zerstört" nicht nur, es schafft auch Beziehungen.

Dies kann und darf aber nicht nur auf Jungen begrenzt bleiben.

Halten wir fest: Forderungen nach Bewegungserziehung, nach *bewegtem Lernen* in einer *bewegten Schule, nach bewegtem Sitzen* in einem *bewegten Unterricht* nehmen die eigene Körperlichkeit im geforderten Maße wahr oder werden ganz einfach den Erfordernissen unseres Körpers gerecht und tragen damit nicht unwesentlich zur Gewaltprävention bei (vgl. ILLI 1993). Und Forderungen nach der Akzeptanz jugendkultureller Bewegungsformen und -stile durch die Schule und der Integration dieser „bewegten Jugendkulturen" in Schulsport und Sportunterricht bedeuten keineswegs ein Nachhinken oder unreflektiertes Übernehmen von vorübergehenden Modeerscheinungen. Sie sind, indem sie Schülern und Schülerinnen ein aktives, kreatives, selbstverantwortliches Umgehen mit ihrer Kultur ermöglichen, die „Voraussetzung zur Akzeptierung fremder Kulturen" und eine „Bedingung der Prävention von Sucht und Gewalt" (MÜLLER 1996, 16).

Ein gewaltpräventiver Sportunterricht lässt sich entsprechend inhaltlich begründen und rechtfertigen als:

- Gegenentwurf zur bewegungsarmen Lebenswelt der Jugendlichen zur fehlenden bewegungsbezogenen Infrastruktur
- Kompensationsmöglichkeit für Spannungsarmut resp. für spannungsgeladenes Risikoverhalten
- Schaffung von Räumen und Gelegenheiten für Erfahrungen zur positiven Identitätsfindung.
- Daraus folgt als inhaltliche Gestaltung gewaltpräventiven Sportunterrichts:
- Orientierung am didaktischen Prinzip „Denken und Machen"

- Orientierung an Bewegungsstrukturen, die die Erfahrung von Abenteuer- und Risikoerlebnissen ermöglichen
- Orientierung an Bewegungsstrukturen, die eine positive Identitätsfindung fördern
- Orientierung an jugendkulturellen Bewegungsformen (siehe auch: BECKER/SCHIRP 1986).

Hierzu bedarf es aber eines inhaltlichen Paradigmenwechsels: Weg von den Defiziten der Jugendlichen, hin zu deren Stärken.

Aber: „Bewegte Schule“ ist mehr als nur die Schaffung von Bewegungsräumen, Bewegungsmöglichkeiten und -anlässen.

Bewegte Schule und Gewaltprävention

Um nun die Frage der Gewaltprävention durch „Bewegte Schule“ sachgerecht beantworten zu können, ist eine begriffliche Klärung und Differenzierung erforderlich.

Unter **Gewaltprävention** verstehe ich alle Maßnahmen, die der Vermeidung, der Entstehung als auch der Verringerung von Gewalt dienen. Dabei geht es um

- „die Entwicklung positiver Lebenskonzepte,
- die Förderung der Lebenskompetenz, die schwerpunktmäßig
  - die Verbesserung der Handlungskompetenz des einzelnen Menschen,
  - die Nutzung eigener Ressourcen,
  - die Entwicklung von sozialer Verantwortung,
  - Kritikfähigkeit,
  - die Förderung der Entscheidungsfähigkeit,
  - Eigenverantwortlichkeit und
  - die Gestaltung von Lebenswelten umfasst.“
- Konfliktfähigkeit und
- den Aufbau eines positiven Selbstwertgefühls und Selbstbewusstseins der Schülerinnen und Schüler.

KEUPP (1976, 158ff.) unterscheidet dabei drei Stufen der Gewaltprävention: primäre, sekundäre und tertiäre Gewaltprävention.

Primäre Gewaltprävention setzt vor dem Auftreten von Gewalt an, um gewaltförmige Einstellungen und Verhaltensweisen erst gar nicht entstehen zu lassen.

Bezogen auf die Schule: Abbau potentiell gewaltfördernder Elemente und Entfaltung einer entwicklungsfördernden pädagogischen Schulkultur. Hier geht es generell um die Maßnahmen, die der strukturellen Gewalt entgegenwirken

- Verbesserung der Lernkultur,
- des Schulklimas und der
- Kommunikationsformen in der Schule (Stichwort: wohnliche, lebendige Schule: stärkere Berücksichtigung der Schülerinteressen im Unterricht, Öffnung der Schule zum Stadtteil).

Sekundäre Prävention setzt an, wenn sich bei Schülerinnen und Schülern erste Gewalttendenzen zeigen. Sie zielt sowohl auf den strukturellen und interaktionellen Kontext als auch auf Einstellungs- und Verhaltensänderung.

Beinhaltet:
- kontextbezogene (präventiv-soziale) als auch
- individuumsbezogene (präventiv-personale) Maßnahmen der Früherkennung und Behandlung von Problemen und Gefährdungen,
- Verhaltenstraining bei Schülern und Lehrern,
- Erarbeitung und Einhalten von Verhaltensregeln,
- Jungenarbeit zur Kultivierung von Aggressionen,
- Mädchenarbeit zum Aufbau von Selbstbewusstsein
- auf Gewaltfilme orientierte Medienarbeit.
- Jugendliche, die besonders gefährdet sind, sollen frühzeitig genug Lern- und Beratungsangebote erhalten, um eine Verfestigung von Gewaltorientierung zu verhindern (Stichwort: konfliktfähige, konfliktarme Schule; Schulsozialarbeit).

Tertiäre Prävention setzt an, wenn verfestigte Gewaltformen bei Schülern auftreten, zielt vornehmlich mit korrektiv-personalen Interventionen vor allem auf die Verhaltensmodifikation bei Jugendlichen, sollte sich aber auch intervenierend auf den Kontext (z. B. durch Stadtteilkonferenzen) beziehen (wenn massive Gewalthandlungen vorkommen).

Das konsequente Einschreiten gegen Gewalthandlungen mit einer anschließenden pädagogischen Bearbeitung (z. B. Täter-Opfer-Ausgleich) ist gerade in solchen Schulen unerlässlich. Unter Umständen auch Einschalten der Jugendhilfe, Polizei, aber auch Beschaffung therapeutischer Hilfe.

Daraus folgt: Primäre Prävention ist für alle Schulen angeraten; sekundäre Prävention geht von einer Problemlage aus, die längst nicht bei allen Schulen vorhanden ist und tertiäre Prävention ist nur bei einer Minderheit hoch gewaltbelasteter Schulen und Klassen sinnvoll und erforderlich. Entsprechend ist TILLMANN u. a. (1999) zuzustimmen, dass nicht die Propagierung einer flächendeckenden Anti-Gewalt-Pädagogik, sondern die differenzierte Betrachtung der einzelnen Schulen, ihrer Probleme und Entwicklungspotenziale angeraten ist. Das Gesamtkonzept schulischer Gewaltprävention muss dabei aber „auf die jeweils vorhandenen Bedingungen der betreffenden Einzelschule und ihres Umfeldes sowie auf die spezifische Schülerschaft zugeschnitten sein und in einer ‚konzertierten Aktion' aller Beteiligten im Sinne eines Netzwerkes kompetenter Personen und unterstützender Institutionen in Angriff genommen werden, Schule allein ist mit dieser Aufgabe überfordert", schreiben MELZER/EHNINGER (2002, 43) zu Recht.

Hier wird bereits deutlich, dass der Schwerpunkt der Gewaltprävention durch Bewegte Schule im Bereich der primären Prävention anzusiedeln ist, und dass sich sinnvolle präventive Angebote nicht nur auf Personen, sondern eben besonders auch auf Strukturen, in denen diese Menschen leben, beziehen.

Im Gutachtenteil „Schule und Gewalt" (Senatsverwaltung für Inneres 1994) der unabhängigen Kommission zur Verhinderung und Bekämpfung von Gewalt in Berlin wird dabei zu Recht darauf hingewiesen, dass die Schule am besten auf die aktuellen Probleme und Gewaltbereitschaft junger Menschen antwortet, die
- auf unterschiedliche soziale Erwartungen junger Menschen differenziert antwortet;
- überschaubar ist;
- auf Leistungs- und Verhaltensunterschiede junger Menschen differenziert antwortet;
- Schülern mit ausländischer Herkunft hilft, in der Schule zu lernen;
- familiäres Leben ergänzt;

- Zeit hat und verlässlich ist;
- Räume bietet;
- in der man „wohnen" kann;
- mit der man sich identifizieren kann;
- in der sich Eltern und Lehrer unterstützen;
- in der man nichts „Überflüssiges" lernt;
- in der auch Lehrer leben können;
- die Hilfe und Differenzierung für Schüler mit geringem Erfolg bietet.

Entsprechend sind im Kontext gewaltpräventiver Maßnahmen **soziale und räumlich gestaltete Schulen** zu fordern, in denen die Belange des Schullebens und die Organisation und inhaltliche Gestaltung des Unterrichts relativ autonom, flexibel und in Lösung von tradierten Determinanten eingerichtet werden: **Lebendige Schulen,** in denen viel „los" ist mit Projekten, Aktivitäten und vielfältigen Anlässen und die den Bewegungsbedürfnissen von Schüler/-innen Rechnung tragen, **erweiterte Schulen**, die über den Unterrichtsbetrieb der Halbtagsschule hinaus (teilweise ungewöhnliche) Erfahrungsfelder anbieten, die auch in Verbindung mit der nachbarschaftlichen Umgebungskultur stehen und außerschulische Partner einbeziehen, die vor allen auch die unterschiedlichen jugendlichen Bewegungskulturen aufgreifen.

Dies sind im allgemeinen Schulen, in denen:

- flexibel und variantenreich gearbeitet wird;
- an Überzeugungen orientiert gearbeitet werden kann;
- man das Gefühl hat, etwas bewirken zu können, und nicht überwiegend von vorfindbaren Bedingungen abhängig zu sein;
- sich alle angenommen und akzeptiert fühlen und auch die weniger Erfolgreichen ihre Würde bewahren können;
- Entwicklung von Einfühlungs- und Bindungsfähigkeit wichtig sind und die Voraussetzungen dazu geschaffen werden;
- Pädagogen es schaffen, sich auf einen weitgehend einheitlichen Grundkonsens mit klaren Regeln zu verständigen;
- musische und körperliche Dispositionen berücksichtigt und möglichst umfassend entwickelt werden;
- Methoden und Inhalte auch nach ihrer humanisierenden Wirkung beurteilt werden und in ganzheitlicher Weise nicht allein den kognitiv lernenden Menschen ansprechen und schließlich;
- Eltern möglichst vielfältig einbezogen werden.
- Es geht um die Verbesserung der Lernkultur, des Schulklimas (ein Sozialklima zu entwickeln, in dem Gemeinschaft und soziale Bindung herstellbar sind durch gemeinschafts- und bewegungsfordernde Aktivitäten, soziale Kompetenzen der Schüler/innen erweitert werden, u. a. Aggressionsbewältigung über Sport und Freiräume zum Toben) und der Kommunikationsformen in der Schule. Es geht aber auch um Verhaltenstraining bei Schülern und Lehrern, zur Erarbeitung und Einhalten von Verhaltensregeln, reflexive Jungenarbeit zur Kultivierung von Aggressionen, zum Aufbrechen gewaltförmiger Verhaltensmuster und von Gewaltfantasien, parteiliche Mädchenarbeit zur Ausbildung von Selbstbewusstsein und eines ausgeprägten Selbstwertgefühls, wobei sich hier Sport- und Bewegungsangebote im Sinne der Verhaltensmodifikation besonders anbieten (siehe TILLMANN u. a. 1999).

Resümee

Verstehen wir nun unter „Bewegter Schule" eine Schule, worin bewegt gelehrt und gelernt wird; in der genügend Freiraum für bewegtes Lernen im Schulzimmer, aber auch für Spannungsausgleich im Umraum geschaffen ist; worin selbstbestimmte und eigenverantwortliche Bewegung im Sitzen und damit auch Körperbewusstheit im Alltagsverhalten der Schulkinder sichtbar wird; in der alle Bildungsverantwortlichen Mitverantwortung für die ganzheitliche Ausbildung und Entfaltung der körperlichen, geistigen und seelischen Kräfte der Schülerinnen und Schüler übernehmen; die einen entsprechenden Beitrag an die Gesundheitsvorsorge seiner Bevölkerung, resp. unseres Staates leistet; einen Lebensraum, worin alle – den schulischen Lebensalltag beeinflussenden – Entscheidungsträger die entsprechende Bedeutung und Funktionen der Bewegung für eine harmonische Entwicklung seiner Schülerinnen und Schüler ins Bewusstsein rücken – und die Bewegung gleichsam als Lebensprinzip verstehen (siehe KÜCK/PILZ-ADEN/KLEINE-HUSTER 1999 und 2000), dann wird deutlich, dass das Konzept der „Bewegten Schule" bei entsprechender Umsetzung ein wichtiger, ja unverzichtbarer Teil schulischer Bemühungen zur Gewaltprävention ist. Dabei geht es um die Schaffung und Sicherstellung von Bewegungs- und Entspannungsanlässen, Gestaltung von Innenräumen und des Außengeländes; didaktische und methodische (Bewegungs-) Konzepte für möglichst alle Fächer und Lernbereiche und die entsprechende Entwicklung von Schulprogrammen. Lassen Sie mich mit MELZER/EHNINGER (2002, 42f.) zusammenfassen: „In dem Maße, wie die Qualität der Einzelschule positiv entwickelt ist, z. B. durch eine offene Kommunikationsstruktur zwischen allen beteiligten Gruppen; eine gute Schulraumqualität, die es erlaubt, sich in der Schule wohl zu fühlen; durch interessante Lern- und Freizeitangebote über den Kernbereich des Unterrichts hinaus und Partizipationsmöglichkeiten für die Schüler" – alles Grundvoraussetzungen für eine Schule in Bewegung – verzeichnet Schule auch weniger Gewaltprobleme. Unter diesen Voraussetzungen ist das Fragezeichen hinter meinem Vortragstitel „Schule in Bewegung – ein Beitrag zur Gewaltprävention an Schulen?" durch ein großes Ausrufezeichen zu ersetzen und zu hoffen, dass das Konzept der „Bewegten Schule", dass „bewegte Schulen" und „Schule in Bewegung" zur Selbstverständlichkeit schulischer Alltagskultur werden mögen.

Literatur

BAGUV (Hrsg.): Pause machen – aber sicher. Tipps und Trends aus einem Forschungsprojekt. München 1997.

BECKER, P./HARTMANN, G.: Der Angriff auf den bürgerlichen Tugendpanzer. In: Olympische Jugend 34, 1989,10, 8–9.

BECKER, P./SCHIRP, H.: Bewegungs- und sportorientierte Sozialarbeit mit Jugendlichen. Marburg 1986.

BÖTTCHER, B. et al. (Red.): FAIRhalten – Materialien zur Fairneßerziehung in der Schule. Frankfurt 1991.

BUNDESARBEITSGEMEINSCHAFT ZUR FÖRDERUNG HALTUNGS- UND BEWEGUNGSAUFFÄLLIGER KINDER UND JUGENDLICHER: Faltblatt: Bewegungsmangel ein Gesundheitsrisiko für Ihr Kind. Mainz 1992.

BUTT, D. S.: Psychological motivation in sport. In: McGLYNN, G. (Ed.): Issues in Physical Education und Sports. Palo Alto 1974, 23–34.

DEITERS, F.-W./PILZ, G. A. (Hrsg.): Aufsuchende, akzeptierende, abenteuer- und bewegungsorientierte, subjektbezogene Sozialarbeit mit rechten, gewaltbereiten jungen Menschen – Aufbruch aus einer Kontroverse. Münster 1998.

DEMBOWSKI, G./SCHEIDLE, J. (Hrsg.): Tatort Stadion. Rassismus, Antisemitismus und Sexismus im Fußball. Köln 2002.

ECKERT, R.: „... so sollen sie mich fürchten". Über aggressive Gruppen Jugendlicher. Mskr. Trier 1992.

EKD/VEF: Gestaltung und Kritik – Zum Verhältnis von Protestantismus und Kultur im neuen Jahrhundert. Reihe EKD-Texte Nr. 64. Hannover 1999.

ELIAS, N.: Über den Prozess der Zivilisation. 2 Bde. Frankfurt 1977

GEHRMANN, T./SCHNEIDER, T.: Fußballrandale. Hooligans in Deutschland. Essen 1998.

GRUPE, O.: Sportkultur – Kultur des Sports. In: GRUPE, O./HUBER, W. (Hrsg.). Zwischen Kirchturm und Arena. Evangelische Kirche und Sport. Stuttgart 2000, 29–52.

HUBER, W.: Sport als Kult – Sport als Kultur. In: GRUPE, O./HUBER, W. (Hrsg.). Zwischen Kirchturm und Arena. Evangelische Kirche und Sport. Stuttgart 2000, 15–28.

HINTE, W.: Fersengeld statt Lebenswelt, in: Deutsche Lehrerzeitung 26/1993.

ILLI, U: Sitzen als Belastung ... wir sitzen zu viel. Projekt: Bewegte Schule. In: Haltung und Bewegung 2 (1993), 11–18; 18.

KEUPP, H. Abweichung und Alltagsroutine. Die Labeling-Perspektive in Theorie und Praxis. Hamburg 1976.

KLINGE, A.: Körper und Gewalt. Zur Thematisierung von Gewalt in der Sportlehrerausbildung. Butzbach-Griedel 1998.

KRAFELD, F. J.: Eskalation der Gewalt gegen Ausländer – und was tun? In: deutsche jugend 40 (1992), 500–503.

KÜCK, W./PILZ-ADEN, H./KLEINE-HUSTER, R. (Red.): Bewegte Schule – Lernen mit Kopf, Herz und Hand. Niedersachsen macht Schule. Band 1 Hannover 1999; Band 2 Hannover 2000.

KUHN, H.: Kampfkunst in der Jugendarbeit. Modetrend, „Erlebnispädagogik" oder sinnvolle Möglichkeit zur Selbstverwirklichung und Gewaltprävention? In: deutsche jugend 40 (1994), 488–497.

LENK, H./PILZ, G. A.: Das Prinzip Fairneß. Osnabrück 1989.

MÜLLER, R.: Körper und Musik in Jugendkulturen. In: Pädagogik, 6 (1996), 14–18.

NEGT, O.: Jugendliche in kulturellen Suchbewegungen. In: DEITERS, F.-W./PILZ, G. A.: Aufsuchende, akzeptierende, abenteuer- und bewegungsorientierte, subjektbezogene Sozialarbeit mir rechten, gewaltbereiten jungen Menschen. Aufbruch aus einer Kontroverse. Münster 1998, 113–124.

NEUMANN, U./VON SALDERN, M./PÖHLER, R./WENDT, P.-U. (Hrsg.): Der friedliche Krieger. Budo als Methode der Gewaltprävention. Marburg 2004.

PAWELKE, R. (Hrsg.): Neue Sportkultur. Von der Alternativen Bewegungskultur zur Neuen Sportkultur. Lichtenau 1995.

PILZ, G. A.: Gewalt im, um und durch den Sport. In: WÖLFING, W. (Hrsg.): Was ist nur mit unserer Jugend los? Weinheim 1994, 306–350.

PILZ, G. A.: Gewalt im Umfeld von Fußballspielen – Ursachen und Möglichkeiten der Prävention. In: BIERHOFF, H.-W./WAGNER, U. (Hrsg.): Aggression und Gewalt – Phänomene, Ursachen und Interventionen. Stuttgart 1998, 128–144.

PILZ, G. A. Fairness und ihr Verständnis im sportlichen Wettkampf; oder: Die Moral des fairen Fouls. In: MOKROSCH, R./REGENBOGEN, A. (Hrsg.): Was heißt Gerechtigkeit? Ethische Perspektiven zu Erziehung, Politik und Religion. Donauwörth 1999, 215–227.

PILZ, G. A.: Was leisten Fanprojekte? In: BECKER-TEXTOR, I./TEXTOR, M. R. (Hrsg.): SGB VIII – Online Handbuch. www.sgbviii.de/S24.html. München 2001.

PILZ, G. A.: Was ist eine Bewegte Schule? In: Niedersächsisches Landesinstitut für Fortbildung und Weiterbildung im Schulwesen und Medienpädagogik (NLI) (Hrsg.): Was ist eine Bewegte Schule? Hildesheim 2001, 23–29.

PILZ, G. A.: „Bewegte Schule" – eine Möglichkeit, Aggressionen abzubauen und Gewalt vorzubeugen. In: BACH, I./SIEKMANN, H. (Hrsg.): Bewegung im Dialog. Festschrift für Andreas H. Trebels. Hamburg 2003, 115–124.

PILZ, G. A.: „Mitternachtssport: Beitrag zur Gewaltprävention?": In: KOCH, J./ROSE, L./ SCHIRP, J./VIETH, J. (Hrsg.): Bewegungs- und körperorientierte Ansätze in der Sozialen Arbeit. Opladen 2003, 31–43.

PILZ, G.A.: Kampfkunst – Chance in der Gewaltprävention? In: NEUMANN, U./VON SALDERN, M./PÖHLER, R./WENDT, P.-U. (Hrsg.): Der friedliche Krieger. Budo als Methode der Gewaltprävention. Marburg 2004, 10–25.

RUMPF, H.: Über den zivilisierten Körper und sein Schulschicksal. Oder: Körper1/Körper 2. In: Pädagogik 6 (1996), 6–9.

SCHIPPERT, D.: Immer Ärger mit den Fans! Unterrichtshilfen zu einer sport- und gesellschaftspolitischen Thematik. NLI Berichte 37. Hildesheim 1988.

SCHNACK, D./NEUTZLING, R.: Kleine Helden in Not. Jungen auf der Suche nach Männlichkeit. Reinbek 1991.

SCHWIND, H.-D./BAUMANN, J., u. a. (Hrsg.): Ursachen, Prävention und Kontrolle von Gewalt, Bde I–IV. Berlin 1990.

SENATSVERWALTUNG FÜR INNERES (Hrsg.): Endbericht der Unabhängigen Kommission zur Verhinderung und Bekämpfung von Gewalt in Berlin. Berlin 1994.

SIEKMANN, H./SILBERSTEIN, W. (Red.): Wie kommt es zu gewalttätigen Handlungen von Zuschauern bei Sportveranstaltungen? Und was kann man dagegen tun? (Unterrichtseinheit). Seelze 1989.

SINGLER, A./TREUTLEIN, G. (Hrsg.): Doping im Spitzensport. Aachen 2000.

SINGLER, A./TREUTLEIN, G. (Hrsg.): Doping – von der Analyse zur Prävention, Vorbeugung gegen abweichendes Verhalten in soziologischem und pädagogischem Zugang. Aachen 2000.

SPORTPÄDAGOGIK, Schwerpunktheft „Zweikämpfen". 1998, 5.

THEUNERT, H.: Gewalt in den Medien – Gewalt in der Realität. Opladen 1987.

THÖNNESSEN, A.: Doping in der Schule? Leistungsstimulierende Substanzen als thematische Gegenstände der Gesundheitserziehung im Sportunterricht. Hamburg 2000.

TILLMANN, K. J., u. a.: Schülergewalt als Schulproblem. Weinheim 1999.

TREBELS, A. H.: Bewegungskultur und ihr Rückbezug auf Bewegungskonzepte. In: PAWELKE, R. (Hrsg.): Neue Sportkultur. Lichtenau 1995, 381–390.

Überarbeitete Fassung des Hauptvortrages bei der Tagung „Bewegte Schule" des Landesinstituts für Schulsport in Ludwigsburg im Juni 2006.

Die KoFaS-Reihe

Band 1

Wege aus der Gewaltspirale

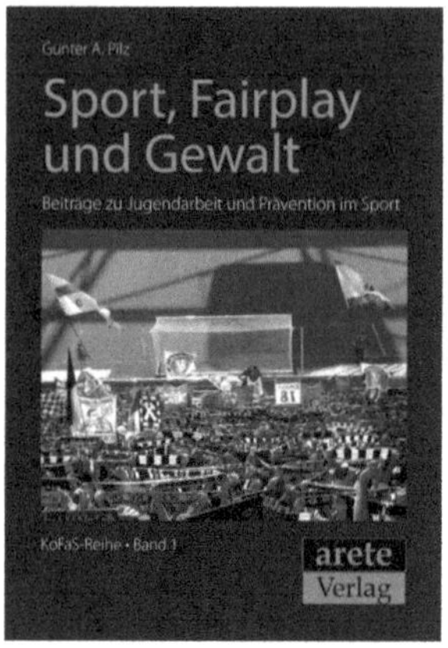

Gunter A. Pilz
Sport, Fairplay und Gewalt
Beiträge zu Jugendarbeit und Prävention im Sport

168 Seiten, kartoniert
ISBN 978-3-942468-13-8
19,95 € inkl. MwSt.

Zuschauerausschreitungen und Hooliganismus, Schlägereien unter rivalisierenden Fangruppen, Rassismus und Rechtsextremismus im Fußball sind wahrlich keine neuen Begleiterscheinungen des Sports.
„Sport, Fairplay und Gewalt" beinhaltet elf Aufsätze und Vorträge von Gunter A. Pilz aus den letzten fünfzehn Jahren. Sie zeigen, vor welchen Herausforderungen der moderne Sport und die Gesellschaft stehen. Gleichzeitig wird deutlich, wie sich der polizeiliche, politische und sportverbandliche Umgang mit den entsprechenden Problemlagen in den letzten Jahrzehnten gewandelt und verbessert hat.

Band 2

Über Homophobie, Ultras und ein neues Miteinander im Fußball

Detlef Kuhlmann (Hg.)
Sport, Soziale Arbeit und Fankulturen
Positionen und Projekte

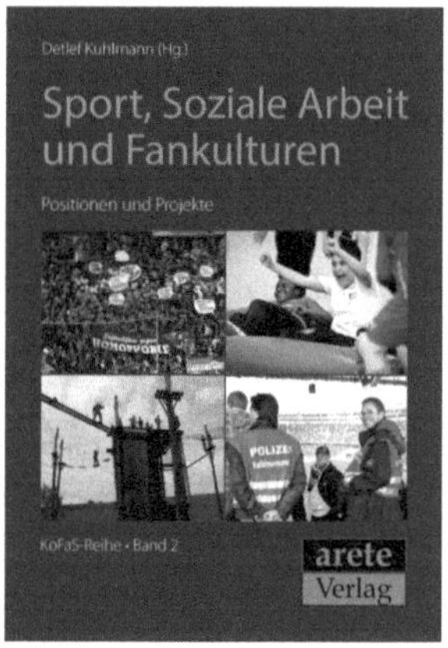

160 Seiten, kartoniert
ISBN 978-3-942468-19-0
19,95 € inkl. MwSt.

Dieser Sammelband gibt einen Überblick über neueste Entwicklungen in den Fanszenen und aktuelle Projekte für ein besseres Miteinander zwischen Anhängern, Vereinen und Polizei.
So berichtet Jonas Gabler über die Ausdifferenzierung der jugendlichen Ultragruppen, und Gerd Dembowski stellt Initiativen gegen Homophobie im deutschen Fußball vor. Dass Kommunikation und Dialog im Fußball sehr wohl sinnvoll sein können, zeigen mehrere im Buch präsentierte Projekte, die die Autoren gemeinsam mit dem 1. FC Köln, dem Deutschen Fußball-Bund und Niedersächsischen Fußballverband zur Gewaltprävention durchgeführt haben.
Weitere Beiträge widmen sich den sozialen Potenzialen des Sports zur Integration sowie in der Arbeit mit Kindern und Jugendlichen.

Arete Verlag · Osterstraße 31–32 · 31134 Hildesheim · www.arete-verlag.de